河南省软科学研究计划项目（162400410264）成果

《易经》《道德经》
对外译介研究

张 优 著

中国社会科学出版社

图书在版编目(CIP)数据

《易经》《道德经》对外译介研究/张优著.—北京：中国社会科学出版社，2018.12
ISBN 978 - 7 - 5203 - 2519 - 6

Ⅰ.①易…　Ⅱ.①张…　Ⅲ.①《周易》—翻译—研究②《道德经》—翻译—研究　Ⅳ.①B221.5②B223.15

中国版本图书馆CIP数据核字（2018）第101313号

出 版 人	赵剑英
责任编辑	孙　萍
责任校对	王　龙
责任印制	王　超

出　　版	中国社会科学出版社
社　　址	北京鼓楼西大街甲158号
邮　　编	100720
网　　址	http://www.csspw.cn
发 行 部	010 - 84083685
门 市 部	010 - 84029450
经　　销	新华书店及其他书店
印　　刷	北京君升印刷有限公司
装　　订	廊坊市广阳区广增装订厂
版　　次	2018年12月第1版
印　　次	2018年12月第1次印刷
开　　本	710×1000　1/16
印　　张	13.5
插　　页	2
字　　数	231千字
定　　价	65.00元

凡购买中国社会科学出版社图书，如有质量问题请与本社营销中心联系调换
电话：010 - 84083683
版权所有　侵权必究

前　言

《易经》与《道德经》，反映了东方古文化对大自然和人类社会的探索，凝聚着中华民族的智慧。

《易经》是先民在与大自然斗争和社会生活过程中保存自我的预测记录，从最早伏羲画卦，天赐河图，到后来夏有连山，商有归藏，文王羑里（今河南安阳汤阴县）演周易，周公洛邑（今河南洛阳）作卦辞，孔子读易作十翼，前后历经千年，终被儒门奉为六经之首。由其产生的《易经》之学，简称易学，被誉为"大道之源"。《易经》以占筮的形式推测自然和社会的变化，揭示事物发展的内在规律，其内容几乎涵盖了人类社会的全部内容，是我们先人的世界观和方法论。16世纪的葡萄牙传教士曾德昭和意大利传教士卫匡国曾说，《易经》是中国第一部科学数学著作，通过对奇数和偶数，拼合文字和书写符号来发展道德和思辨。其中许多观点已被现代科学所验证，计算机之父莱布尼茨认为《周易》卦象中阴阳符号的排列，就是世界上最早的二进制，此外，化学元素周期表、量子力学理论，都能够在《周易》中找到其科学依据和源头。因此，近年来在世界范围内掀起了《周易》研究热。

《道德经》则是由老子在担任东周守藏史之任时所作，约成书于公元前516年（周敬王四年）之前的国都洛阳。《道德经》分上下两篇，原文上篇《德经》、下篇《道经》，不分章，后改为《道经》在前，《德经》在后，并分为81章。在中国历史上，《道德经》版本有103种之多。古书在上千年的传抄、刻印过程中难免出现错误，迄今为止，校订本共三千多种。历史上流传最广的版本是汉代

前 言

河上公注本和曹魏王弼注本。人们今天所能见到的最早的《道德经》版本，是在湖北荆门郭店楚墓中出土的战国竹简本。《道德经》是道家哲学思想的重要来源，内容涵盖哲学、伦理学、政治学、军事学等诸多学科，被后人尊奉为治国、齐家、修身、为学的宝典。它对中国的哲学、科学、政治、宗教等产生了深远的影响，体现了古代中国人的一种世界观和人生观。《道德经》的精华主要体现在其中蕴含的朴素的辩证法，主张无为而治，其学说对中国哲学发展具有深刻影响。

《易经》《道德经》均是对宇宙、社会、人生的独特发现，其共同的核心思想是事物总处于变动不居的状态。这种状态是由事物的正反两种性质所决定的，尽管《道德经》晚于《易经》一百五十多年，但它的思想体系源溯于《易经》。老子由万事万物的对反现象寻找出它们之间的发展规律，从而建立了中国哲学史上第一个系统性的辩证法，它发端于《易经》，而体系的建立则完成于《老子》。《易经》的辩证观体现在卦与爻的相对变动上，每二卦之阴阳爻相对，有相互的蕴含关系，含有相同的本质因素，而且每一单卦中的六爻也有辩证逻辑关系。对于《易经》卦爻辩证的演变法则，易学专家金景芳在《周易通解》中做出了更明确的解读："《易经》64卦之排列，皆两两相对，而首《乾》《坤》终《既济》《未济》。每相反对之二卦，可视为一环。此一环中之前一卦为正，后一卦为反或对，其相邻次环之前一卦可视为合，此与唯物辩证法之第三法则否定之否定相符合。为发展运动中进入一较高之阶段，又每环中之前一卦。可视为一种事物、现象、过程所规定之质；其卦由初爻至上爻之递进，可视为其质之量的逐渐变好而继长增高；后一卦可视为突变转化之新质。而否定其前卦之质，以下各环，以此方向而向上发展，适与唯物辩证法之第二法则质变与量变（由量到质及由质到量之转化）相符合。又全《易》六十四卦可视为一链，以《乾》《坤》为始，《既济》《未济》则为向出发点之复归，仍与否定之否定相合。而其卦中所构成之质料，则为阴阳两种符号，是又合于对立的统一也。……否定之否定是向出发点复归，为辩证法运动特征之一，其所谓复归也，意非绝对的复归，乃呈螺旋曲线以向上发展也。"① 同时，《易经》最讲求的也是物质的发展运动和变化。"易"本身就有"变"的意思，变化无处不在，无时不在。六十四卦顺序，从前至后前一卦都是后一卦的前提条件，后一卦都是前一卦的结果，就是这样一环一环环环相扣，随着事物的变化发展和时间的推移直到最后一卦《未济》，周而复始再回到原始状态。可以说，《易经》始终坚持辩证、唯物、变化之原理，运用人世间最简单的符号、最精练的语言、最坚实的证据、最严密的推理给后人留下了最为科学的著作。

老子在《道德经》中描绘和论证了宇宙的本源"道"，提出"道者，万物之注（主）"（64章）。老子所提的"道"与《易经》中的"易"有异曲同工之处，老子说："反者道之动，弱者，道之用。"向着相反方向变化是"道"的运动，保持柔弱的状态是"道"的作用，此处即可见《道德经》中的辩证法。老子受《易经》的启发，观察到宇宙现象的变化轨迹：进退、得失、安危、存亡、损益、寒热、静燥、荣辱、祸福等，这种规律性的运动是在对立相反的状况下形成，而且这些一正一反的转化过程是无止尽的，同时，老子也提出"万物负阴而抱阳，冲气以为和"（42章）。万物本身即包含着阴阳两种相对势力，这两种气在相互激荡过程中形成新的和谐体。由此可以看到，《道德经》与《易经》在关于物质的运动轨迹方面可谓是殊途同归。

《易经》和《道德经》两部经典，在历史上一直吸引着西方各国学者和读者，各种语言的译本和研究层出不穷。早在唐朝，玄奘法师就将《道德经》译成梵文，传播到印度等国。从16世纪开始，《道德经》就被翻译成了拉丁文、法文、德文、英文、日文等。据统计，到目前为止，可查到的各种外文版的《道德经》典籍已有一千多种。如今几乎每年都有一到两种新的译本问世。据联合国教科文组织统计，被译成外国文字发行量最多的文化名著，除了《圣经》以外就是《道德经》。《易经》最早是在17世纪末由在华传教的耶稣会士传入西方，这些传教士肩负着改造异教徒的"圣命"来到中国，《易

---

① 金景芳：《周易通解》，长春出版社2007年版，第84页。

前 言

经》则是最早进入传教士视野的儒家经典之一,最早向西方介绍《易经》的应属柏应理(Philippe Couplet),虽然没有直接翻译《易经》全文,但在《西文四书直解》中已附有了《易经》六十四卦和各卦意义。西方第一部完整的《易经》译本是雷孝思的拉丁文译本,首次为西方全面认识和研究《易经》提供了原始素材,同时也为后来《易经》其他语种翻译提供了参考。最早将《易经》翻译成英语的是英国圣公会传教士麦格基(Rev. Canon McClatchie),但是,由于他的译本中出现了很多被随意杜撰出来的信息,译本一经出版,便遭到一些西方评论家的批评,因此,译本并没有广泛流传。第一部权威的《易经》英译本应属理雅各(Legge)译本,在卫礼贤(Richard Wilhelm)《易经》问世之前,理氏译本是西方学者研究《易经》必读之书。目前西方公认的《易经》"标准译本"是卫礼贤的德译本,由贝恩斯(Baynes)转译的卫—贝《易经》英译本成为当今西方英语国家通用的"标准译本"。

由于《易经》和《道德经》如同中国古代哲学的"百科全书",西方学者对它们的译介和研究,仁者见仁,智者见智,从中觅取自己需要的东西。不同的立场、观点和方法给他们研究和翻译这两部经典打上了不同的烙印,也反映了中国先人智慧在西方传播过程中产生的各种交织和碰撞。本书通过整理史料,为读者展示这两部经典在西方的译介传播脉络,走入多元化的人文诠释案例,客观评价代表性译本的成功与失败之处。在研究思路上,采用考古式的"观察法",不事先设定某种理论框架,而是从翻译的原始状态出发,客观观察翻译史实的原始状态。在操作层面,注重原始材料的挖掘、整理与解读,注意对中外各家观点进行批判性吸收。通过大量译文和副文本的细读,对比不同时期经典传播的历史特征。

本书最重要的研究资料为西方各时期代表性译者所出版的《易经》和《道德经》英译本,凡书中统计、分析的译本,除少数暂时无法获得外,笔者尽最大努力做到"亲见"某一版本,以保证所做统计和分析的可靠性。

本书共分上下两个篇章,各篇章内容简介如下:

上篇"《易经》在西方的译介"分为七章。第一章"西方译介

《易经》概述",主要梳理了《易经》在西方传播的主要历史时期,并整理出各时期主要译者和译本的基本信息。第二章"来华耶稣会士研习《易经》",介绍了西方最早研习传播《易经》的耶稣会士白晋、马若瑟和雷孝思,总结了索引派耶稣会士解读《易经》的特点和贡献。第三、四、五、六、七章分别重点介绍了理雅各、卫礼贤、夏含夷、林理彰和闵福德五位著名西方汉学家翻译《易经》的历史背景、译本体例和翻译特点,并从不同角度对各译本进行了评析。

下篇"《道德经》在西方的译介"分为四章。第一章"西方译介《道德经》概述",介绍了《道德经》在西方各历史阶段的代表性英译本,以及各译者与译本基本信息。第二章"《道德经》版本的选择",重点评点韩禄伯译本与安乐哲译本所选择的两个《道德经》底本:郭店《道德经》竹简本,帛书《道德经》。第三章"解读道家核心术语",在梳理西方译者对道家核心术语概念阐释的基础上,重点观察老子思想中的"道"在西方译者翻译诠释过程中发生了怎样的变迁。第四章选取不同时期的七个《道德经》英译本(理雅各、查莫斯、巴尔弗、卡卢斯、韩禄伯、维克多·梅尔、刘殿爵),分别探讨了各译者对老子思想体系的解读特色,以及翻译过程是如何受到西方哲学思想、宗教文化和个人经验的影响。

目　录

上篇　《易经》在西方的译介

第一章　西方译介《易经》概述 ……………………………………（3）
　一　早期易学西传痕迹 ………………………………………（4）
　二　近代《易经》西传 ………………………………………（5）
　三　西方译介《易经》主要代表人物 ………………………（6）

第二章　来华耶稣会士研习《易经》 ………………………………（29）
　一　白晋、傅圣泽研习《易经》 ……………………………（30）
　二　马若瑟与《易经》 ………………………………………（37）
　三　索隐派的影响 ……………………………………………（39）

第三章　理雅各与《易经》 …………………………………………（41）
　一　《易经》翻译心路历程 …………………………………（41）
　二　《易经》译本体例 ………………………………………（43）
　三　关于"帝"与"God" ……………………………………（46）
　四　理雅各译文注释 …………………………………………（48）
　五　理雅各译本贡献 …………………………………………（51）

第四章　卫礼贤与《易经》 …………………………………………（52）
　一　卫礼贤与中国典籍 ………………………………………（52）

目 录

  二 卫礼贤《易经》译本体例 …………………………………(57)
  三 卫礼贤《易经》卦名翻译特色 …………………………(58)
  四 卫礼贤《易经》译本的影响 ……………………………(62)

第五章 夏含夷与出土《易经》译本 …………………………………(65)
  一 马王堆出土帛书《易经》译本 …………………………(66)
  二 《新出土〈易经〉释文》 …………………………………(72)

第六章 林理彰与《易经》 …………………………………………(81)
  一 林理彰译本体例 …………………………………………(82)
  二 对比王弼与程、朱注疏 …………………………………(83)
  三 文化特性的翻译原则 ……………………………………(84)

第七章 闵福德与《易经》 …………………………………………(87)
  一 闵福德《易经》译本体例 ………………………………(88)
  二 对《易经》的接受过程 …………………………………(88)
  三 闵福德译本特点 …………………………………………(90)

下篇 《道德经》在西方的译介

第一章 西方译介《道德经》概述 …………………………………(97)
  一 第一次高潮(1868—1905) ……………………………(98)
  二 第二次高潮(1934—1955) ……………………………(100)
  三 第三次高潮(1972—2013) ……………………………(101)

第二章 《道德经》版本的选择 ………………………………………(112)
  一 韩禄伯译本:郭店《道德经》竹简本 …………………(112)
  二 安乐哲译本:帛书本《道德经》 ………………………(115)

第三章 解读道家核心术语 …………………………………………(118)
  一 术语的选择 ………………………………………………(118)

二 "道"的解读 …………………………………………… (122)

第四章 解读老子思想 …………………………………… (128)
  一 理雅各:纯正的哲学 ……………………………… (128)
  二 查莫斯:老子的形而上学 ………………………… (132)
  三 巴尔弗:美丽的哲学 ……………………………… (134)
  四 卡卢斯:"道"与基督教 …………………………… (135)
  五 韩禄伯:老子的哲学 ……………………………… (137)
  六 维克多·梅尔:《道德经》与《薄伽梵歌》 ………… (139)
  七 刘殿爵:思想共同体 ……………………………… (140)

附录 《易经》《道德经》主要英译本前言/序 ………… (144)
  1. 理雅各《易经》1899年版序言 …………………… (144)
  2. 卫礼贤《易经》1968年第三版序言等 …………… (149)
  3. 理雅各《道家经典》1891年版序言 ……………… (174)
  4. 亚历山大《老子:伟大思想家》1895年版前言 …… (183)

参考文献 ………………………………………………… (189)

上　篇
《易经》在西方的译介

第一章 西方译介《易经》概述

根据中国学术界对《易经》对外传播的研究结论来看，比较一致的观点是：西方早在公元16—17世纪开始接触研习《易经》，主要以耶稣会传教士为主，而直到18世纪，《易经》才真正传入西方。同时，近年来已有学者利用新发掘出来的史料和证据，试图证明易学早在近代以前就以不同形式流传至西方。尽管这些材料还受到一些学者的质疑，有待进一步考证，但这些观点足以证明，易学西传已超越某一历史阶段、某一学术领域，逐渐成为东西方文化渊源交织的见证。

对于《易经》在西方的传播阶段，国内外学者有不同的学术划分，根据林金水先生的研究，大致可分为两个阶段：第一阶段自17世纪末至19世纪30年代，是《易经》传入西方之始；第二阶段自19世纪70年代至1949年，是《易经》在西方传播的兴盛时期。这两个阶段是与中西文化交流史上出现的两个高潮相一致的。① 蓝仁哲认为早自17世纪，《易经》已引起西方人士的浓厚兴趣和注意了，但《易经》在欧洲传播主要有三个时期：从欧洲来华传教士开始译介《易经》（即17世纪中叶）到18世纪末叶，可以看作《易经》在欧洲传播的第一个时期，前后延续150年左右；第二个时期（19世纪至20世纪初）以更多更完整的《易经》译本的出现为鲜明特点；第三个时期以卫礼贤（Richard Wilhelm）的德文译本的出现（1924）为

---

① 参见林金水《〈易经〉传入西方考略》，《文史》第29辑，中华书局1988年版，第367页。

开端到 21 世纪。① 美国纽约州立大学珍妮斯奥分校（SUNY at Geneseo）历史系的韩子奇教授认为，西方易学的发展主要经历了三个时期：明清时期以传教士为主，其中尤以耶稣会传教士的成就最为突出，柏应理（Philippe Couplet, 1623—1693）、白晋（Joachim Bouvet, 1656—1730）、雷孝思（Jean-Baptiste Régis, 1663—1738）等人向西方传播了《易经》的知识并引起一定反响；清末民初以汉学家为主，理雅各（James Legge）和卫礼贤（Richard Wilhelm）为这一阶段的翘楚；第二次世界大战后则以欧美盛行的"东亚研究"为驱动，代表人物有夏含夷（Edward Shaughnessy）、林理彰（Richard Lynn）等人。

一 早期易学西传痕迹

从符号学的角度来说，《易经》可以视作中国符号学的经典文本。其背后的共识便是：人类从根本上说是解释、运用并制造符号的动物。换句话说，人类是一种符号动物，世界向人类显示的便是构造这一环境的符号。《易经》中的符号包含了真实符号（实象）和非真实符号（假象、抽象符号）。实象又包含了物质符号（物象、指示符号、征兆）与模仿符号（似象、类象符号）。《易经》告诉我们，社会生活和文明不仅是对外部世界的反映，而且也是人类对新符号发明的结果。这种对世界的认知应该是人类早期所共有的生活经验，因此，《易经》的卦象符号更具有人类认知世界的普遍性。

据 1986 年 12 月 24 日纽约《世界日报》记载，美国易经考古学会会长洪天水十多年来从中国大陆、美洲、南太平洋、欧洲等地区搜集而来的一千多件古物中，有三百余件与《易经》卦画有关。一件 3200 年前古希腊所遗留的陶盆河图，底部有中文古篆铭文"连山八卦图，中国的历数，在遥远的东方"。黎凯旋与洪天水表示，此文物不但可以证明中国在商代是同时使用连山、归藏两易，证明易经与"历数"的确有密切关系，同时也可证明中国的易学，远在 3200 多年

---

① 参见蓝仁哲《历代〈易经〉在欧洲的传播》，《四川外语学院学报》1991 年第 2 期。

前便已由中国西北传入西方的希腊，要比英国《大众数学》一书中所说的"中国上古传下来的洛书，在两千四百年前便已传入希腊"之说，还早了1000年。① 从中西方交流史上来看，这种观点并不是没有一定道理的，公元2世纪的罗马帝国时期，以《易经》为首的五经已构成中国正统儒学的基础，随着儒学传入西方，易学的某些信息有可能也以某种碎片形式西传。当然，即便《易经》的一些核心的观念经过汉代人确实传到了处于古希腊罗马文明时期的西方，由于西方重理智的正统文化和宗教，易学很可能只是以一种文化潜流或潜在的观念因素进行了传递。

二 近代《易经》西传

虽然《易经》在西方的传播很早，但直到16世纪以后西方学者才开始对《易经》展开直接而系统的研究，最初的一批研究者就是来华传教的欧洲耶稣会士。《易经》的西译始自17世纪来华传教士的拉丁文翻译，而《易经》英译只有约140年的历史。根据成中英的研究②，西方的易学研究可大略分为四个阶段。

第一阶段是17—18世纪《易经》传入西方后，西方人对它初步展开研究。该时期正是西方文化思想史上的启蒙时代，西方主要国家都抱着极大热情对中华历史文化进行了解、介绍和研究。为了使西方人更好地理解中国的思想及古老文化传统，一些来华耶稣会士开始翻译《易经》，这一阶段的《易经》翻译实践已经形成了一些翻译成规和范例。耶稣会士在研究、翻译《易经》时，倾向于用索隐法在《易经》中寻找《圣经》和基督的印证。他们通过分析汉字来进行基督教化解读，将《易经》的卦象与上帝神圣启示结合起来，以确立中国的经学与基督教的关系。③

第二阶段是19世纪。19世纪的《易经》翻译和研究具有汉学性

---

① 参见黎凯旋《美国易经考古记》，《中华易学》1988年第1期。
② 参见成中英《易学本体论》，北京大学出版社2006年版，第267—290页。
③ 参见杨平《耶稣会传教士〈易经〉的索隐法诠释》，《周易研究》2013年第4期。

质,从属于西方的汉学系统,基本倾向是试图从中国文化和传统形成和发展的历史背景来分析。19世纪上半叶西方汉学最重要的学术阵地《中国丛报》(1832—1851)对《周易》有介绍,虽然直接论及《易经》的内容不多,但其刊载的一些文章对《易经》中的"天""鬼""帝"等字所表达的概念有一定研究。

第三阶段是20世纪初至60年代。西方对《易经》进行的较全面而透彻地理解和阐释是从20世纪上半期卫礼贤开始的。与理雅各重视《易经》文字解读和原著的历史性研究的倾向不同,卫礼贤的工作体现了德国哲学特有的思辨精神,卫礼贤—贝恩斯译本今天仍在西方流行,对于西方世界理解《易经》仍具有一定规范作用。这一阶段及之前,主要《易经》英译本是理雅各译本和卫礼贤—贝恩斯译本,前者被称为《易经》英译中的"旧约全书",后者则称"新约全书"。有研究者将这两部译作所产生的19世纪末和20世纪上半叶称为《易经》英译史上的"轴心时代"①。

第四阶段是20世纪60年代至今。西方《易经》研究出现了两个特征,一是一些从事现代基础科学研究的一流科学家开始对《易经》的科学意义进行认识和重新发现;二是在宇宙观整体及其内在结构层次上,科学家们根据现代科学的研究成果开始探求现代科学所揭示的宇宙图景与《易经》的宇宙观和宇宙变化图式之间的相互关系,使《易经》得到新的诠释。20世纪70年代以来,西方较关注《易经》的文本研究。同时,学者们不满足于既有的翻译成就,开始尝试新的翻译,近几十年来西方出现了很多英译本。

三 西方译介《易经》主要代表人物

1. 利玛窦

利玛窦(Matteo Ricci,1552—1610),号西泰,又号清泰、西江。意大利天主教耶稣会传教士、学者。利玛窦是天主教在中国传教的最

---

① 参见王晓农《〈易经〉英译的符号学研究》,中国社会科学出版社2016年版,第21页。

早开拓者之一,也是第一位阅读中国文学并对中国典籍进行钻研的西方学者。根据林金水先生的研究,西方传教士最早学习《易经》的要推利玛窦,在《天主实义》一书中,利玛窦为了解释天主就是先儒所说的上帝,曾引用《易经》内容:"《易》曰:'帝出乎震。'非天之谓,苍天者,抱八方,何能出于一乎?"① 足见他应该熟悉《易经》这部经典。甚至当时的理学家邹元标专给他写信,谈学《易》一事,"令门下二三兄弟,欲以天主学行中国,此其意良厚。仆尝窥其奥,与吾国圣人语不异。吾国圣人及诸儒发挥更详尽无余,门下肯信其无异乎? 中微有不同者,则习尚之不同耳。门下取《易经》读之,乾即曰统天,敝邦人未始不知在,不知门下以为然否?"② 利玛窦来到中国后,出版了第一份中文世界地图,而且给第三版中文世界地图取名为《两仪玄览图》,可以看出,这个名字取自《易经》中"太极生两仪"的理念,以及陆机《文赋》"贮中还以玄览"含义。利玛窦十分推崇中国早期的经典,去世前一年,他在致巴范济神父的书简中写道:"事实上,在儒士们最古老的、成为权威的著作中,他们仅仅崇拜天、地及它们二者之主。如果我们仔细研究一下所有这些著作(指《易经》《书经》等经书——引者),那我们就会从中发现只有很少的内容与智慧之光相反,互相符合的内容则甚多,他们的自然哲学家们比任何人都不逊色。"③

2. 金尼阁

金尼阁(Nicolas Trigault,1577—1629),字四表,原名尼古拉·特里戈,1577年3月3日生于今法国的杜埃城。明万历四十八年(1620)金尼阁与22位耶稣会士偕同教宗赠书7000余部再次前往中国。先后在南昌、杭州、太原、西安等地传教,并翻译印制中西书籍。著名的有他在1626年翻译出版的包括《易经》在内的"五经"拉丁文译本(Pen tab ilion Sinen se)——这使他成为第一个将译成西文的中国典籍付诸出版的西方人;以及他在中国学者王征等人协助

---

① 林金水:《利玛窦与中国》,中国社会科学出版社1996年版,第225页。
② 邹元标:《愿学集》,载《陈垣学术论文集》第1集,中华书局1980年版,第210页。
③ 汾屠立:《利玛窦神父历史著作》第二卷,香港公教真理会,1970年。

下，用西方语音学探讨整理汉语音韵规律而成的《西儒耳目资》，西文名"汉字西语拼音词典"，最早的汉字拉丁字母注音书籍之一，编写此书的目的，主要是帮助来华传教士认读汉字，也是为让中国人了解西文。

3. 门多萨（中文名：曾德昭）

门多萨（Alvarode Semedo，1585—1658），葡萄牙人，明末来华天主教传教士。明万历四十一年来南京学习汉文，取名谢务禄，后改名曾德昭。曾于浙江、江西、江苏、陕西等地传教。他的《中华大帝国史》（The History of That Great and Renowned Monarchy of China）[①] 于1641年在马德里以葡萄牙文出版，随后十年内《中华大帝国史》被翻译为意大利文、法文、英文与荷兰文，是16世纪末欧洲一部重要的介绍中国政治、制度、工艺、文化、文字的著作。门多萨在该书中说《易经》是一部论述自然哲学的著作，通过一些自然原则来预测未来，测算旦夕祸福。中国早期的圣人们正是通过《易经》中的"奇数和偶数……拼合文字和书写符号"来发展道德和思辩的科学，同时他认为这部书又是"道德和政治的融合"。

4. 马尔蒂尼（中文名：卫匡国）

马尔蒂诺·马尔蒂尼（Martino Martini，1614—1661），意大利人，西方早期汉学的奠基人物之一，中国明清交替之际来华的耶稣会会士、欧洲早期著名汉学家、地理学家、历史学家和神学家。他在中国历史学和地理学研究方面取得了卓越的功绩，是继马可·波罗和利玛窦之后，对中国和意大利两国之间的友好关系和科学文化交流做出杰出贡献的一位重要历史人物。在他1654年的《鞑靼战纪》（Debello Tartarico Historia）和1658年的《中国上古史》（Sinicae Historiae Decas Prima）两部书里都讲到《易经》。他向西方读者介绍了《周易》的基本内容，包括"阴""阳"，以及这两种符号构成的"三重符号"（trigrams），即代表着天、地、雷、风、水、火、山、泽。他认为这是中国最古老的书，并且依据中国上古史的年表和事实，他提出《易

---

① Alvarode Semedo, The History of That Great and Renowned Monarchy of China, London: Printed by E. Tyler for I. Crook, 1655.

经》是中国第一部科学数学著作。他还第一次在书中讲解了《周易》的六十四卦图,他被这些卦的变化深深吸引。通过对《易经》的研究,他发现,中国古代的哲学家大都认为所有的事物都是从混沌开始的,精神的现象是从属于物质的东西的,《易经》就是这一过程的典型化。

5. 柏应理

柏应理(Philippe Couplet,1623—1693),字信未,比利时耶稣会教士,最早向西方介绍《易经》之人。1656年随传教士卜弥格(Michel Borm,1612—1659)来华,先后在江西、福建、湖广、浙江、江南等省传教。与在华耶稣会教士恩理格(Chirstian Herdtricht,1625—1684)、殷铎泽(Prospero Intorcetta,1625—1676)等共同翻译了《西文四书直解》,拉丁文书名为《中国哲学家孔子》(*Confucius Sinarum Philosophus*),此书1687年在巴黎出版。但实际上书中只把《大学》《中庸》《论语》译成了拉丁文,缺失了《孟子》。它是17世纪欧洲介绍孔子及其著述最完备的图书。译者在书中的"缘起与宗旨"(Proemialis Declaratio)部分第38页的第六章至第50页的第八章,提供了伏羲八卦次序图和伏羲八卦方位图,在第43页和第45页之间的插页还附有《周易》六十四卦的卦图(Tabula Sexaginata quatuor Figurarum),按照乾、坤、屯、蒙、需、讼、师……次序排列,在每个经卦之上标出拉丁文字,标明每个经卦的象征意义,即八卦中每卦所代表的自然现象。柏应理所介绍的易图,内容系统,方面甚广,它不仅包含伏羲八卦次序图和伏羲八卦方位图两张图,还有周文王六十四卦图。引人关注的是柏应理在伏羲八卦次序图、伏羲八卦方位图和周文王六十四卦图中均标有阿拉伯数字1、2、3、4、5、6、7、8直至64。

6. 白晋

白晋(Joachim Bouvet,1656—1730),字明远。1656年7月18日生于法国勒芒市。年轻时即入耶稣会学校就读,接受了包括神学、语言学、哲学和自然科学的全面教育,作为清初来华的耶稣会士,他是中西文化交流史上的一个重要人物。在《易经》西传史上,白晋的作用尤为重要。白晋作为易学"索隐派"(Figarism)的开创人物,他的形象理论的建立,直接得益于对《易经》的系统研究。1697年白晋在巴黎做了一次关于《易经》的演讲，他把《易经》视为与柏拉图、亚里士多德比肩的合理、完美的哲学，他说："虽然……这个主张不能被认为是我们耶稣会传教士的观点，这是因为大部分耶稣会士至今认为《易经》这本书充斥着迷信的东西，其学说没有丝毫牢靠的基础……然而我敢说这个被 M. Maigrot 所诘难的主张是非常真实的，因为我相信我有幸发现了一条让众人了解中国哲学正确原理的可靠道路。中国哲学是合理的，至少同柏拉图或亚里士多德的哲学同样完美。我想通过分析《易经》这本书中种种令人迷惑的表象论证（这个主张）的真实性。《易经》这本书中蕴含了中国君主政体的第一个创造者和中国的第一位哲学家伏羲的（哲学）原理。再说，除了中国了解我们的宗教同他们那古代的合理的哲学独创多么一致外（因为我承认其现代哲学不是完美的），我不相信在这个世界还有什么方法更能促使中国人的思想及心灵去理解我们神圣的宗教。"① 据史料记载，白晋对《易经》的研究曾受到对西方科学感兴趣的康熙皇帝的大力支持，梵蒂冈图书馆就收藏有一件白晋研究《易经》的日程表及康熙读白晋研究论文后的御批。根据张西平研究，康熙之所以对白晋研究《易经》给予支持，是想通过白晋的《易经》研究给传教士树立个榜样，让他们遵守利玛窦的规矩，知道"欲议论中国道理，必须深通中国文理，读尽中国诗书，方可辩论"②。

可以说，作为索隐派创始人，白晋主要是从中国的古籍中寻找基督教的遗迹，因此，他一方面承认中国传统文化的合理性，以及与基督教的共同点，从而能被当时的清政府接受；另一方面，凭借他擅长的索引考据特长，白晋试图将中国文化纳入基督教文化之中，这样就能获得欧洲教廷的支持。

7. 雷孝思

雷孝思（Jean Baptiste Regis，1663—1738），字永维，法国耶稣会会士，地理学家、历史学家、博学家。1698 年 3 月 6 日随同白晋

---

① 转引自林金水《〈易经〉传入西方考略》，《文史》第 29 辑，中华书局 1988 年版，第 367 页。

② 张西平：《中西文化的一次对话：清初传教士与〈易经〉研究》，《历史研究》2006 年第 3 期。

(Joachim Bouvet)等传教士一起来华。雷孝思的拉丁文译本《易经》共两册三卷,于1723年完成,但直到他逝世后一百年的1834年和1839年在德国斯图加特和蒂宾根两地出版,该书拉丁文标题为《〈易经〉:用拉丁文译出的最古老的书籍》(Y-King, Antiquissimus Sinarum liber quem ex Latina interpretatirn)①。此译本是《易经》在西方的第一个西文全译本。该译本第一卷为概述,序言就长达十一章,介绍了《易经》的作者、来源、目的及各类注疏,书中收录了八篇文章,前七篇主要论述了伏羲八卦、各种卦符及其变化,最后一篇讲述了与《五经》的关系;第二卷为《易经》原文与注疏的译文;第三卷为《易经》的注释和他个人的评论。雷孝思的拉丁文译本利用了传教士冯秉正的译文并用满文译本作为对照,参以传教士汤尚贤的解释,首次为西方全面认识和研究《易经》提供了原始资料,并且为后来《易经》的其他欧洲语种的翻译提供了参考和借鉴。"全书除了译文,还包括大量注释、考证和各种长篇论述,其中掺杂有引证其他拉丁经典作家们的内容,讨论了《性理大全》以及周敦颐的《太极图说》和《通书》、张载的《西铭》和《正蒙》、邵雍的《皇极经世》等。"②雷孝思在译本中所表现出的对汉语的造诣,受到了后来著名汉学家理雅各(James Legge)的高度评价,认为"这是迄今为止已经出版的最有价值的译本"③。除了该译本,雷孝思还著有拉丁文的《易经注疏第一卷评论》(Dissertationes et Notae Criticae in Primam Partem Commentarij Y-King)。

8. 麦格基

麦格基(Thomas McClatchie, 1813—1885),英国圣公会传教士。1845年来到中国,在上海传教37年,曾任三一会堂牧师。1876年,麦格基在伦敦由美国长老会出版社(Presbyterian Mission Press)出版了西方第一个《易经》英译本——《儒家译本——附注释与附录》(A Translation of the Confucian Yi King, or the Classic of

---

① Regis, J. Y-king, Aantiquissimus Sinarum Liber quem ex Latina Interpretatione, Stuttgartiae et Tubingae: J. G. Cottae, 1834.
② [丹麦] K. L. 贝克:《理学在欧洲的传播过程》,《中国史动态》1988年7月。
③ Allan, C. W., Jesuit at the Court of Peking(《京廷之耶稣会士》),p. 213.

Changes with Notes and Appendix)①。该译本由正文《经》和附录《传》两部分组成,附录《传》第一、二和四部分分散在正文《经》之中。麦氏译本主要是依照《儒家宇宙论》的观点来理解《易经》,因此,译文玄奥难解,由于其译本随意性较大,以至后来理雅各在自译序中写道:"我曾逐段逐句地研读过麦格基的译文,但发现他的译文对我毫无用处。"②而且还指出麦格基在书中的一些观点有失客观,如麦氏在导论中提出:"《易经》是中国最古老的典籍文献,中国人对它有着一种特别的崇拜。"③理雅各对此提出了反驳:"《尚书》应该是中国最古老的典籍,涵盖了比周文王还要早一千多年的文献。即使《诗经》里也有一些篇章早于《易经》,因此,从年代上来说,《易经》在中国历史上也只能排在第三的位置。"④由此可见,西方的学者很早就发现了麦氏译本中存在着较多不够严谨之处,部分原因是麦格基依据《儒家宇宙论》的观点来理解和翻译《易经》,更主要的是他使用了离奇的语言来翻译这部圣典,这些语言是他随意杜撰出来的,如把"文言"译为"Confucius",把"系辞"译作"commentary by Confucius"⑤,等等,这就极大影响了译本的权威性和可靠性。

9. 晁德莅

晁德莅(P. Angelo Zottoli,1826—1902),意大利耶稣会传教士、汉学家。晁德莅在1880年编著了拉丁文、中文双语《中国文化教程》(Cursus Litteraturae Sinicae),全书共五卷,这套教程从儒家经典到《圣谕广训》,再到八股文的做法,所涵盖的内容丰富,介绍精要,翻译简约准确,元杂剧、小说、诗歌、散文、碑铭、官职、歇后语、历史名人、典故等都有拉丁语介绍和选篇翻译。其中第三卷约有一百页是关于《易经》的翻译。这个拉丁版本比麦格基的译本有了很大

---

① Thomas McClatchie, *A Translation of the Confucian Yi-king*, Shanghai: American Presbyterian Mission Press, 1876.
② James Legge, Sacred Books of East, Vol. 16, *The Sacred Books of China*, Oxford: The Clarendon Press xvii. 1882.
③ Ibid., p. 7.
④ Ibid..
⑤ Notice, A Translation of the Confucian or the "Classic of Change", with Notes and Appendix. China Review, V. 1876.

改进，但是晁德莅只翻译了第一、二卦的文本，以及《易传》的第一、二、四部分，其他六卦配以文王解释和大象传；剩下的五十六卦则仅作了简略概述；《易传》第三、五、六和七部分提供了详细解读。

10. 拉古贝里

拉古贝里（Albert Etienne Jean Terrien de Lacouperie，1845—1894），法国汉学家，自幼在香港长大，后前往英国，曾出任大英博物馆馆员和伦敦大学中国语教授。他的英译本《易经》《中国最古老的典籍——〈易经〉及其作者》（The Oldest Book of the Chinese, the Yh-king, and Its Authors）[①]首先在1882年和1883年《皇家亚洲学会学报》（Journal of the Royal Asiatic Society）上发表，1892年在伦敦出版。由于受到当时人类学研究中的巴比伦学说影响，拉古贝里研究《易经》的目的是为这一学说寻找根据，他坚信中国人种、文明自西而来，发源于巴比伦，认为中国的卦象类似于巴比伦的楔形文字，甚至提出《易经》并非源出中国，而是纪元前2280年在大禹治世时由"巴克"人带进中国的，因此，拉古贝里在《易经》的翻译过程中出现较多的自我圆说，抛弃了传统的注释批注，把《易经》视为一部辞典，按64卦辞分别列出治国处世的言论。他在书中对中国的注疏传统和西方汉学家的传播表示出很大不满，认为雷孝思的译本"令人失望，不知所云"；麦格基的译本体现了译者机械照搬中国注疏；霍道生的译本具有明显的象征手法，而且译者的臆想毫无根据；理雅各的译本晦涩难懂。后来，理雅各也评价拉古贝里的译本说："拉古贝里对《易经》的内容不甚了解，他的译本很不成功。"[②]

11. 宋君荣

宋君荣（Antoine Gaubil，1689—1759），法国盖拉克城人，18世纪来华的法国耶稣会传教士。1722年有机会来华传教，研究中国文

[①] A. Terrien de Lacouperie, *The Oldest Book of the Chinese, the Yh-king, and Its Authors*, London: D. Nutt, 1892.

[②] James Legge, "Preface" in The Yi King, *Sacred Books of the East* Vol. 16/*The Sacred Books of China*, Vol. 2 of 6, Part Ⅱ of the Texts of Confucianism. Oxford: the Clarendon Press, 1882, p. xix.

化,在中国科技史、古代史、边疆民族史、中外关系史等方面都卓有成就。他翻译和注释的《书经》《易经》和《礼记》,都受到很高的评价,他有关中国的著、译作达 80 部之多,他对中国问题的研究,在材料的掌握和熟悉程度上,甚至令中国学者感到吃惊,故有"18 世纪最伟大的汉学家""耶稣会中最博学者"之称。1728 年,宋君荣翻译的《书经》在巴黎出版,后收入《东方经典》(*Les livres sacrés de l'Orient, tr. ou revus par G. Pauthier*)中。他曾这样记录了自己翻译《易经》的过程:"余在此所见《易经》译文,似有一主要部分未寄达欧洲,即孔子撰文王、周公两篇之注释,此注甚为重要,如巴黎有译文,余不知其出于何人手;如无译文,我有译文可以补其阙。"①

12. 霍道生

霍道生(Paul-Louis-Félix Philastre,1837—1902),法国海军军官、安南学专家。霍道生是首个将《易经》译成法文的学者。他翻译的法文《易经》第一部分发表在 1885 年《基梅博物馆年刊》(*Annales du Musée Guimet*)第 8 期上,书名为《周易首次法译本——附程子和朱熹的全部传统的注疏及主要注释家的注释摘要》(*Tsheou yi: Le Yi-King. Ou livre des changements de la dynastie des Tsheou, traduit pour la première fois du chinois en français, avec les commentaires traditionnels complets de Tshèng Tsé et de Tshou-hi et des extraits des principaux commentateurs*)。相隔八年之后,第二部分于 1893 年在《基梅博物馆年刊》第 23 期发表。霍氏翻译的《易经》与理雅各的译本一样,都受到中国宋朝理学家程、朱的观点影响。该译本被视为标准的法文译本,不仅有《易经》的全文翻译,还翻译了程颐和朱熹等注家的注疏。此译本后收入法译《五经》(*Les Cinq Livres canoniques ou Grands Kings*)之中,前有儒莲写作的序言。

13. 哈雷兹

哈雷兹(Charles-Joseph de Harlez de Deulin,1832—1899),比利时东方学家,鲁汶大学教授。1887 年至 1898 年先后发表了近十篇有

---

① 参见费赖之《在华耶稣会士列传及其书目》,中华书局 1995 年版,第 205 页。

关研究《易经》的译著与论文。1887年他首先在《亚洲学报》（Journal Asiatique）第六期上发表《易经原文》（Le texte originaire du Yih-King, sa nature et son interprétation），后在巴黎单独成篇出版。1889年，他的正式《易经》法译本：《〈易经〉——复原、翻译与注释》（Le Yih-king : texte primitif rétabli, traduit et commenté），在比利时布鲁塞尔（Bruxelles）出版，1896年，瓦尔德雷毛（J. P. Vold' Eremao）又将该译本翻译为英文：The Yih-king, A New Translation from the original Chinese，由英国沃金东方大学研究院出版。为了便于读者更好理解他的译文，1896年哈雷兹在《通报》第七期上发表了《易经注解》（L' Enterpretation du Yi King）。哈雷兹的《易经》翻译受到了雷慕斯、拉古贝里、理雅各、菲拉斯特等译文的影响，前二者的影响尤其显著，他倾向性地选择了一些《易经》的传统注疏——或综合或打乱原本独立的"文言""系辞""彖""象""序卦""说卦"等，有时也依据汉唐旧注，重新对特殊语项做出注释。除此之外，哈雷兹还发表了多篇研究《易经》的学术论文，如《易经的真实性与解释》（The True Nature and Interpretation of the Yi-King）、《中国古代占卜书》（The Ancient Chinese Book of Divination）、《易经的象意符号》（Les Figures Symboliques du Yi-King）。

14. 理雅各

理雅各（James Legge，1814—1897），英国传教士，近代最著名的西方汉学家之一。清朝时来华传教，在华居住三十余年，致力于儒家经典的英译工作。他翻译的《中国经书》（The Chinese Classics）（包括《论语》《大学》《中庸》《孟子》《尚书》《诗经》《春秋左传》）在1875年获法国铭文学院（Academie des Inscriptions et Belles-Lettres）第一届儒莲奖金，被视为中国儒家经典的标准译本。理雅各翻译的《易经》（The I Ching）收录在穆勒（M. Muller）主编的《东方圣书》（The Sacred Book of the East）第十六卷《中国圣书》：儒家经典（The Texts of Confucianism），此译本被称为西方易学史上的"旧约全书"。早在1854—1855年，理雅各就已将《易经》的经文、象传、象传和易传译成英文，但并没有出版，到了1874年，他又重译了《易经》，并认为这次翻译抓住了《易经》的精髓，而自己二十年前的译文则一文不值。① 理氏译本主要参考了宋朝理学家的易注,把"经"与"传"分开,强调如果不分为两个独立的部分,就很难理解《易经》。② 该译本和后来卫礼贤(Richard Wilhem)的译本堪称西方学者研究《易经》的必读书。

15. 卫礼贤

卫礼贤(或为尉礼贤,Richard Wilhelm,1873—1930),原名理查德·威廉,来中国后取名卫希圣,字礼贤。生于德国图宾根,1899年被魏玛同善会派往德国当时在中国的租界青岛传教。1913年春天,他在国学大师劳乃宣(1843—1921)指导下开始翻译《易经》,可以说,卫礼贤有关《易经》的知识均来自劳乃宣的系统讲解。1924年两人合译的《易经》德译本在德国出版。该译本除了前言(Vorrede)和导论(Einleitung)之外,正文分为三个部分:第一部分:经文(Erstes Buch: Der Text),不仅有每一卦的解释,也包括了《易传》中《大象》的译文和解说;第二部分:文献(Zweites Buch: Das Material),包括《十翼》中的《说卦》和《系辞》的译文和解释;第三部分:注疏(Drittes Buch: Die Kommentare),将各卦、爻与其相关的《经》《彖》《象》《文言》《序卦》《杂卦》的内容重新组合,进行翻译和解说。他的译文风格与其他翻译派汉学大师,如译笔简洁流畅的翟理斯(Herbert Allen Giles)和忠实可靠的理雅各相比,不但毫无逊色,而且信达雅兼备。他翻译的这部《易经》的特点是"简明、自由、想象,比理雅各译本更能把握住原著的精神与意思"③。由于卫氏译本在西方受到了高度评价,美国博林金基金会(Bollingen Foundation)专门聘请美国最优秀的德译英专家、著名心理分析学家荣格的学生贝恩斯(Cary. F. Baynes)将卫译《易经》翻译成英语,并于

---

① Janies Legge, "Preface" in The Yi King, *Sacred Books of the East* Vol. 16/*The Sacred Books of China*, Vol. 2 of 6, Part Ⅱ of The Texts of Confucianism, Oxford: the Clarendon Press, 1882, p. xiii.

② Derk Bodde, Review of Book: The I Ching or Book of Changes. The Richard Wilhelm Translation. Rendered into English by Cary F. Baynes, *Journal of the American Oriental Society*, No. 2, 1950, pp. 326 – 327.

③ Ibid..

1950 年在纽约出版，书名为：*The I Ching; or Book of Changes*①，共两册，这部英译本成为当今英语世界通用的"标准译本"，一再被重印。② 荣格在 1948 年为此英译本——*The I Ching*——所写的前言中阐述了卫礼贤译本的特点：

> 截至目前唯一的理雅各英译本，并没有做到让西方人的心灵更容易理解。相比之下，卫礼贤的努力却打开了理解这个文本象征意义的大门。他之所以能做到这个，离不开劳乃宣向他讲说的《易经》哲学，多年来他也在实践方面以其所固有的技艺从事这部占卜术的研究，他也有能力从事这项工作，这一切当然都赋予他另外一种完全不同的可能性，亦即他能发展出对文本生机勃勃意蕴的感受力，这远远超过了仅仅是字面翻译所带来的东西。③

这本由德语转译的英译本《易经》成为当今西方英语国家研究易学的标准译本，在半个多世纪里发行了一百多万册，足以证明该译本被英语世界接受的广泛度。然而，根据卜德（Derk Bodde）的研究，卫译《易经》存在两个方面的不足之处：一是体例混杂，如第一册内容的顺序是"经文""传文二""译者注释""传文五""传文三"；第二册则是"经文""传文二""传文一""传文四""传文六"和"传文七"。二是译本坚持了传统的《易》为文王、周公所作，《传》为孔子所作的观点。④ 除此之外，他的译本过多侧重讲解了《易经》的占筮，这对于西方在阅读译本时不免会片面地接受他对《易经》占筮意义的解说。

16. 亚瑟·韦利

亚瑟·韦利（Arthur Waley，1889—1966），英国汉学家、文学翻译家。精通汉文、满文、蒙文、梵文、日文和西班牙文等语种。他一

---

① Richard Wilhelm, Forword by C. G. Jung in *I Ching, or Book of Changes*, Zurich, 1949.
② 参见林金水《易经传入西方考略》，《中外关系史学会通讯》1985 年总第 6 期。
③ Richard Wilhelm, Forword by C. G. Jung in *I Ching, or Book of Changes*, Zurich, 1949, pp. 1 - 2.
④ Ibid..

生撰著和译著共 200 余种，其中大部分都与中国文化有关。他英译的《易经》（*The Book of Changes*）发表在《远东考古博物馆馆刊》（*Bulletin of the Museum of Far Eastern Antiquities*）1933 年第 5 期。译本最大特点是对《易经》中那些难解和有歧义的卦辞、爻辞都作了注解和翻译。他认为《易经》是由两个独立部分组成，即预言和卜筮。他的理解受到了中国近代易学家李镜池的影响，把书中的爻辞视为占卜。韦利认为《易经》是一部占卜之书，蕴含了深刻的哲学道理。美国麻省理工学院中国科技史专家西文（Nathan Sivin）曾评论韦利的译文"虽然简单，但却不可多得"①。

17. 蒲乐道

约翰·布洛菲尔德（John Blofeld，中文名：蒲乐道），英国佛学家。中年曾到过中国，由于对理雅各、卫礼贤的译本不满意，他基于占筮目的需要翻译了《易经》（*I Ching, the Book of Change: A New Translation of the Ancient Chinese Text with Detailed Instructions for Its Practical Use in Divination*）②，目的是让任何讲英语的读者能够通过一种正确的方式趋吉避凶。该英译本 1965 年在伦敦出版。译本第一部分是由德裔佛学家戈文达（Lama Anagarika Gorinda）撰写的"前言"。第二部分为译者写的"自序"，介绍了《易经》的来龙去脉。第三部分为"导论"，译者在这部分提到翻译《易经》的目的，即是用尽可能简洁的语言来讲解如何占卜，只要读者真诚而理智地去研究它，就可以凭借这个可靠的方法来趋利避害。第四部分"解释章"（Explanatory Chapters），分为六章："《易经》的阅读方法"（An Approach to the Book of Change）、"《易经》的背景"（The Background of the Book of Change）、"《易经》的象征"（The Symbolical Basis of the Book of Change）、"占卜法"（The Method of Divination）、"解释指南"（A Guide to Interpretation）和"使用方法"（A Summary of Instruction）。第五部分为《易经》的译文，分上经、下经和附言，《乾》

---

① Nathan Sivin, Review: The Book of Changes translated by John Blofeld, *Harvard Asiatic Studies*, Vol. 26, 1966, p. 295.

② John Blofeld, *The Book of Change, A new translation of the ancient Chinese I Ching*, London: George Allen & Unwin, 1965, pp. 15 – 16.

《坤》两卦译文各包括卦象、卦题译文,卦爻辞译文和《象传》《大象》《文言》《小象》译文,其中《文言》《大象》译文把与各爻有关的文辞分别置于有关爻辞译文下,其他每卦译文包括除文言外的其他部分。第六部分为附录,译者提供了帮助读者理解《易经》的图表(Tables and Diagrams for Assisting Interpretation)。此外,每卦译文还附注释。

布洛菲尔德在书中提到了他的译本与卫礼贤译本的区别:他的译本比卫氏译本更简短;他的译本侧重《易经》中的占卜,而卫氏译本更像是一本教科书,解释卦图的含义;他的译本更容易理解,而卫氏译本许多内容无法理解。

18. 奈吉尔·里士蒙德

奈吉尔·里士蒙德(Nigel Richmond),英国一位名不见经传的木工。他的第一部《易经》研究著作(Language of the Lines)于 1977 年在 Wildwood House 出版,书中详细介绍了《易经》的 64 卦卦辞。在此基础上,他完成了《易经》译本(The I Ching Oracle),虽然先后联系了六家出版社,但最终没有出版,他便在 1985 年自行印刷了几百本。虽然没有正式发行,但他的译本体例简练,排版清晰,在仅有 165 页的书中,不仅为读者提供了阅读《易经》必备的基本知识讲解,在必要之处还配以手绘图画加以说明,64 卦的译文也通俗易懂,因此,整个译本更像是一本《易经》口袋书,受到普通读者的青睐,其译本在西方多家易学网络平台得到推介,如"蓍草网"(http://www.russellcottrell.com/VirtualYarrowStalks/index.asp)和"易经道"(https://www.biroco.com/yijing/richmond.htm)。

19. 托马斯·柯立瑞

托马斯·柯立瑞(Thomas Cleary),美国著名典籍翻译家。他根据明代释智旭的《周易禅解》、清代著名内丹家刘一明的《易理阐真》和宋代程颐的《周易》注疏分别于 1986 年、1987 年和 1988 年翻译并出版了《道家易经解》(The Taoist I Ching)[①]、《佛家易经解》

[①] Thomas Cleary, *The Taoist I Ching*, Boston: Shambhala, 1986.

(*The Buddhist I Ching*)① 和《易经：致治之书》(*I Ching, The Tao of Organization*)，之后又在 1992 年出版了口袋书《易经》英译本（*I Ching: The Book of Changes*)②，作为便于携带、语言简洁的一款袖珍读本，此译本在卦爻的解释和翻译语言上更凸显了大众普及读物的特点。

20. 林理彰

林理彰（Richard John Lynn），加拿大多伦多大学东亚研究教授。1994 年在哥伦比亚大学出版社出版了《易经：王弼注〈易经〉新译》(*The Classic of Changes: A New Translation of the I Ching as Interpreted by Wang Bi*)③，译本包括致谢、导论、王弼《周易略例》、《系辞传》上、《系辞传》下、《序卦》《杂卦》《说卦》《六十四卦》及《彖传》《象传》《文言传》译文，后附有参考文献、术语汇编、专有名词表和索引。译者对内容编排进行了调整，将《系辞》《序卦》《杂卦》《说卦》皆置于经文之前，译文均包含王弼注在内，后者用不同字体置于大括号内，前文《系辞》《文言》《序卦》《杂卦》中部分有关各卦的文字译文穿插于各卦译文之中，略有重复。译文中译者夹注置于方括号内，译文注释采用每篇、每卦尾注形式。译文中音译部分，林译本采用了现代汉语拼音系统。《系辞传》《序卦传》《杂卦传》《说卦传》及其王注英译注解非常详尽，但也带来了烦冗重复的弊端。

由于林理彰对王弼的著作研究透彻，在翻译《道德经》和《易经》时均采用了王弼注为底本，使得他的译本出版后得到了很多西方汉学家的积极评论，如施罗德（J. Lee Schroeder）认为林译的王弼注《易经》应该是英语世界第一次翻译，因为其中许多材料之前并无英文翻译。著名汉学家宇文所安（Stephen Owen）也指出，林译《易经》的副标题是"A New Translation of the I Ching as Interpreted by Wang Bi"，意味着这个译本与之前的所有译本不同之处就在于采用了王弼注的《易经》，同时，林译本还提供了比之前卫礼贤更准确的翻

---

① Thomas Cleary, *The Buddhist I Ching*, Boston: Shambhala, 1987.
② Thomas Cleary, *I Ching: The Book of Changes*, Boston: Shambhala, 1992.
③ Richard John Lynn, *The Classic of Changes: A New Translation of the I Ching as Interpreted by Wang Bi*, Columbia University Press, 2004.

译,英语读者在阅读林译本时,可以同中国人阅读《易经》一样觉得文字言之有理,从这点来看,林译本要优于卫译本。除了采用的底本不同外,从林译本中确实能够看出他与众不同的理解,如他把"元亨利贞"翻译为"Qian consists of fundamentality (yuan), prevalence (heng), fitness (li), and constancy (zhen)",与理雅各和卫礼贤等人的翻译完全不同,甚至在理解上也有别于其他西方译者。

21. 利策玛

利策玛(Rudolf Ritsema),欧洲著名学术中心爱诺思基金会前任主席,曾耗费40余年心血从心理学角度研究《易经》,与斯蒂芬卡赫(Stephen Karcher)合作,在1989年以《爱诺思年鉴》形式发表了爱诺思《易经》第一版,取名为《周易:包罗万象的启迪》。之后,1994年,英国基础出版公司(Elements Books)正式出版了爱诺思的易经:《易经:中国的经典,变化的启示》(*I Ching*: *The Classic Chinese Oracle of Change*: *The First Complete Translation with Concordance*)[①]。此译本最大特点是首次采用了语料库的形式来翻译《易经》,因此,译本更像是一本《易经》字典,非常便于读者或《易经》爱好者查询书中的关键词。

22. 夏含夷

夏含夷(Edward L. Shanghnessy),美国汉学家,芝加哥大学历史学家。1996年他翻译的《易经:马王堆帛书易经》(*I Ching*: *the Classic of Changes*)[②]由纽约巴兰坦图书出版集团(Ballantine Books Group)出版,全书共分八个章节,包括"致谢""《易经》起源及早期发展""马王堆《易经》手稿""翻译原则""译本体例""帛书《周易》译文""注释""参考文献"。其中"译文"包括六部分,分别是《周易》(*The Zhouyi*)、《二三子问》(*The Several Disciples Asked*)、《系辞传》(*Appended Statement*)、《易之义》(*The Prop-*

---

① Rudolf Ritsema, Stephen Karcher, *I Ching*: *The Classic Chinese Oracle of Change*: *The First Complete Translation with Concordance*, London: Elements Book, 1994.

② Edward. L. Shaughnessy, *I Ching*: *the Classic of Changes*, New York: Ballantine Books, 1996.

erties of the Changes)、《要》(The Essential) 以及《缪和》(Mu He) 和《昭力》(Zhao Li)。该译本最大特点是采用了 1984 年《文物》首次公开发表的马王堆汉墓出土的帛书《易经》为底本，这也是西方第一次采用这个版本。为了便于读者了解两者的区别，译本在译文前附了一份帛书《易经》和通行本《易经》卦序的对比图。夏含夷在书中提出，译者需要注意文本中的"语音通假"现象，但是这种现象并非赋予译者自由改变原稿的权力，因此，译者要想协调这个问题而实现"中庸"，最好的办法就是按原作者的意图重现原稿。

2014 年，夏含夷基于新近出土的《易经》文献出版了具有浓厚考古色彩的《易经》释文译本《出土之易：新近出土〈易经〉释文与相关文本》〔Unearthing the Changes: Recently Discovered Manuscripts of the Yi Jing (I Ching) and Related Texts〕①，其中包括七个部分："卜筮过去，卜筮未来：《易经》考古与挖掘"(Divining the Past Divining the Future: Archaeology and the Rediscovery of the Changes、"上海博物馆藏竹书《周易》背景内容与价值"(The Context, Content, and Significance of the Shanghai Museum Manuscript of the Zhou Yi)、"上海博物馆藏竹书《周易》释文译文"(Translation of the Shanghai Museum Manuscript of the Zhou Yi)、"王家台出土竹简《归藏》释文"(The Wangjiatai Bamboo-strip Manuscripts of the Gui cang)、"竹简《归藏》译文"(Translation of the Gui cang Fragements)、"阜阳出土汉简《周易》释文"(The Fuyang Zhou Yi Manuscript)、"阜阳出土汉简《周易》释文译文"(Translation of the Fuyang Zhou Yi Manuscript)。此书具有鲜明的双重性，既是一个崭新的《易经》译本，同时也是一本《易经》考古研究著作。从翻译模式来看，这个译本仍然延续了马王堆出土帛书《易经》译本的翻译方法，同样提供了出土《易经》释文和通行本的对比，其目的是为读者展示历史不同时期的《易经》版本的异

---

① Edward. L. Shaughnessy, *Unearthing the Changes: Recently Discovered Manuscripts of the Yi Ching and the Related Texts*, New York: Columbia University Press, 2014.

同,由此了解《易经》在发展过程中发生的演变。

23. 闵福德

闵福德(John Minford),英国汉学家。2002年开始,耗时12年翻译的《易经》(The Book of Change),共928页,该书由纽约企鹅出版集团下的维京出版社于2014年出版。该书分成两部分,第一部分是"智慧之书",用传统方式解读《易经》和其点评;第二部分是"卜卦"(Oracle),回归《易经》最初的用途——青铜器时代的占卜手册。他曾这样评价自己的翻译特点:"我的翻译更'中国化'。有人翻译《易经》会提及《圣经》或德国诗人歌德;基督徒理雅各布从基督教的角度解析《易经》。我更多地引用中国文人的点评,尽量不涉及西方人对《易经》的点评和解析。"① 在他翻译的《易经》中,除了英文,还用了拉丁文,之所以在译文中使用拉丁文,他解释有两个原因:"一、拉丁文给人一种很古老的感觉,看到拉丁文马上会联想到过去,想到一些不可知的东西。二、现在大部分读者不懂拉丁文,所以我故意用它。每个人都会'构建'自己的《易经》,我用拉丁文也是在提醒大家,我们也不知道这本书真正的意思。好像是你步入一所旧式教堂,听到神父在念叨一段拉丁文,没几个人能明白它。我希望给读者类似的感觉。你没有必要理解它们——旁边都有英文释义。"②

24. 布莱恩·布朗·沃克

布莱恩·布朗·沃克(Brian Browne Walker),美国自由学者。1992年在纽约St. Martin's Griffin出版社出版了英译本《易经》(The I Ching or Book of Changes)③,该书的副标题为 A Guide to Life's Turning Points。在导论部分,译者说明了《易经》不只是一部中国智慧与哲学的智书,更是一本能够给人们在生活转折点提供完美指引的智人,因此,译者对《易经》内容的翻译和阐释更倾向于接近普通大众的

---

① 参见崔莹《英国学者12年译完〈易经〉》(http://cul.qq.com/a/20150714/025742.htm)。

② 同上。

③ Brian Browne Walker, The I Ching or book of changes: A Guide to Life's Turning Points, New York: St. Martin's Press, 1992.

生活，在每章的卦辞题目中赋予了现代解释，如"乾/创造性（善于创新将会给一个人带来财富）""坤/包容性（学会大地的谦逊、包容、体恤）""屯/初始之困（坚持就是胜利）"等。为了利用现代技术推广《易经》，布莱恩在2014年首创制作了译本的APP应用软件，而且受到了众多西方读者的好评；而且，他还将这种形式应用在了他所翻译的其他中国典籍，包括《道德经》《孙子兵法》《为无为经》《化胡经》。

25. 彭马田

彭马田（Martin Palmer），英国汉学家，英国爱丁堡公爵菲利普亲王特别顾问。他曾在剑桥大学主修神学宗教研究和中国古文专业。1995年根据易学研究最新成果，将《易经》翻译成英文（*I Ching*：*The Shamanic Oracle of Change*）①，译本最独特之处是以诗歌形式阐释了卦爻辞的义理，凸显了译本的创新思路。译本附有较长的序言、导论和学术评注，具有很强的学术氛围。对于翻译中国古代典籍有着自己的理解，他并不认为自己是在翻译，而是在解读。他的观点是："一种文化是不能被翻译成另一种文化的，我们能做的是将一种文化向另一种文化进行解读。不同文化间也会因此加深对彼此的了解。"②

26. 茹特

茹特（Richard Rutt，1925—2011），韩语名卢大荣，英国罗马天主教牧师，韩国研究专家，早年曾在韩国传教二十多年。退休后，投身于《易经》的翻译，并于1996年出版《周易新译》（*Zhou Yi*：*The Book of Changes*）③。全书共500多页，分为三部分：第一部分为长达200页的导论，其中介绍了《易经》的最新研究信息，以及《左传》中所有关于《周易》的文献和欧洲译介《周易》的历史概貌。第二部分为《周易》译文，茹特的翻译带有明显"现代学派"的风格，

---

① Martin Palmer, Barony Jay, *I Ching*：*The Shamanic Oracle of Change*, New York：Thorsons Publishers, 1995.

② 参见王碧薇《Martin Palmer：我为什么热衷于翻译〈尚书〉——访英国汉学家MartinPalmer》（http：//www.dangjian.cn/gjgc/201511/t20151103_2946316.shtml）。

③ Richard Rutt, *Zhou Yi*：*The Book of Changes*, Richmond, Surrey：Curzon, 1996.

卦辞和爻辞均使用不同字体加以区分,甚至还给关键词配注甲骨文,译文试图使用英文的发音来保持中文的韵文节奏,如"见龙在田,利见大人"翻译为"Lo, on the fields a dragon bides. To meet with great men well betides";"鸿渐于磐,饮食衎衎"译为"Wild geese settling on the rocks, feed and drink in honking flocks"。第三部分为附录,由《十翼》译文组成。

27. 斯提芬·卡赫

斯提芬·卡赫(Stephen Karcher),当代美国心理学家,出版了多部《易经》译本,包括2003年由英国Time Warner出版了《易经全解:变革神话》(*Total I Ching*:*Myths for Change*);由Thorsons出版了 Way of the I Ching;以及《易经——变化之典籍》(*I Ching*:*The Classic Chinese Oracle of Change*)(2002)、《易经简本》(*I Ching Plain and Simple*)(2009)、《易经大全》(*The I Ching Kit*)(2005)等。

28. 裴松梅

裴松梅(Margaret J. Pearson),美国斯基德莫尔学院(Skidmore College)历史系教授。依据马王堆出土的帛书《周易》,在参考卫礼贤、夏含夷、林理彰等人译本的基础上,于2011年出版了一个号称"忠实于最古老《易经》文本"的通俗译本《原始易经》(*The Original I Ching*:*An Authentic Translation of the Book of Changes*)①,含六十四卦译文,每卦提供卦象、汉字卦名及其汉语拼音、英译卦名、爻辞译文,并在每卦译文后增加《易传》中大象部分的译文及译者对卦象和部分卦爻辞的解释(斜体)。译文正文前有致谢、引言(《易经》小史、英译缘起)、《易经》介绍、译文说明、《易经》使用介绍,正文后是《易经》"原文"等附录。裴译本依据的《易经》原文是她据夏含夷译本的两个《易经》原文即通行本和帛本修订、确定的,按通行本卦序排列,据帛本修改了一些卦名、卦爻辞文字,并附加了《易传》中各卦的大象。因此该译本的原文是与众不同的,即它既不是今本经文,也不是帛本经文,而是译者根据自己的理解和意图,以

---

① Margaret J. Pearson, *An Authentic Translation of The Book of Changes*, Tuttle Publishing, 2011.

今本为主,将二者结合的结果。

作为西方第一个翻译《易经》的女性译者,裴松梅从女性视角重新审视了《易经》的翻译问题,例如,她发现很多译者都把《易经》中的中性词翻译为了带有男性色彩的词汇,如第44卦中的"姤"翻译为"prince",而她认为,在中国商朝皇室女性也参与占卜,古体字"姤"就表示即将待产的女子,而且马王堆汉墓也可以证明即使在汉朝女性也非常重视卜筮,因此,她非常赞同夏含夷在翻译《易经》时遵循的原作,希望能还原作品最古老的意思。

29. 戴维·辛顿

戴维·辛顿(David Hinton),美国汉学家,翻译家。曾获哈罗德·莫尔顿·兰登翻译奖(Harold Morton Landon Translation Award)、笔会翻译奖(PEN Translation Prize),以及美国艺术与文学学院终身成就奖——桑顿·威尔德奖(Thornton Wilder Prize)。2015年在纽约出版了英译本《易经》(*I Ching*:*The book of change*)[①]。该译本除了提供《易经》的英译,还为读者讲解了使用《易经》进行占卜的两种方法:卜筮和钱币占卜,并且介绍了具体操作步骤。

由于本书主要研究《易经》在西方的译介传播,重点梳理西方汉学家和译者在不同时期翻译《易经》的历史进程,这只是《易经》对外传播的一个侧面,还有更多西方学者从不同学科和领域投入易学的研究。如当代英国科学家李约瑟(Joseah Needham)在其巨著《中国的科学与文明》中对《易经》的论述,内容之充实、涉及问题之广泛,远远超出一般专门易著,他认为这本书是一种原科学思维(Proto-Scientific Thinking),而且从近代科学思想层面分析了《易经》与中西数学的关系,他在比较科学史的研究成果证明了《易经》的多重学术意义。但是,《易经》的现代科学研究和阐释大多是描述性的,尚未发展至严格的批评和论证,因此,易学的科学性能否以合理而有效的方式确立起来,仍然有待进一步探索。

海克(Edward Hacker)、莫尔(Steve Moore)和帕斯卡(Lorraine Pascal)三人合著的 *I Ching*:*An Annotated Bibliography*(2002)是一本

---

① David Hinton, *I Ching*:*The book of change*, New York:Farrar, Staus and Giroux, 2015.

较详尽全面的英语世界《易经》研究文献目,涉及各类已出版的文献资料,包括博士学位论文、研究专著和种种奇谈怪论。该书主体包括三个部分,第一部分是502种《易经》译本和研究著作,第二部分是486篇期刊文章,第三部分是59种视频、音频资料、软盘光盘资料、电脑程序软件、占卦操作程序和工具箱描述等。该书包含相当一部分非学术性译本、著作和文章以及一些据《易经》创作的音乐、影像和风水、小说等资料。从该书来看,许多西方译者和学者把《易经》首先视为占卦手册,体现有数量庞大、种类繁多的占卦指导手册及各种此类介绍性著作,其他译本也多有在副文本中含有如何进行占卦操作的说明和演示。该书文献目录分为三个部分,一是译本,二是论著,三是其他衍生品,其中与本研究相关的主要是前两者,尤其前者,但两者中也有不少非学术性作品。自麦丽芝开始,现在各种英译本达数百种(但20世纪上半叶问世的译本中有相当一部分因出版发行数量小或其他原因现在已经难觅踪迹),因此《易经》英译本是一个很大且复杂的范畴,而范畴边界难以明确划定。从学术性来看,既有严谨之学术译作,亦有纯粹操作性、工具性之译文手册,这些几乎不具学术性。《易经》译本之学术性主要体现在,译文建立在学术研究基础上,具有严谨性和表述规范性及一定的原创性,并有前言后语、注释附录等副文本。

从《易经》在西方译介的整个历史长河中可以看出,自19世纪至21世纪,西方学者出版和发表的《易经》译本至少二十种以上,代表性的英文译者有麦格其、理雅各、贝恩斯、布洛菲尔德、柯立瑞、林理彰、夏含夷、闵福德等;拉丁语译者有雷孝思;法文译者有霍道生、哈雷兹等;德文译者有卫礼贤。这些西方译者之所以在《易经》传播上付出巨大的精力和代价,有着各种不同的原因,既有初期为了"礼仪之争"的需要,也有后期带有文化侵略的色彩,不同时期的历史文化背景都影响着这些译者对《易经》的传播效果,也可以说,《易经》正是在一种复杂的矛盾运动中传播到西方的。

对于《易经》这么一部"百科全书"式的古代典籍,西方译者和学者表现出了"百花争鸣"般的声音。从自身的利益、学术、兴趣、生活等方面出发,他们在《易经》中找到了自己想要的东西。

上篇 《易经》在西方的译介

哲学家在《易经》中看到了丰富和完美的东方哲理；科学家看到了数学、天文学等自然学科的原理；宗教家看到了一套完整的宗教体系；神秘学家看到了东方的占卜术。这些立场和方法以不同方式体现在了《易经》译本中，反映了这部五经之首在不同文化和社会体制下解读的多维性，值得国内易学研究者借鉴和参考。

第二章　来华耶稣会士研习《易经》

在早期来华传教的耶稣会士中,法国籍耶稣会士对《易经》的译介曾产生过重大影响,其中以白晋(Joachim Bouvet)为代表的索隐派留下了众多《易经》研究成果和译本。

1685年3月3日,白晋与李明、张诚(Jean F. Gerbillon)、刘应(Claude de Visdelou)、洪若翰(Jean de Fontaney)、塔夏尔(Tachard)受法国国王路易十四派遣,以"国王数学家"的身份离开法国,前往中国传教,开始了较大规模的法国籍传教士来华宣教的热潮。除塔夏尔留居暹罗(今泰国)外,他们一行于1688年2月7日到达北京。白晋在京期间,一方面被聘为康熙帝的科学启蒙老师,另一方面投入大量精力学习汉文与儒家典籍。在法国耶稣会士中,以白晋为首的一小部分来华传教士由于对《易经》特别关注,被称为易经派(Ykingnistes)①,白晋也就成了入华传教士之"索隐派"的主要创始人。他们把一直应用于《旧约》中的索隐方法或象征学的释经法应用到解释某些古老的中国经典上。在欧洲,他们常被称为"索隐派",因为他们宣称在中国古代典籍中发现了基督教传统的踪迹并对它们进行了索隐式的和象征论的解释。他们深信:这些古籍不是中国人的作品,而是属于犹太基督教传统的先知性著作。它们不仅谈到真正的上帝,还谈到弥赛亚,如果向中国人说明这一切,他们就会成为基督徒。②

---

①　参见张国刚《从中西初识到礼仪之争——明清传教士与中西文化交流》,人民出版社2003年版,第531页。

②　参见[丹麦]龙伯格《清代来华传教士马若瑟研究》,李真、骆洁评,大象出版社2009年版,第402页。

法国籍耶稣会士中，持有索隐派观点的除白晋外，还有傅圣泽、马若瑟、郭中传等。18世纪后半叶索隐派的支持者还有：韩同英、钱德明。按钟鸣旦的说法，当时约有三分之一的在华法国籍耶稣会士与索隐主义有关。① 当某些耶稣会传教士试图象征性地解释中国古籍时，他们并非为了从中发现其普遍意义上的历史，或是中国人自认为从中发现的历史真相，而是寻找基督教最深刻的奥义，证明在中国古籍中，有被宣布和预言过的基督教真谛。按毕诺的说法，他们极力证明中国文献可能具有两种意义：一种是中国人以某种错误方式诠释的明显意义，因为他们不懂基督教；另一种是唯有传教士才可以理解的宗教意义，因为他们掌握密钥《圣经》。②

一 白晋、傅圣泽研习《易经》

如同清初来华的西方传教士一样，白晋与傅圣泽花费了大量时间和精力来研读中国典籍，《易经》便是其中最重要的一部。来华耶稣会士索隐主义的渊源可以上溯至利玛窦，利氏在《天主实义》中就曾试图指出天主教与中国经典中所含法则之间的联系，其文化适应策略即以此为基础，后来的耶稣会士多遵循此道，力求从中国古籍中寻找能与天主教义相印证的所谓纯粹的儒学观点。白晋等索隐派耶稣会士接受中国人对《易经》的看法，相信它是中国最古老、最重要的经籍，因而，寻找基督教的奥义就当从《易经》入手。张西平认为，白晋等人认为中国文化是基督教文化的一支，是由诺亚其中一个儿子闪（shem）的后代所创立的，这样在中国远古文化中就有西方文化的遗痕，而《易经》则更多地表现出许多同《旧约》中的描述类似。③ 白晋甚至将中国古代的统治者和英雄与《旧约》中的先祖们等同起来，如他认为尧和诺亚应该是同一人，因为他们二人在先祖列表

---

① Nicolas Standaert, *Handbook of Christianity in China*, Volume 1635—1800. Leiden-Boston, Koln: Brill, 2001, p. 671.
② 参见［法］维吉尔·毕诺《中国对法国学思想形成的影响》，商务印书馆2000年版，第402页。
③ 参见张西平《易经在西方的早期传播》，《中国文化研究》1998年第4期。

上都排在第十位。① 为了证明诺亚的后代曾在中国居住,白晋对汉字"船"字作了如下的分析:"船"由三部分组成,"几"指数字八,"口"指人口,"舟"指船,意思说一艘船上带着八个人,白晋认为这八人分别是指诺亚和他的妻子,他们的三个儿子及儿媳。② 这样,"五经"成了索隐派实行其理论的主战场,而《易经》则是索隐主义思想的基础。

1937年5月21日,阎宗临曾在桂林《扫荡报·文史地周刊》第十七期上刊印白晋与傅圣泽奉康熙皇帝之命研究《周易》之十种文献,这十种文献原藏于梵蒂冈图书馆内。天主教史学家方豪在《中国天主教史人物传》一书"白晋、傅圣泽"条也辑有这十种文献。③ 通过这些琐碎记载,我们可以看出,白晋在当时的儒林占据了重要的位置,所以康熙在讲到来华传教士对中国知识掌握情况时说:"在中国之众西洋人,并无一人通中国文理者,惟白晋一人稍知中国书义。"④ 白晋、傅圣泽研究《易经》,是奉康熙帝命,主要还是为了迎合康熙皇帝的癖好,也可看作耶稣会士文化适应策略之延续。记载白晋等人在华研读《易经》的相关文献记录如下:

> 四月初九日李玉传旨与张常住:据白晋奏说,江西有一个西洋人,曾读过中国的书,可以帮得我。尔传与众西洋人,着带信去将此人叫来,再白晋画图用汉字的地方,着王道化帮着他料理,遂得几张,连图着和素报上带去,如白晋或要钦天监的人或用那里的人,俱着王道化传给。钦此。
>
> 臣傅圣泽在江西叩聆圣旨。命臣进京相助臣白晋同草《易经》稿。臣自愧浅陋,感激无尽,因前病甚弱,不能陆路起程。抚院钦旨即备船只,诸凡供应,如陆路速行于六月二十三日抵

---

① 参见[德]柯兰霓《耶稣会士白晋的生平与著作》,李岩泽,大象出版社2009年版,第123页。
② 同上。
③ 参见方豪《中国大主教史人物传》(中),中华书局1988年版,第281—285页。
④ 陈垣辑:《康熙与罗马使节关系文书》,载《中国史学丛书续编(23)康熙与罗马使节关系文书、乾隆英使觐见记》,学生书局1973年影印版,第75页。

上篇 《易经》在西方的译介

京。臣心即欲趋赴行宫,恭请皇上万安,奈受暑气不能如愿,惟仰赖皇上洪福,望不日臣躯复旧,同臣白晋竭尽微力,草《易经》稿数篇,候圣驾回京,恭呈御览。

七月初五日,上问:"白晋所释《易经》如何了。钦此。"王道化回奏:"晋现在解《算法统宗》之攒九图,聚六图等因具奏。"上谕:"朕这几月不曾讲《易经》,无有闲着;因查律吕根原,今将黄钟等阴阳十二律之尺寸积数,整音、半音、三分损益之理,俱已了然全明,即如箫笛、琵琶、弦子等类,虽是顽戏之小器,即损益之理,查其根原,亦无不本于黄钟而出。白晋释《易经》,必将诸书俱看,方可以考验。若以为不同道则不看,自出己意敷衍,恐正书不能完,即如邵康节,乃深明易理者,其所有占验,乃门人所记,非康节本旨,若不即其数之精微,以考查,则无所倚,何以为凭据?尔可对白晋说:必将古书细心校阅,不可因其不同道则不看,所释之书,何时能完,必当完了才是。钦此。"

初六日奉旨问白晋:尔所学《易经》如何了。钦此。臣蒙旨问及,但臣系外国愚儒,不通中国文义,凡中国文章,理微深奥,难以洞彻,况《易经》又系中国书内更为深奥者。臣等来中国,因不通中国言语,学习汉字文义,欲知中国言语之意,今蒙圣上问及所学《易经》如何了,臣等愚昧无知,倘圣恩不弃鄙陋,假年月,容臣白晋同傅圣泽细加考究。倘有所得,再呈御览,求圣恩教导,谨此奏闻。

臣白晋前进呈御览《易学总旨》。即《易经》之内意与天教大有相同,故臣前奉旨初作《易经》稿,内有与天教相关之语。后臣傅圣泽一至,即与臣同修前稿,又增几端,臣等会长得知,五月内有旨意令在京众西洋人同敬谨商议易稿所引之经书。因寄字与臣二人云:"尔等所备御览书内,凡有关天教处,未进呈之先,当请旨求皇上谕允其先察详悉。"臣二人日久曾专究《易》等书奥意,与西士秘学古传相考,故将己所见,以作《易》稿,无不合于天教,然不得不遵会长命,俯伏折请圣旨。

字奉王老爷,弟所作日臞,共二十节,前十七节已经台览,

第二章　来华耶稣会士研习《易经》

尚有三节存于相公处，还求昭监，论日躔之工，不过数月当完，因弟多病，竟迟至一年，抚心甚愧。兹启者：白虽头痛，犹有止时，今岁以来，痛竟不止，若见风日，骑马走路，必复增重，倘再勉强，恐至不起，故虽敝教斋规，亦竟不能守也，若得月余静养，此身少健，自能究心月离矣。但此系旨意，老爷代为周旋，弟自铭感五内耳，余情不悉。

接来示，始知先生患头病，本欲亲来奉候，因公务所羁，不能如愿，徒怀怅歉耳。特走字专候近祉，伏冀鉴照。更读者，来字内云，必得月余静养等语，弟思凡人有病，因自己不能主张，是以有病焉，有未痊之前，预立其期乎？先生不远九万里而来，原欲发明素学以彰教义，今幸上问及所学，则献策有门，先生当将素蕴之秘旨，竭力以献，方不负素所欲也。今若以小恙为隔，岂不虚所抱负乎。弟相劝先生倘稍愈时，即赴畅春园以备顾问，方不虚其所学也。日躔三节，俱已看完，令人抄可也，将未览过之书，可俱交白先生处贮，恐上问及，以便呈览，多不有录。傅先生案右。王道化具。

捧读华翰知老爷情意殊深，自不禁感谢之交至也。弟前言静养月余者，不过约略言之耳。据弟之病，虚弱已极，正恐月余尚难愈，意或竟至终身欤！但死生有命，原非人之所敢必者，若论病之痛苦，必受其病者自知之。弟航海而来，不避万难，倘可勉强，岂敢自息，若因小恙而偷安，不几与远来之意，自相左乎。望老爷体柔远之意，知弟之艰，则感恩不尽矣。谨以未呈览之书带去，倘有总进此书之日，祈与弟一信，弟扶病至畅春园伺候可也。

臣傅圣泽系外国迂儒，不通中国文义，蒙我皇上洪恩，命臣纂修历法之根，去岁带至热河，躬亲教导，实开茅塞，日躔已完，今岁若再随驾，必大获益。奈自去口外之后，病体愈弱，前病复发，其头晕头痛，迷若不知，即无精力，去岁犹有止时，今春更甚，几无宁息，不可以见风日，若再至口外，恐病体难堪折，且误事，惟仰赖我皇上洪恩，留臣在京，静养病躯。臣尝试过，在京则病发之时少而轻，离京则病发之时多而且重，今求在京，望渐得愈再尽微力，即速作历法之书，可以速完，草成月离，候驾回京，恭呈御览，再求皇上教导。谨此奏闻。

五十五年闰三月初二日，为纪理安、苏霖、巴多明、杜德美、杨秉义、孔禄食、麦大成、穆敬远、汤尚贤面奏折，上将原奏折亲交与纪理安等。谕赵昌、王道化、张常住、李国屏、佟毓秀、伊都立尔等共同传与白晋、纪理安等，所奏甚是。白晋他作的《易经》，作亦可，不作亦可，他若要作，着他自己作，不必用一个别人，亦不必忙，俟他作全完时，再奏闻。钦此。①

另有史料记载，白晋曾与康熙交流《易经》中所包含的数学问题：

二十四日。进新改了的"释先天未变之原义"一节，又释河洛合一，天尊地卑图，为《先天未变易数象图之原》一本，并《历法问答》定岁实法一本，交李三湖呈奏。奉旨：朕俱细细看过了，明日伺候。钦此。

二十五日呈览。上谕：尔等所译之书甚好了，朕览的书合于一处，朕所改已上所谓地形者之处，可另抄过送上。

七月初四日。呈御笔改过的《易经》，并新得第四节释天尊地卑图，为诸地形立方诸方象，类于洛书方图之原，及大衍图一张，进讲未完。上谕：将四节合定一处，明日伺候。钦此。

初六日，呈前书并新作的释天尊地卑图，得先天未变始终之全数法图二张，进讲。上谕王道化，白晋作的数甚是明白，难为他，将新作的天尊地卑图，得先天未变始终之全数法并图留下，《易经》明日伺候。钦此。

初七日，进大衍图。上谕：将大衍图留下，朕览，尔等另画一张，安于书内，钦此。谕尔等俱领去收看，钦此。

十二日，进讲类洛书耦数方图之法一节，图一张，呈览。上谕：将耦数方图之法与前日奇数之法合定一处，尔等用心收看，

---

① 阎宗临：《传教士与法国早期汉学》，大象出版社2003年版，第139—172页。

钦此。本日御前太监叶文忠奉旨取去原有御笔写类书方图奇数格一张，并耦数方图一张。传旨，照此样多画几张。钦此。本日画的奇数方图格二张，教太监李三湖呈上，留下。

王道化谨奏：初九日，恭接得上发下大学士李光地奏折一件，并原图一幅，说册一节与白晋看。据白晋看，捧读之下，称深服大学士李光地精通易理，洞晓历法。①

根据余东所编《梵蒂冈图书馆所藏甲期传教士中文文献目录（16至18世纪）》，梵蒂冈所藏白晋读《易》文献有16篇之多。② 康熙为何要求白晋研究《易经》？樊洪业注意到，白晋苦研读《易经》与康熙所要求的目标是不一致的。"前者注重找出中西学术的共同点，促进天儒合流以提高天主教和西方学术在中国的地位，后者重视的是阐明《易经》为万学之宗。"③ 康熙后来对白晋的研究进展缓慢表现出不满，应与此有关。另据张西平的研究，康熙想通过白晋研究《易经》给传教士树立个榜样，逼他们遵守利玛窦规矩，使他们知道"欲议论中国道理，必须深通中国文理，读尽中闻诗书，方可辩论"；同时跟"礼仪之争"紧密相连。④ 白晋的汉语著述多与《易》有关，其索隐主义思想观点亦多散见于《易》研究之中，如《古今敬天鉴》《易考》等书。《古今敬天鉴》分上下两卷，上卷"以中国经书所载之言，以证符合于天主教之道理，其宗旨在复明上古敬天之原意"；下卷"乃以经文，上俗，民俗相对者，以证与天主教之道相合"⑤。

白晋在《古今敬天鉴》自序中云："中华经书所载，本天学之旨，奈失其传之真。西土诸国存天学本义，天主《圣经》之真传，

---

① 张西平：《中西文化的一次对话：清初传教士与〈易经〉研究》，《历史研究》2006年第3期。
② 参见张西平《欧洲早期汉学史——中国文化交流与西方汉学的兴起》，中华书局2009年版，第532页。
③ 樊洪业：《耶稣会士与中国科学》，中国人民大学出版社1992年版，第226页。
④ 张西平：《欧洲早期汉学史中西文化交流与西方汉学的兴起》，中华书局2009年版，第532页。
⑤ 徐宗泽：《明清间耶稣会士译著提要》，中华书局1949年版，第132页。

今据之以解中华之经书，深足发明天学之微旨。"① 而他撰写此书的目的就是"以明中华经典与西土天主《圣经》，其大本原惟一尤二"②。如《尚书·汤诰》中有"惟皇上帝，降衷于下民。若有恒性，克绥厥猷惟后"。孔氏传称"皇，天；上帝，天也"③。白晋则以康熙钦定的《日讲》证明天主教的人伦之精神："《日讲》：惟皇上帝，当始生万民之初，即予以至正之，则所谓衷也。民受此衷以生，但率循自然，皆有不可易之常理，谓之恒性。至善之理出于天，在天为衷，民受之为性。"④ 为论证天主教之上帝的至尊地位，白晋分别引证《尚书》《礼记》《日讲》《易经》等：

> 《书·尧典》：肆类于上帝。
> 《日讲》：上帝乃天神之至尊者。
> 《礼·曾子问》：天无二日，地无二王。尝禘郊社，尊无二上。
> 《礼·坊记》：天无二日，地无二王，家无二主，尊无二上。
> 《纲目》：宋徽宗立上帝后土，尊无二上之二号，发明深责之云。
> 《易》曰：帝出乎震。帝者天之主宰，其尊无对，讵必加以徽号云乎？获罪于天，无所祷也。⑤

白晋所著《易考》，是白晋奉康熙之命研习《易经》的心得。白晋撰写此书主要目的是"引集中作与西土古传相考印证"⑥。如：

---

① ［法］白晋：《古今敬天鉴》，载［加拿大］郑安德编《明末清初耶稣会思想文献汇编》第19册，北京大学宗教研究所，2000年，第21页。
② 同上书，第22页。
③ 《尚书》，《十三经》（据《四部丛书》初编初印本影印），上海书店出版社1997年版，第93页下。
④ ［法］白晋：《古今敬天鉴》，载［加拿大］郑安德编《明末清初耶稣会思想文献汇编》第19册，北京大学宗教研究所，2000年，第29页。
⑤ 同上书，第36页。
⑥ ［法］白晋：《易考》（http://archives.catholic.org.hk/ancient/index.htm）。

按中华古传，易乃心学，无所不包。其原之总纲，实不外于宇宙万有之有三宗：乃神、乃形、乃兼神形，上中下三者，即外邦自古所传，天地始终之理。逆言万有万事之变易，天道先平后变，终复归于正。永久不易，亦如中华先天后天三易。天皇、地皇、人皇，连山、归藏、周易是也。下列古传以相印证。①

受康熙之命，傅圣泽曾与白晋一起合作研读和诠释《易经》。1711年至1720年，在北京居住的傅圣泽形成了自己的索隐派体系，但在几个基本问题上与白晋有分歧。当白晋将注意力集中在《易经》中的算术和几何成就时，傅圣泽却因其对道教的兴趣而超越这一点。通过阅读道家文献，傅圣泽从《道德经》等著作中寻觅上帝的遗踪，他相信"道"等同于"天"与"上帝"。魏若望称，傅圣泽的研究方法新奇，不仅仅是因为他据以建构其观点的索隐主义基础，也因为他显然是曾经力图将道家文献作为与基督宗教教理的连接点加以阅读并理解的少数几位耶稣会士之一。②

二 马若瑟与《易经》

被雷慕沙称作来华传教士中"中国文学造诣最深者"的马若瑟，在华近40年间，潜心研究中国的语言和文学，除著有《汉语札记》《六书析义》《儒交信》《中国古籍中之基督教主要教条之遗迹》等作品外，马若瑟还翻译有《赵氏孤儿》、《尚书》节选及《诗经》八篇。③ 在中西文化交流史，马若瑟对中国文化典籍的翻译和介绍做出了重要的贡献。

---

① ［法］白晋：《易考》（http://archives.catholic.org.hk/ancient/index.htm），第2—3页。
② 参见［美］魏若望《耶稣会士傅圣泽神甫传：索隐派思想在中国及欧洲》，吴莉苇译，大象出版社2006年版，第197页。
③ 参见［法］费赖之《在华耶稣会士列传及书目》，冯承钧译，中华书局1995年版，第528、529—533页。

上篇 《易经》在西方的译介

来华耶稣会士索隐派研究的核心是《易经》，马若瑟也不例外。在一封于1728年11月中旬写给傅尔蒙（E. Fourmon）的信中，马若瑟说他已经花了20年的时间来研究《易经》及其评注集，随着研究的深入，他越来越确信《易经》是一本关于弥赛亚的预言书。① 在《中国古籍中之基督教主要教条之遗迹》一书中，马若瑟认为，《易经》是记录上帝对亚当所言的一些神秘话语，预示着弥赛亚就要来临。② 在《易经理解》一书中，马若瑟认为其中包含了宇宙命运的传统，只是中国人并不明白这个道理，将《易经》当成一部占卜书籍。他毅然将西方基督教评论应用到对《易经》的解释上来："对于这部书的翻译，我承认我既不够聪明，也不够勇敢以承担起这项任务。但是我希望我的注释能够帮助读者们感受到这部神秘的书中包含的深奥理论。"③

1731年11月10日在写给傅尔蒙的信中，马若瑟称中国人很多年之前就已经忘记了《易经》的意义："当我们告诉中国人，他们的祖先知道并和我们一样崇奉着我们向他们所宣传的神的时候，基督宗教就焕发出了光彩。从这个事实中我得出一个结论，如果我们再向前一步的话，如果我们向中国人说明他们的'经'中有救世主的话，那么一半以上的中国人都会成为天主教徒。"④ 马若瑟这一观点跟白晋所创建的索隐主义理论体系并无二致。白晋以"原始神学"为依据，认为所有的人都来自诺亚和他的后代，所有的人都跟希伯来人一样曾经在某个时刻获得了上帝的启示。但在不同的民族里，这些得到启示所受重视的时间长短是不一样的，几乎所有的民族很快就将这些启示遗忘了。不管是希伯来人还是中国人，在白晋看来都忘了这些启示的真正含义；后来上帝通过救世主的到来才将解读这些启示的钥匙交给基督徒的手中。

---

① 参见［丹麦］龙伯格《清代来华传教士马若瑟研究》，李真、骆洁译，大象出版社2009年版，第46页。
② 同上书，第180页。
③ 同上书，第183页。
④ 同上书，第215页。

三　索隐派的影响

耶稣会士索隐派的做法很快引起了他们上司的注意，并受到他们上司的压制。他们的上司之所以压制他们，一个很大的争议就是，索隐派宣称他们能够计算出世界的末日，而这种行为被认为是异端的；索隐派称古代中国人已经知道了基督教的真理，已经有了对真神上帝的认知，那么由此推出的结论就是，中国人还有必要成为基督徒吗？他们担心的是，这样的一种神学思想将会削弱耶稣会士在"礼仪之争"中的立场。① 事实上，耶稣会士索隐派也并非铁板一块，他们在对待当时中国文明的观点上并不统一。白晋和马若瑟从对中国象征性诠释中得出结论，认为古代中国人不仅仅是一神论者，这与傅圣泽崇信近代人的有神论以及宗教仪礼的偶像崇拜不同。② 傅圣泽力图寻找原型启示，认为中国人很早就忘记了圣书的初始意义；马若瑟则将宋儒思想与《易经》整合到他的体系之中，认为《春秋》无处不与弥赛亚有关。

尽管索隐派耶稣会士的作品在欧洲被禁止出版，他们的研究成果不管是在当时的欧洲或是中国都产生了深远的影响。在欧洲，尽管索隐派的著作未被发表，但他们的思想都为那些与他们保持通信关系的学者所熟悉，如白晋与莱布尼茨、马若瑟与弗雷列、傅尔蒙等都经常有通信往来。我们不妨以白晋与莱布尼茨两人间的相互影响为例，通过白晋了解中国的八卦图后，莱布尼茨甚至宣称，从八卦中看出基督教的三位一体来。1701 年 11 月 4 日，在写给莱布尼茨的信中，白晋附有六十四卦位图，导致莱布尼茨发现《易经》二进制原理。1712年 11 月，白晋撰有拉丁文《易学大意》(*Idea Generalis Doctrinea libri*

---

① Nicolas Standaert, *Handbook of Christianity in China*, Volume 1, 635—1800. Leiden, Boston, Koln: Brill, 2001, p. 672.

② 参见［法］维吉尔·毕诺《中国对法国哲学思想形成的影响》，商务印书馆 2000 年版，第 408—409 页。

Ye Kim）。在该书中，白晋新发现了《易经》中隐藏的"自然神学"①。德国学者柯兰霓认为，如果说利玛窦和他的继承者为西方在华传教士也奠定了基石的话，白晋则开始真正建造这所房子。白晋比他之前的任何一个欧洲人都更加深入地进入了中国人的思想和文化世界，在他的眼中，孔子和耶稣基督并没有什么矛盾之处，相反，他认为，儒家思想可以促成中国人对基督教的认识和归信。② 柯兰霓继续评论说：白晋的思想已经远远超越了利玛窦所创建的更多局限于表面变化的适应策略，白晋试图将基督教信仰深深地根植入到中国哲学和文化当中去。白晋的观点是，只有让基督宗教作为儒家老传统的延续，才有可能使其为当时中国人所接受。③

综上所述，我们不难看出，以白晋、马若瑟、傅圣泽等人为代表的耶稣会士索隐派，实际上是利玛窦适应中国文化传教路线的进一步发展。张西平认为，目前大多数研究者都没有看到索隐派实际是耶稣会内部对中国文化和典籍最为熟悉的一批人，他们在理论上的创造也是进步的。如有关儒教论、礼仪论之争方面，耶稣会士索隐派显然比利玛窦所代表的第一批耶稣会士们的理论更为自洽。④ 张西平还指出：索隐派虽然在理论上展开的方向是有问题的，但其问题意识，其研究所涉及的问题对我们今天来说仍具有根本性。⑤ 另外，马若瑟等人以索隐的方式诠释中国经典的做法，在晚清时期新教传教士群体中也不乏追随者，如伦敦会传教士理雅各、李提摩太等。

---

① ［德］柯兰霓：《耶稣会士白晋的生平与著作》，李岩译，大象出版社2009年版，第71页。
② 参见［德］柯兰霓《耶稣会士白晋的生平与著作》，李岩译，大象出版社2009年版，第218页。
③ 同上书，第219页。
④ 参见张西平《欧洲早期汉学史中西文化交流与西方汉学的兴起》，中华书局2009年版，第581—585页。
⑤ 参见张西平《中译本序》，载［丹麦］龙伯格《清代来华传教士马若瑟研究》，李真、骆洁译，大象出版社2009年版，第12页。

第三章　理雅各与《易经》

一　《易经》翻译心路历程

理雅各①（1815—1897）生于苏格兰，作为英国伦敦布道会传教士，1840年25岁时到马六甲，任"英华书院"院长，1843年随书院迁至香港并继续主持院务，后在香港居住达30年。1873年返回英国。1876年他成为国际儒莲汉籍翻译奖的第一个获得者，同年被牛津大学聘为汉学讲座第一任教授，直到去世。在欧洲，理雅各与法国顾赛芬（S. Couvreur）、德国卫礼贤并称汉籍欧译三大师，与德庇士（J. Davis）和翟理思（H. Giles）并称为19世纪英国汉学三大家。

早在1854—1855年理雅各就完成了《易经》翻译，但由于感觉自己没有把握住《易经》的精髓而搁置，直到27年之后的1882年，他的译本才得以发行。根据译者在译本中的"前言"回顾，整个翻译过程充满了曲折：

> 1870年我的译稿在途经红海时被水浸泡了一个多月，经过小心翼翼的处理之后，译稿基本恢复到了能够阅读的程度，但直到1874年，我才有足够的精力再来研究其中的奥秘，我相信，那

---

① 关于理雅各生平，参见［美］吉德瑞（Norman J. Girardot）《朝觐东方：理雅各评传》，段怀清、周俐玲译，广西师范大学出版社2011年版。

也是我第一次基本了解了这本书，而且发现之前二十年的努力根本就是徒劳。①

理雅各的《易经》翻译之旅可谓一波三折，虽然最终完成了全部翻译，但他也承认其中诸多内容不知所云，而是通过自己的努力找到了正确理解这部神秘之书的线索。理雅各明确拒绝了那种将《易经》视为"中国所有经典中历史最为久远"的文献的观点。但是，他接受这样一种传统观点，即文王和他的儿子周公是"周易的文本作者"。与此同时，他似乎也接受神话式的文化英雄伏羲的真实性，而此人传统上被认为属于"公元前3400年"的时代。理雅各在谈到他翻译《易经》的思路时指出："汉语书面文字并不完全是字词的组合，而是思想的符号，作品中的文字组合并不是作者要表达的意思，而是他的思想。因此，如果译者只是翻译其字面意思，那就是徒劳。如果汉字符号把作者的思想传达到译者的思想里，译者就可以用最佳的方式和自由的语言来翻译。"②可以看出，理雅各已经把汉语的意合特点视作思想的传递，译者需要在翻译中灵活地传递作者的思想，而不是文字本身。当然，他也表示，"译者还是有必要去解释其中的某些用词，目的是来说明作者的真实思想，我采用的这种方法一般都会在译本中用括号来说明"③。这样看来，理雅各的翻译思路是主张以"思想翻译思想"为主，同时兼顾关键词语的具体阐释。

理雅各的《易经》翻译是他"十三经"英译实践的一部分，他1873年回英国后，在王韬帮助下，最终完成，收入1882年牛津版《中国经典》第二册。他的译本问世后一直作为标准译本，但在卫礼贤译本出现后影响有所下降。理雅各的历史局限性也是明显的，但客观、历史地看，他的译本对西方人认识《易经》和西方易学发展的影响颇大，因此他的译本被誉为《易经》译本中的"旧约全书"。从

---

① James Legge, The I Ching, in The Sacred Books of the East, Vol. XVI, by Max Muller, New York: Dover Publications Inc., 1899, p. xiii.
② Ibid., p. xv.
③ Ibid., p. xvi.

理雅各的整个翻译过程来看，可以想象其困难之大，特别是《易经》这样的经典，其思想的深邃和语言的复杂更是难以形容，加以当时的经典只有简单的句读，没有现代标点，无疑也增加了解读的困难。另外，经书真伪难辨，官方正统的诠释又日渐受到考证、校勘等近代学术的挑战，使得译者无所适从。他不仅要面对深奥的《易经》卦爻理解，更要广泛搜集和阅读历代不同评注，进行比较分析、辨别真伪。这个过程对于一个外国人来说，肯定需要花费比中国人更多的精力和时间，难怪在翻译完成之后，他感叹说："《易经》是中国古代典籍中最难翻译的一部著作。"① 他翻译时的中国助手王韬后来也称赞他："先生独不惮其难，注全力于十三经，贯串考核，讨流溯源，别具见解，不随凡俗。其言经也，不主一家，不专一说，博采旁涉，务极其通，大抵取材于孔、郑而折中于程、朱，于汉、宋之学两无偏袒。"② 这种坚韧不拔的翻译精神和严谨的翻译作风使其译本具有重要的学术价值。

二 《易经》译本体例

理雅各翻译的《易经》（*The I Ching*）收录在穆勒（M. Muller）主编的《东方圣典丛书》（*The Sacred Book of the East*）第十六卷《中国圣书：儒家经典》（*The Texts of Confucianism*）。译本以《御制周易折中》为底本，主要由"序言"（Preface）、"导论"（Introduction）、"经传"、"易传"组成。

（1）序言

理雅各在长达50页的"序言"中讲述了整个翻译过程的艰辛和曲折，描述了他所参考的西方《易经》译本，其中包括雷孝思（Jean-Baptiste Regis）与其助手（Julius von Mohl）合译的拉丁译本和麦格基（Rev. Canon McClatchie）的《易经》英译本"A Translation of

---

① James Legge, *The I Ching*, in *The Sacred Books of the East*, Vol. XVI, by Max Muller, New York: Dover Publications Inc., 1899, p. xv.

② 王韬：《弢园文录外编》，辽宁人民出版社1994年版，第316页。

the Confucian Yi King, or the Classic of Changes, with Notes and Appendix"(《孔子易经之译——附注释与附录》)。其次，理氏还提到晁德莅（P. Angelo Zottoli）在 1880 年编著的《中国文化教程》（*Cursus Litteraturae Sinicae*）中约一百页的《易经》拉丁译文，包括了 1—6 卦和 15—33 卦，并指出晁德莅的译文比雷孝思的译本有了很大改进。另外，他还参考了法国汉学家拉克伯里（Terrien de Lacouperie）和大英博物馆汉学家罗伯特·肯纳韦·道格拉斯（R. K. Douglas）合作花费了两三年时间翻译的《易经》，并指出他们的译本中有一些不太准确的地方，主要涉及对《易经》的注疏和对西方译本的评价。① 这些信息可以让读者了解到当时欧洲流行的主要《易经》译本情况。

"序言"中，理雅各还提到，在翻译《易经》时主要参考的中文文献有《御制周易折中》（李光地主撰，1715 年刻本）、《御制日讲易经解义》（牛钮撰，1682 年刻本）。另外，他曾计划将朱熹和宋代其他一些理学家著作的部分章节翻译出来，附在《易经》译本之后。但由于译本的篇幅所限，只能在必要处进行附注，以便让读者了解文王和周公从数字和易爻中获得的教诲。可以看出，《周易折中》是理氏翻译《易经》时最主要的中文参考书，《周易折中》也即《御制周易折中》，是康熙皇帝下诏编纂、对近代易学影响深远的易学大家李光地总裁修订、四十九名翰林进士等参与编纂的一部易学全书。该书以通俗易懂的语言，详加考订，遍采诸家大儒之说，阐幽发微，是学《易》、研《易》者的案头必备之书。

理雅各在"序言"中还多次表达了他的一些质疑，如他认为，"我们可以证实大部分'传'的内容并不是出自孔子，即便有哪些内容是孔子之作，我们也无法确定，有可能只是后来的编纂者在文中使用'子曰'这种话语"②。另外，他还认为，宋代哲学并不是从《易经》发源而来，而是源于"十翼"，尤其第三部分《系辞传》内容，

---

① James Legge, *The I Ching*, in The Sacred Books of the East, Vol. XVI, by Max Muller, New York: Dover Publications Inc., 1899, pp. xviii – xix.

② Ibid., p. xiv.

更具有道家的思想，而非儒家。①

（2）导论

译本的"导论"部分主要包括三章：第一章介绍了《易经》自公元前12世纪至公元元年的历史发展，其中包括七个小主题：（1）孔子时代的《易经》；（2）《易经》由"经"和"传"两部分组成，孔子在阅读了第一部分的基础上，撰写了第二部分；（3）《易经》免遭了秦始皇焚书；（4）《易经》成书于孔子之前；（5）最早见于周朝典籍的《易经》和《左传》中提及的《易经》；（6）历代本土学者对《易经》的研读及存在的误读；（7）欧洲汉学家的误读。

第二章讲解了"经"的主题，包括六十四卦卦符及其解释，其中还讲解了"河图"（The River Map）的由来；第三章介绍了"传"，包括其性质、作者及七种十篇的简要解释，其中还论证了第三、第四篇不是出自孔子之笔。

（3）正文

译本正文部分包括"经"（The Text）与"传"（The Appendixes）两部分。"经"部分按照传统分为上经（乾卦至离卦）和下经（咸卦至未济卦）。"传"部分分为七章，分别为《彖传》《象传》《系辞传》《文言》《说卦》《序卦》和《杂卦》。从译本正文的结构可以看出理雅各的易学基本思想，他主张将"经""传"分开，反对分传附经。他在"序言"中就明确表示，从"传"的语气和风格来看，有足够证据证明"传"的绝大部分不是孔子撰写的，可能只是编者（们）在一些段落以"子曰"开篇，以引起儒生的重视。正确理解《易经》的第一步就是单独研究"经"，将其视为一个完整的整体。② 而且他还发现《御制周易折中》就是将"经""传"分开编排。在这一点上，他对法国汉学家拉克伯里（Terrien de Lacouperie）和大英博物馆汉学家罗伯特·肯纳韦·道格拉斯（R. K. Douglas）的合译本提出了质疑，由于合译主要集中在《易经》的最古老部分和六十四卦的简短介绍，并没有涉及自公元前

---

① James Legge, *The I Ching*, in *The Sacred Books of the East*, Vol. XVI, by Max Muller, New York: Dover Publications Inc., 1899, p. xiv.

② Ibid., p. xiii.

1200年以来的文王、孔子等人的注疏释义，而理雅各则认为这些内容应该是这部典籍的一部分，不能舍弃，如果文王、孔子的注疏都被删去，那整部《易经》也就不存在了，只剩下些伏羲的数字，没有任何文字，读者对《易经》的内容会产生误解。①

三 关于"帝"与"God"

理雅各曾在多个场合表达过对中文的"帝"和英文"God"之间的关系，同样，在《易经》英译本"序言"中，他又一次提到这个话题，重申了自己的观点：

> 那些反对使用这个词的人提出，"上帝"应该翻译为"Supreme Ruler"、"Supreme Emperor"、"Ruler/Emperor on high"，但是，三十年前我就思考过这个问题，查阅了几乎所有文献，我最终发现，"帝"最早常被中国的父亲们使用，要表达的概念和西方的父亲们使用"God"时要表达意思是一样的，这也是这个词一直使用最多的用法。对于读者来说，"Supreme Ruler"和"God"的意思基本上没有太大差别，即使有也非常小。我使用"God"来翻译"帝"，用"Supreme God"翻译"上帝"，或者有时为了简短方便，就直接都用"God"，我只是在翻译这个概念，而并没有用我自己的方式来解释它。我这么做并不是为了引起争议，只是简练的表达出我理解的事实。我知道，在中国的大多数新教传教士就把"帝"和"上帝"视为"God"之意。②

针对在中文里找到一个合适的词语来翻译"God"这个问题，有些人对理雅各的观点提出过质疑，而建议使用"神"（Shin）。1852年，理雅各博士将中国人有关上帝与神的相关论述文献汇编成一卷资

---

① James Legge, *The I Ching*, in The Sacred Books of the East, Vol. XVI, by Max Muller, New York: Dover Publications Inc., 1899, p. xix.

② Ibid., p. xx.

料集,标题为"中国人关上帝与神的观念"(The Notions of the Chinese concerning God and Spirits),文中理雅各强烈坚持认为,中文中的"上帝"或者"帝"应该是"God"的最适宜的对应翻译词。1852年的一封信中,他曾写道:

> 我的反对者也承认,我所证明的中国人确实是具有关于"God"的知识的。他们将天与地的形成归因于一个人性(个人性的)化的、独立的和知性的存在。他们又说这一存在被称为"神"(Shin),事实是,这一存在被称为"一个神"(a Shin)。中国人这里有一类说法,认为神附属于低于上帝一级的存在。犹太人、奉伊斯兰教的阿拉伯人,还有中国人自己都告诉我们,作为一种等级,神是被造出来的;但是,让中国人去礼拜神,等于"把上帝的荣耀变成了一个谎言"①。

1880年,一封署名"请教者"的、致麦克斯·缪勒先生的信,出现在了1880年5—6月份合刊的《教务杂志》上。理雅各用一封公开信对这封信中所提出的疑问予以答复。理雅各在信中写道:

> 有关God的思想最初是如何在人们的头脑中生成的?它又是如何在实践面,并不局限于中国,普遍地用可见的天来替代上帝的呢?中国人的祖先这样用,同时坚信在其之上或者之后,还有一个主,他统摄万物,驾驭一切。而且,他们用了一个人性化的称呼来命名他为帝。帝并不意味着"主或者统治者"。是一种名誉称号。这些称呼是其中思想的扩展。帝就意味着上帝。②

理雅各对上文的注释为:

---

① [美]吉瑞德:《朝觐东方:理雅各评传》,段怀清、周俐玲译,广西师范大学出版社2011年版,第539页。
② 同上书,第541页。

在撰写这些内容的时候，我的工作曾经因为大清国派驻伦敦的公使团中的两位绅士而中断，其中一位是在曾侯爵不在时的公使团事务代理人，另外一位是他的翻译。我向他们征询"天"和"上帝"的意思。临时代办引述了朱熹有关上帝为天之精神的论述。翻译说："如果要我来表述我的谦恭的观点，你们英国人说'God'，我们中国人说'上帝'。这没有任何不同。God 就是上帝（Shang Ti），上帝就是God。"①

对于理雅各这种有关中国早期儒家经典中"上帝"的观点，吉瑞德指出，理雅各"努力通过一种'同情的理解与阐释性的实践'的更为互惠、比较、隐喻和象征的方法，去直接面对学习处于敌对面的宗教、经典以及学术权威"②。管恩森认为，他对中国经典的"同情的理解"表现了一种跨文化、跨信仰、跨学科的理解与对话态度和原则，这在他的汉籍传译过程中具有三个层面的命意，即平等的尊重、比较的理解、学术的诠释。③

四　理雅各译文注释

《易经》的古奥难解主要在于"表面的取象并非本意，深层的隐喻才是本意。表层义的杂乱并不代表深层义的杂乱"④。要想使非专家的英语读者获得类似中国人读《易经》时对言内意义、指称意义和语用意义等方面那样的接受程度极其困难。严谨的《易经》学术性英译必须要借助注解。与译文本身一样，注解能够反映译者对其所译文本理解的学术深度和广度。

理雅各的《易经》译本中，注释内容主要包括据传统易学（主要

---

① ［美］吉瑞德：《朝觐东方：理雅各评传》，段怀清、周俐玲译，广西师范大学出版社2011年版，第542页。
② 同上书，第3页。
③ 参见管恩森《传教士视阈下的汉籍传译——以理雅各英译〈周易〉为例》，《周易研究》2012年第3期。
④ 李尚信：《卦序与解卦理路》，巴蜀书社2008年版，第162页。

据《周易本义》）对卦象、辞分析和对每一爻爻辞译文寓意的进一步说明。例如，《乾》《坤》两卦注释解说了卦象、卦爻辞的一些解释规则。再如，他把《颐》解为表达求得饭食、营养身心的主题，因此把初九"舍尔灵龟，观我朵颐"译为"You leave your efficacious tortoise, and look at me till your lower jawhangs down"（115）。《周易本义》曰："灵龟，不食之物。朵，垂也。朵颐，欲食之貌。初九阳刚在下，足以不食，乃上应六四之阴而动于欲，凶之道也。故其象占如此。"①

对于《易经》中出现的大量中国文化词语，理雅各均做了详尽注释，如《乾》卦注释对宗教神话类概念"龙"译文"dragon"的说明，使读者不至把该词所指等同于西方的"dragon"：

"The dragon is the symbol employed by the duke of Aau to represent the superior man and especially the great man exhibiting the virtues or attributes characteristic of heaven. The creature's proper home is in the water, but it can disport itself on the land, and also fly and soar aloft. It has been from the earliest time the emblem with the Chinese of the highest dignity and wisdom, of sovereignty and sagehood, the combination of which constitutes the great man.' One emblem runs through the lines of many of the hexagrams as here."②

《渐》注释较详细解释了自然生态类"鸿"在中国文化中的象征意义：

"The goose from the most ancient times played an important part in the marriage ceremonies of the Chinese; and this may have suggested the use of it in the symbolism of the different lines. Its habits as a bird of passage, and flying in processional order, admirably suited the writer's purpose. In paragraph i it appears for the first time in the season approaching the shore. Then comes the real subject of the line; and the facts of its being weak, and without a proper correlate, agree with, if they do not suggest, what is said about

---

① 朱熹：《周易本义》，苏勇校注，北京大学出版社1992年版，第39页。
② James Legge, *The I Ching*, in *The Sacred Books of the East*, Vol. XVI, by Max Muller, New York: Dover Publications Inc., 1899, p. 59.

him, and the caution added."①

《归妹》注释对"归妹""女承筐无实,士刲羊无血"可能的社会习俗文化象征含义进行了解释:

"Mei Kwei is a common way of saying that a young lady is married, or, literally, 'is going home.' If the order of the characters be reversed, the verb kwei will be transitive, and the phrase

Will signify 'the marrying away of a daughter/or 'the giving the young lady in marriage/In the name of this hexagram, Kwei is used with this transitive force. But Mei means 'a younger sister/and not merely a young lady or a daughter. Kwei Mei might be equivalent to our 'giving in marriage;' but we shall find that the special term has a special appropriateness."②

《益》六二的"王用享于帝"译为"Let the king, (having the virtue thus distinguished), employ them in presenting his offerings to God"(150),关于"God",不但有脚注,且专门在引言(51—53)中结合他人批评从词源上进行了解释。这也使他的译文具有了基督教一神论色彩。译者还注释了一些译文中可能的难解之处,对有关文献的征引,对前人译文的引用、评论和自己译文的解释等。

由于《易经》中文化词语数量非常大,理雅各也不免存在一些缺失,如《大过》"藉用白茅"仅译为"placing mats of the white mo grass under things set on the ground"(116),未就"白茅"文化内涵进行说明。断辞译文中也有不符合原文文化内涵取向的地方,如《师》"贞凶"译为"however firm and correct he may be, there will be evil",与经文总体劝人从善的价值取向不一致。

尽管如此,我们还是可以确定,理雅各译本的注释构成了该译本的重要副文本,对介绍、阐明原文的思想和如何读解译文都有重要作用。译本重视对《易经》源流、章句的注释,注重考据、汇释汇校,尤其是对宋、清易学成果的征引,加上自己的评论性和解释性文字,

---

① James Legge, *The I Ching*, in The Sacred Books of the East, Vol. XVI, by Max Muller, New York: Dover Publications Inc., 1899, p.181.

② Ibid., p.183.

注释相当详尽，所占篇幅超过正文，使得译本更具有"厚重翻译"（Thick Translation）的面貌。

五　理雅各译本贡献

理雅各翻译的《易经》属于他整个中国经典英译实践的一部分。他在翻译时，主要把《易经》视为中国文化典籍的思想文本，因此更突出其学术性而非实用性，目标读者主要是来华传教士、希望了解中国的西方知识界读者，如学者、学生和有兴趣的普通读者。他的易学研究基本上属中国传统易学，翻译过程中的理解方法主要是语文学层面的，注重文本、文字的考据、训诂，旁征博引。他的译本，虽主要基于宋代程朱新儒家和清代学者的易学，仍具有相当的原创价值，通过译文内部结构和用词的明晰化及译文外部大量的注释，可以说基本实现了他给自己设定的翻译目的。

理雅各的译文得到了当时欧洲很多学者的赞誉。他的译本没有早期传教士那种"索隐"倾向，基本消除了麦丽芝译本那样浓厚的比较神学色彩，在原文解读和文化传译上具有显著进步。当然，他的译本还是存在不少问题，如理解原义方面的时代错误、考证不足，对传统易学中的《易经》理解也不充分，译文对文化词语内涵挖掘不够、结构和语气差异、应注未注、文化误读等也受到另一些学者的批评，例如卫礼贤就认为他的译文"呆板、冗繁"，荣格（C. G. Jung）在为贝恩斯英译本写的前言中认为他的译本难以让西方理解《易经》，他的归化策略中也有异化并非由于他缺乏翻译技巧。基于历史语境来看，理雅各的译文带有明显的基督教色彩，主要体现为译文中出现了"God"及其前言对该问题的说明。

如果纵观西方的《易经》英译史，我们可以看出，理雅各的译本除实现了翻译、诠释和具有传播的价值外，还为西方易学提供了一个真正体现中国易学学术传统的读本，这个译本可以算得上一个可靠的参照和《易经》理解、复译的基础。

第四章 卫礼贤与《易经》

卫礼贤被称作东西方"两个世界的使者""东西方文化的桥梁"或"世界公民"[①]。W. F. 奥托评论说:"卫礼贤在对中国文化研究中所受到的影响是如此之大,以至于他这位作为欧洲学说的宣讲者而来到中国的人,在自信能够把中国思想的全部财富传播给西方人之前竟不能自己;这位拯救人们灵魂的传教士由此变成了学者。"[②] 近代学者张君劢曾这样评价卫礼贤对中国文化的了解:"英国人理雅各翻译了诸多中国古典著作,但是在对中国人生活智慧的理解方面还远不及卫礼贤,卫礼贤不是文化研究者,而是一位文化经历者,一位文化领会者。正是由于他,德意志民族对中国的兴趣才超越了专业科学的圈子而变得富有朝气。"[③]

一 卫礼贤与中国典籍

1899 年,卫礼贤从德国乘船抵达青岛,开始了在华传教生涯。与晚清民国时期诸多来华传教士鄙视中国文化不同,他真诚地热爱着中国文化。在当时众多饱学之士的帮助下,卫礼贤熟谙中国古典诗词、历史典故,而且还能说一口流利的汉语。卫礼贤很早就尝试将研

[①] 蒋锐:《卫礼贤汉学生涯的三个阶段》,载孙立新、蒋锐主编《东西方之间中外学者论卫礼贤》,山东大学出版社 2004 年版,第 98 页。

[②] 同上。

[③] 张君劢:《卫礼贤——世界公民》,载孙立新、蒋锐主编《东西方之间中外学者论卫礼贤》,山东大学出版社 2004 年版,第 27、28 页。

习过的文言文翻译成德语。1902 年，他在上海的一本德文画报上发表了第一篇译作《三字经》（*San Tsu Ching, der Drei-Zeichen-Klassiker*），之后还在德文报纸上发表了《论语》译文。1904 年，在朋友单维廉（Wilhelm Schrameier）的建议下，卫礼贤打算翻译中国最重要的古典作品，以促进德中文化交流。1910 年，卫礼贤翻译的《论语》（*Kungfutse, Gespräche Lun Yu*）在德国迪德里希斯（Eugen Diederichs）出版社出版。在随后的几年中，他翻译的《老子》《列子》《庄子》，以及《论语》修订版、《孟子》等译作也由该出版社陆续出版，这些译作使卫礼贤在德国名声远扬，他的传教士身份就被赋予了"汉学家"称号。

卫礼贤在中国研习和翻译古典文献的鼎盛时期出现在与劳乃宣的结识之后。劳乃宣（1843—1921），字季瑄，号玉初，又号韧叟，出生于河北省广平府（今河北省永年县广府镇）。中国近代音韵学家。清末修律，礼、法之争中礼教派主要代表人物之一。主张普及等韵字母之学，推行汉语简字拼音，曾奏设简字学堂于南京，并长期从事于古代数学研究。清史有传，摘录如下：

> 劳乃宣，字玉初，浙江桐乡人。同治十年进士，以知县分直隶。查涞水礼王府圈地，力请减租苏民困。光绪五年，初任临榆，日晨起坐堂皇治官书，……乃宣任蠡县，值谒陵事竣，赢支应钱千馀缗，储库备公用。任完县，购书万余卷庋尊经阁。任吴桥，创里塾，农事毕，令民入塾，授以弟子规、小学内篇、圣谕广训诸书，岁尽始罢。……二十五年，义和拳起山东，蔓延于直、东各境，乃宣为义和拳教门源流考，张示晓谕，且申请奏颁禁止，不能行。景州有节小廷者，匪首也，号能降神。乃宣饬役捕治，纵士民环观，既受笞，号呼不能作神状，枭示之，匪乃不敢入境。……寻入江督李兴锐幕，端方、周馥继任，咸礼重之。周馥从乃宣议，设简字学堂于金陵。初，宁河王照造官话字母，乃宣增其母韵声号为合声简字谱，俾江、浙语音相近处皆可通。三十四年，召入都，以四品京堂候补，充宪政编查馆参议、政务处提调。宣统元年，诏撰经史讲义，轮日进呈，疏请造就保姆，

辅养圣德。二年，钦选资政院硕学通儒议员。法律馆奏进新刑律，乃宣摘其妨于父子之伦、长幼之序、男女之别者数条，提议修正之。授江宁提学使。三年，召为京师大学堂总监督，兼学部副大臣。逊位议定，乞休去，隐居涞水。时士大夫多流寓青岛，德人尉礼贤立尊孔文社，延乃宣主社事，著共和正解。丁巳复辟，授法部尚书，乃宣时居曲阜，以衰老辞。卒，年七十有九。乃宣诵服儒先，践履不苟，而于古今政治，四裔情势，靡弗洞达，世目为通儒。著有《遗安录》《古筹算考释》《约章纂要》《诗文稿》。（《清史稿·劳乃宣传》）

他与卫礼贤的结识得益于山东巡抚周馥，据史料记载，周馥曾这样向卫礼贤推荐劳乃宣：

> 你们欧洲人只了解中国文化的浅层与表面。没有一个人明白它的真实含义和真实深刻之处。原因在于你们从未接触过真正的中国学者。你曾拜作老师的乡村老师，他们也只了解表面的东西。因此毫不奇怪，欧洲人有关中国的知识只是一大堆垃圾。如果我给你引荐一位老师，他的思想真正根植于中国精神之中，他会引导你探讨中国精神的深刻之处。你觉得怎么样？你就能翻译各种各样的东西，自己也写一写，中国也就不会总在世界面前蒙羞了。①

1913 年，劳乃宣联合卫礼贤和被推翻的清朝王公以及忠诚于朝廷的显贵所组成的"青岛遗老"一起，建立了一个尊孔的研究会——尊孔文社，其目的是："为了将来，挽救已处于极度危险境地的中国文化财富。我们希望通过翻译、讲座和出版的方式，在东西方文化之间架起一座桥梁。康德的作品被翻译成了中文，中国的经典也被翻译成了德语。"② 劳乃宣重视图书馆建设，1914 年，与卫礼贤在

---

① ［德］卫礼贤：《中国心灵》，王宇洁译，国际文化出版公司1998年版，第144页。
② 同上。

山东尊孔文社内建立藏书楼，为青岛第一座图书馆。楼内广收经、史、子、集、诸子之书，也收藏中外现代图书，外文图书以德文为多。作为尊孔文社中唯一的外国人，卫礼贤定期参加研究会的聚会，并参与出版了一份杂志。这本杂志除了发表介绍儒学的文章外，还介绍欧洲的宗教哲学思想。

  结识劳乃宣对于卫礼贤研读中国典籍可谓起到了如虎添翼的作用，使他能够深入理解众多儒家和道家经典。可以说，劳乃宣是最初引导卫礼贤进入《易经》的玄妙世界。卫礼贤曾这样回忆他与劳乃宣花费近十年时间合译《易经》时的场景："在他渊博知识的指导下，我流连于这个陌生而又熟悉的世界。文本的翻译都是经过详尽的讨论后写出。译成的德文再回译成中文，一直到文本的意义完全明白之后，我们才确定我们的译文是真正的翻译。"① 这也在卫礼贤的回忆录《中国心灵》中得到了具体重现："他[劳乃宣]用中文将卦辞译成现代语言，我笔录，然后我在不参照原文的情况下将它们译成德文。接着他进行比对，看中文的回译是否在所有细节上都准确无误。最后，我再对德文译本进行修改润色，反复三四次，并加上重要的注释。"② 因劳乃宣暂时离去以及战争的原因，二人合作翻译《易经》的工作一度中断；后来劳乃宣写信来说继续他们的翻译工作，卫礼贤欣喜若狂："他来了，翻译工作大功告成。我与我上了年纪的老师一起度过了一段少有的令人振奋的时光。"③

  除了翻译许多儒家经典，卫礼贤还将《道德经》《庄子》以及道教著作《太乙金华宗旨》《慧命经》等译成德文，另外，卫礼贤还编译有《中国民间故事》（*Chinesische Marchen*，1958）。1931年，贝恩斯在荣格的指导下，将《太乙金华宗旨》的德译本译成英文，书名 *The Secret of the Golden Flower—A Chinese Book of Life* 与德译本一致。后来在德文本的第五版（1957年）、英文版的新修订版（1961年）加

---

  ① Richard Wilhelm & Cary F. Baynes，*The I Ching or Book of Changes*，Princeton：Princeton University Press，1967，p. xlvii.
  ② [德]卫礼贤：《中国心灵》，王宇洁译，国际文化出版公司1998年版，第145页。
  ③ Richard Wilhelm & Cary F. Baynes，*The Secret of the Golden Flower：A Chinese Book of Life*，New York：Harcourt Brace & Company，1962，pp. 9–11.

入了《慧命经》的译文①，其实卫礼贤和他的助手也只翻译了《慧命经》二十章的前八章。直到1991年，美国东方学家托马斯·克利里（Thomas F. Cleary）将《太乙金华宗旨》的十三章全文译出并增加了许多译注出版，克利里认为卫氏的译文有很多不完善的地方，并将该书的英文副标题改为 The Classic Chinese Book of Life ②。《太乙金华宗旨》的德文本、英译本在西方国家不断出版、重印，影响很大，成为西方认知道教内丹学的重要来源。瑞士心理学家、精神分析学家荣格（Carl Gustav Jung）对卫礼贤所译《太乙金华宗旨》评价甚高，认为《太乙金华宗旨》中的养生原理与分析心理学理论相通，将其视为"集体无意识"理论的重要佐证之一，甚至把对《太乙金华宗旨》的思考看作自己研究工作的一个重大转折点。③

一方面，卫礼贤的译作在西方获得了众多知名学者的推崇，但另一方面，也不乏对其中国典籍翻译的批评。如在《卫礼贤的科学著作》一文中，作者威廉·许勒提出这样的观点：

> 卫礼贤从未从事过任何语言学研究，而真正的科学家只有通过语言学研究才能取得资格；他的翻译缺乏深入的文句考订。还有，卫礼贤在翻译时不避风险，通过套用原本属于西方的思想概念，如康德与歌德的思想概念，使中文的意义和表述原文褪色。④

威廉·许勒认为，对汉语尤其是古汉语的完全直译，会使人觉得就像口吃和吐字不清的人结结巴巴地讲话一样，甚至在选择词汇本身的过程中就已经变成对它的解释。对汉语句子尤其是古典作品中那些简练短句的翻译，总意味着某种程度的艺术再创作。他还认为，卫礼贤的《道德经》的翻译具有独创性，《庄子》优美的寓言性语言是多么生动

---

① Richard Wilhelm & Cary F. Baynes, *The Secret of the Golden Flower: A Chinese Book of Life*, New York: Harcourt Brace & Company, 1962, p. xi.

② Richard Wilhelm & Cary F. Baynes, *The Secret of the Golden Flower: A Chinese Book of Life*, New York: Harcourt Brace & Company, 1991.

③ Ibid., p. xiv.

④ ［德］威廉·许勒：《卫礼贤的科学著作》，载孙立新、蒋锐主编《东西方之间：中外学者论卫礼贤》，山东大学出版社2004年版，第12页。

和令人愉悦，其形象直观的思想财富与深刻的内涵联系在一起，恰好需要一个像卫礼贤这样具有天才艺术家气质的解释者。在评论卫礼贤之《论语》翻译时，威廉·许勒指出：尽管在1826年就有了德文译本以及理雅各等的英文译本，卫礼贤的《论语》译本具有更为独特的方面，他试图通过追溯中国古代的注疏来理解《论语》，清除600年来已为正统的"理学大师"、宋代博学天才朱熹的注疏。在讲到卫礼贤翻译的《道德经》时，他认为：20世纪初德国出现的各种德文译本，一般说来只是根据英文材料进行富于幻想的改写，卫礼贤的翻译属于汉学意义上的翻译，这种翻译不仅要以汉语原文为出发点，而且正如作者在导言中所说，它提供了新的、以中文史料为依据的诠释。在所有《易经》译本中，他的译本后来也许产生了最广泛的影响。①

可见，对他的批评主要集中在认为这是一部"文字"层面的翻译，而不能算是"历史性"的译文，未能解释《易经》在公元前10世纪对周朝社会的意义。当然，从另一方面来说，译者翻译《易经》的本意也并非要进行历史研究，即使对于中国人自己《易经》也不是一部容易读的书，与其相关的文献有上千种，不仅我们现代人读之不能尽通，历朝历代的饱学之士也众说纷纭。这样看来，卫氏译本引来批评也属情理之中。

二　卫礼贤《易经》译本体例

1924年，卫礼贤与劳乃宣两人合译的《易经》德译本在德国出版，由于该译本受到了读者较高的评价，美国优秀德译英专家贝恩斯（Cary F. Baynes）将此德译本翻译成英语，并于1950年在纽约首次出版，书名为：*The I Ching or Book of Changes*②，共两册。之后，英译本又多次再版，1967年第三版中，在原有荣格序言之前增添了卫礼贤之子卫德明（Hellmut Wilhelm）撰写的"第三版前言"。

---

① 参见［德］威廉·许勒《卫礼贤的科学著作》，载孙立新、蒋锐主编《东西方之间：中外学者论卫礼贤》，山东大学出版社2004年版，第18页。
② Richard Whilhelm, *The I Ching or Book of Changes*, Bollingen Foundation Inc., 1950.

上篇 《易经》在西方的译介

由贝恩斯（Cary F. Baynes）翻译的卫礼贤《易经》英译本第三版主要由以下内容组成：首先，译本的扉页为中国著名甲骨文大师董作宾的题字：卫礼贤译解《易经》，其中"易经"二字采用了甲骨文字体，具有很强的欣赏效果。译文之前由五部分组成：卫德明（Hellmut Wilhelm）"第三版前言"、荣格"序言"、贝恩斯"译者注"、卫礼贤"前言"和"导论"，其中，卫德明在"第三版前言"中提供了"书目索引"（The Major Divisions of the Material），"导言"由三篇短文组成：《易经》用途、《易经》历史和译文体例安排。其次，正文分为三个部分：第一部分："本文"（The Text），不仅有六十四卦的图形及其象辞、爻辞的解释，也包括了《易传》中《大象》的译文和解说；第二部分："材料"（The Material），包括《十翼》中的《说卦》和《系辞》的译文和解释；第三部分：注疏（The Commentaries），将各卦、爻与其相关的《经》《彖》《象》《文言》《序卦》《杂卦》的内容重新组合，进行翻译和解说。最后，译者撰写的两篇文章置于附录部分，"论占卜法"和"八宫卦"。

在译本的"导论"第二节中，卫礼贤谈到了《易经》的流传史，不仅梳理了历史上《易经》的重要版本，更侧重讲解了清代的主要版本：康熙年间编纂出版《周易折中》，也是卫礼贤翻译时所采用的底本。

三 卫礼贤《易经》卦名翻译特色

卫礼贤《易经》德译本和贝恩斯的英译本不仅保留了六十四卦的拼音形式，另外还为每一卦用德文和英文命名，使读者对中文卦名读音和语义能够同时获取，相比理雅各仅提供了音译的卦名，可读性明显更强。

序号	卦名	卫礼贤德译	贝恩斯英译	理雅各英译
1	乾 qián	Kien/Das Schopferische	Ch'en/The Creative	Khien/Ch'en
2	坤 kūn	Kun/Das Empfangende	K'un/The Receptive	Khwan/K'un

第四章 卫礼贤与《易经》

续表

序号	卦名	卫礼贤德译	贝恩斯英译	理雅各英译
3	屯 zhūn	Dschun/Die Anfangsschwierigkcit	Chun/Difficulty at the Beginning	Kun/Chun
4	蒙 méng	Mong/Die Jugendtorheit	Meng/Youthful Folly	Mang/Meng
5	需 xū	Sii/Das Warten (die Ernahrung)	Hsii/Waiting (Nourishment)	Hsu
6	讼 sòng	Sung/Der Streit	Sung/Conflict	Sung
7	师 shī	Schi/Das Heer	Shih/The Army	Sze/Shih
8	比 bǐ	Bi/Das Zusammenhalt-en	Pi/Holding together [Union]	Pi/Pi
9	小畜 xiǎo xù	Siau Tschu/Des Kleinen Ziihmungskraft	Hsiao Ch'u The Taming Power of the Small	Hsiao Khu/Hsiao Ch'u
10	履 lǚ	Lu/Das Auftreten	Lu/Treading [Conduct]	Li/Lu
11	泰 tài	Tai/Der Friede	T'ai/Peace	Thai/T'ai
12	否 pǐ	Pi/Die Stockung	P'i/Standstill [Stagnation]	Phi/P'i
13	同人 tóng rén	Tung Jen/Gemeinschaft mit Menschcn	T'ung Jen/Fellowship with Men	Thung Zan/T'ung Jen
14	大有 dà yǒu	Da Yu/Der Bcsitz von GroBem	Ta Yu/Possession in Great Measure	Ta Yu/Ta Yu
15	谦 qiān	Kien/Die Bescheidenheit	Ch'en/Modesty	Khien/Ch'ien
16	豫 yù	Yü/Die Begeisterung	Yü/Enthusiasm	Yü
17	随 suí	Sui/Die Nachfolge	Sui/Following	Sui
18	蛊 gǔ	Gu/Die Arbeit am Verdorbenen	Ku/Work on What has Been Spoiled [Decay]	Kǔ/Ku
19	临 lín	Lin/Die Annahcrung	Lin/Approach	Lin
20	观 guān	Guan/Die Betrachtung (der Anblick)	Kuan/Contemplation (View)	Kwan/Kuan
21	噬嗑 shì hé	Schi Ho/Das DurchbeiBen	Shih Ho/Biting Through	Shih Ho
22	贲 bì	Bi/Die Anmut	Pi/Grace	Pi/Pi
23	剥 bō	Bo/Die Zersplitterung	Po/Splitting Apart	Vo
24	复 fù	I'u/Die Wiederkehr (die Wendczeit)	Fu/Rcturn (the Turning Point)	Fu/Fu

续表

序号	卦名	卫礼贤德译	贝恩斯英译	理雅各英译
25	无妄 wú wàng	Wu Wang/Die Unschuld (Das Unerwartetc)	Wu Wang/Innocence (The Unexpected)	Wu Wang/Wu Wang
26	大畜 dà xù	Da Tschu/Dcs Grolien Ziihmungskraft	Ta Ch'u/The Taming Power of the Great	Ta Khu/Ta Ch'u
27	颐 yí	I/Die Mundwinkel (die Ernahrung)	I/The Comers of the Mouth (Providing Nourishment)	I/I
28	大过 dà guò	Da Go/Dcs GroBen Obergcwicht	Ta Kuo/Preponderance of the Great	Ta Kwo/Ta Kuo
29	坎 kǎn	Kan/Das Abgriindige, das Wasser	K'an/lhe Abysmal (Water)	Khan/K'an
30	离 lí	Li/Das Haftende, das Feuer	Li/the Clinging, Fire	Li/Li
31	咸 xián	Hien/Die Einwirkung (die Wcrbung)	Hsien/Influence (Wooing)	Hsien
32	恒 héng	Hong/Die Dauer	Heng/Duration	Hang/Heng
33	遁 dùn	Dun/Der Riickzug	T'un/Retreat	Thun/Tun
34	大壮 dà zhuàng	Da Dschuang/Des GroBen Macht	Ta Chuang/The Power of Great	Ta Kwang/Ta Chuang
35	晋 jìn	Dsin/Der Fortschritt	Chin/Progress	3in/Chin
36	明夷 míng yí	Ming I/Die Verfinster-ung des Lichts	Ming I/Darkening of the Light	Ming I/Ming I
37	家人 jiā rén	Gia Jen/Die Sippe	Chia Jen/The Family The Clan]	Kia Zan/Chia Jen
38	睽 kuí	Kui/Der Gcgensatz	K'uei/Opposition	Khwei/K'uei
39	蹇 jiǎn	Gien/Das Hcmmnis	Chien/Obst ruction	Kien/Chien
40	解 xiè	Hie/Die Bcfreiung	Hsieh/Delivcrance	Kieh/Chieh
41	损 sǔn	Sun/Die Minderung	Sun/Decrease	Sun
42	益 yì	I/Die Mehrung	I/Increase	Yi/I
43	夬 guài	Guai/Der Durchbruch (die Entschlossenheit)	Kuai / Break-1 h rough (Resolutensce)	Kwai/Kuai
44	姤 gòu	Gou/Das Entgegenkom-men	Kou/Coming to Meeting	Kau/Kou

续表

序号	卦名	卫礼贤德译	贝恩斯英译	理雅各英译
45	萃 cuì	Tsui/Die Sammlung	Ts'ui/Gathering Together [Massing]	3hui/Ts'ui
46	升 shēng	Schong/Das Empotdrin-gen	Sheng/Pushing Upward	Shang/Sheng
47	困 kùn	Kun/Die Bedrangnis (die Hrschopfung)	K'un/Oppression (Exhaustion)	Khwan/K'un
48	井 jǐng	Dsing/Das Brunncn	Ching/The Well	3ing/Ching
49	革 gé	Go/Die Umwiilzung (die Mauserung)	Ko/Revolution (Molting)	Ko
50	鼎 dǐng	Ding/Der Ticgel	Ting/The Caldron	Ting
51	震 zhèn	Dschen/Das Hrregcndc (das Erschiittern, der Donner)	Chen/The Arousing (Shock, Thunder)	Kan/Chen
52	艮 gèn	Gen/Das Stillchalten, der Berg	Ken/Keeping Still, Mountain	Kan/Ken
53	渐 jiàn	Dsien/Die Entwicklung (allmahlicher Fortschritt)	Chien/Devolopment (Gradual Progress)	Kien/Chien
54	归妹 guī mèi	Gui Mei/Das heiratende Madchen	Kuei Mei/The Marrying Maiden	Kwei Mei/Kuei Mei
55	丰 fēng	Fong/Die Fiille	Feng/Abundance j [Fullness]	Fang/Feng
56	旅 lǚ	Lii/Der Wanderer	Lii/The Wanderer	Lii
57	巽 xùn	Sun/Das Sanfte (das Eindringliche, der Wind)	Sun/The Gentle (The Penetrating, Wind)	Sun
58	兑 duì	Dui/Das Heitere, der See	Tui/The Joyous, Lake	Tui
59	涣 huàn	Huan/Die Auflosung	Huan/Dispersion [Disso-lution!]	Hwan/Huan
60	节 jié	Dsie/Die Beschrankung	Chieh/Limi tation	Kieh/Chieh
61	中孚 zhōng fú	Dschung Fu/Innere Wahrheit	Chung Fu/Inner Truth	Kung Fu/Chung Fu
62	小过 xiǎo guò	Siau Go/Des Kleinen Ubergewicht	Hsiao Kuo/Preponderance of the Small	Hsiao Kwo/Hsiao Kuo
63	既济 jì jì	Gi Dsi/Nach der Vollendung	Chi Chi/After Completion	Ki3i/Chi Chi
64	未济 wèi jì	We Dsi/Vor der Vollendung	Wei Chi/Before Comple-tion	Wei3i/Wei Chi

从上表的对比来看，尽管三位译者都采用了音译卦名的方法，但在使用何种拼音系统上则存在明显不同。卫礼贤在《易经》德文版中使用了他自己设计的一套拼音体系，与当时流行的威妥玛拼音体系（Wade-Giles Romanization）在拼写形式上有很大差别，因此，他在德译本的附录中还提供了两套体系的对照表，供读者参照。贝恩斯在音译卦名时并没有采用卫礼贤创立的拼写体系，而是使用了国家通行的威妥玛拼音法，这与理雅各使用的方法基本一致。但也许是由于贝恩斯和理雅各在个别卦名的读音上存在差异，拼写结果便有所不同，如在拼写"解"时，贝恩斯采用了 Hsieh，而理雅各则拼写为 Chieh。对比卫礼贤的德文与贝恩斯的英文来看，两译本的内容上是完全一致的，这也正如贝恩斯在英译本的"译者注"中所说："此译本的翻译目标就是准确性和知识性，而且必须能够经得起考验。如果读者的思想能够由此而摆脱传统的制约，以崭新的视角审视这个世界，激发了想象力，提升了心理洞察力，这也就代表此译本忠实再现了卫礼贤的德译本《易经》。"①

四　卫礼贤《易经》译本的影响

卫礼贤的《易经》德译本于1924年在德国奥伊根·迪德里希斯（Eugen Diederrichs）出版社出版，很快就被转译成英、法、西、荷、意等多种文字，并成为西方公认的权威版本，影响遍及整个欧美。1950年卫礼贤的德译本由贝恩斯转译为英文，译者贝恩斯（Baynes）在英译本的"译者注"中这样评价卫礼贤《易经》：无论《易经》有多少个译本，也无论这些译本多么出众，卫礼贤的译本始终独一无二，这不仅是因为他与《易经》之间的特殊因缘，更是由于他翻译这部作品时的特殊时代背景。与《易经》其他译者不同的是，卫礼贤并不把饱学之士视作目标读者，他所面临的艰巨任务是要让普通读

---

① Richard Whilhelm, *I Ching or Book of Changes*, Bollingen Foundation Inc., 1967, p. xliii.

者能够读懂《易经》。他希望，这部记载人类最早探索宇宙世界的哲学著作，不只是哲学家们的专属领域，而且能够进入寻常百姓的生活中，因为这些普通人也像《易经》的作者一样，关心人与宇宙、人与人之间的关系。①

著名西方心理学家荣格虽然不懂中文，也从未来过中国，但在卫礼贤《易经》英文版的序言中高度评价了卫礼贤的译本："我不是汉学家，但我给《易经》译本所写的序一定是我个人接触过这部伟大独特的典籍的见证。借此机会 向老友卫礼贤致敬。卫礼贤深刻地意识到他对《易经》翻译的文化意义，卫氏的译本在西方无与伦比。"②荣格甚至认为卫礼贤译本的价值可与法国人培龙（Anquetil du Perron）将古印度典籍《奥义书》引进欧洲相提并论。他还指出，尽管雅各的译本"是目前能够获得的唯一英译本，但它对西方读者的影响很小，西方人很难从理雅各的译本中了解这部高深莫测的奇书，就连他本人也感叹'《易经》的艰涩是难以理喻的'"③。荣格说中国思想非常注重偶然性（the chance aspect of events），《易经》则是研究偶然性产生之各种情形。而西方传统哲学注重因果性，把它放在公理的地位，忽视偶然性。④

中国近代著名精神哲学家、翻译家和印度学专家徐梵澄曾这样评价卫礼贤的《易经》德译本以及后来的英译本：

> 我们展开这德文本一看，起初是目迷五色，渐乃觉其鸿博高深。起初得检定其所用之名象，而不立刻立异，待稍稍惯熟其名言体制，然后 可以无违。……因为语文的整个构造不同，随处是无法表出的名词和意思，如"道"之一字，德文译之为 Sinn，颇觉欠圆满，但舍此无他字好用，英文率性存音，翻曰 Tao，好的多了。但亦只是常看华文译本的人可以了解，"礼"字在德文译曰 Sitte，已属不能涵括，英文只好用 mores 一字，皆是无他字

---

① Richard Whilhelm, *I Ching or Book of Changes*, Bollingen Foundation Inc., 1967, p. xl.
② Ibid., pp. xxii, xxi.
③ Ibid., p. xxi.
④ Ibid., p. xxii.

上篇 《易经》在西方的译介

可用。卫氏译《礼记》，又只好从音，翻曰 Li，这限制我们无法脱出，在翻译任何文字为然，研究到了一极限，而不能出之圆满，则已无谬误可言了。①

中国近代著名哲学家方东美先生曾这样对比评论理雅各与卫礼贤的《易经》译本："理雅各没有深厚的哲学训练，只就字而翻译"，虽说理雅各有中国人帮忙，但是"这位状元会作八股文，而对读书有时却一窍不通，因此并没有协助理雅各了解《易经》的微言大义"。而卫礼贤的德文翻译，"因为他在中国很久，也对于中文下了很大的功夫，又请了一个中国旧式的学者给他仔细讲解之后再翻译，所以，卫礼贤的德文译本比较接近原来的哲学内容"。至于贝恩斯把卫礼贤德文译本翻成英文的译本，方东美认为，"这两本比较能保存《周易》中的哲学内容，甚至其中的精神"②。

美国汉学家、哲学家费乐仁曾这样评价理雅各、顾赛芬、卫礼贤这几位传教士汉学家在诠释中国经典时所采取的三种不同方式：理雅各多多少少带有一种自由福音派新教世界观，顾赛芬是基于传统的耶稣会士与天主教立场，而卫礼贤持有一种开明的现代新教的观点，对中国传统进行批判性的重新审视。③

卫礼贤的儿子卫德明虽然没有直接翻译《易经》，但他有关《易经》的系列演讲、论文集以及为他父亲卫礼贤《易经》英译本出版所做的工作，都为《易经》在英语世界的传播做出了重要贡献。

美国作家黑塞（Hermann Hesse）的很多作品深受《易经》的影响，他自己曾说过，从卫礼贤所译《易经》的语言里，可以让人听到孔夫子和歌德说话。④

---

① 凡木（徐梵澄）：《〈周易〉西行——关于〈周易〉的德译与英译》，《读书》1992年第1期。
② 方东美：《原始儒家道家哲学》，中华书局2012年版，第113页。
③ Lauren F. Pfister, China's Missionary-scholars, *Handbook of Christianity in China*, Volume 2, 1800 – present. Ed. by R. G. Tiedemann. Leiden: Brill, 2009, p. 754.
④ 参见马祖毅、任荣珍《汉籍外译史》，湖北教育出版社1997年版，第60页。

第五章　夏含夷与出土《易经》译本

夏含夷（Edward L. Shaughnessy），美国汉学家，芝加哥大学东亚语言与文化系讲席教授、顾立雅中国古史中心主任。主要研究方向为两周出土文字资料，包括西周甲骨文、铜器铭文以及战国竹帛写本。1952年生于宾夕法尼亚州赛维克立镇（Sewickley）。1970年进入圣母大学（University of Notre Dame），以宗教学为专业。1974年毕业以后，曾在台湾留学三年，随爱新觉罗·毓鋆学习三玄。回国以后，进入斯坦福大学（Stanford University）东亚语文系，1980年获硕士学位，1983年获博士学位，博士论文题目为"《周易》的编纂"。1985年受聘为芝加哥大学东亚语文系助理教授，之后一直在芝加哥大学任教，1997年晋升为顾立雅（Creel）中国古史名誉教授。夏含夷的主要著作包括：《西周史料：铜器铭文》（1991）、《易经：马王堆帛书易经第一英文翻译》（1996）、《孔子之前：中国经典的创造研究》（1997）、《温故知新录：商周文化史管见》（台北：稻禾出版社，1997）、《古史异观》（2005）、《重写中国古代文献》（2006），编辑《中国古代新史料：阅读铭文与写本的指南》（1997），与鲁惟一（Michael Loewe）合编《剑桥中国古代史》（1999）。夏含夷翻译《易经》的最大特点在于它利用出土文献来解决传世文献中的一些古老问题，这些出土于20世纪六七十年代的材料对于探讨《周易》经传的历史面貌具有极重要的作用，因此，夏含夷的马王堆出土帛书《易经》译本（*I Ching*：*The Classics of Changes, translated with an introduction and commentary by Edward L. Shaughnessy*）便是西方第一本帛书《易经》译本。不仅如此，夏含夷广泛关注了中国考古有关《易经》

的其他出土文献，在 2014 年，出版了学术著作《挖掘易经：新出土易经释文》（Unearthing the Changes: Recently Discovered Manuscripts of and Relating to the Yi Jing），书中全文翻译了上海博物馆收藏的迄今为止发现的最早楚竹书《周易》（The Shanghai Museum Yi）、"王家台秦简《归藏》"（The Wangjiatai Gui Cang）和"阜阳汉简《周易》"（The Fuyang Yi）的释文。

一　马王堆出土帛书《易经》译本

1. 译本体例

夏含夷《易经》译本（I Ching: The Classics of Changes, translated with an introduction and commentary by Edward L. Shaughnessy）① 主要由两部分组成，第一部分包括致谢（Acknowledgments）、《易经》起源与早期发展（The Origins and Early development of the Yijing）、马王堆《易经》帛书（The Mawangdui Yijing Manuscript）、翻译原则（Principles of Translation）和译本编排（Conventions of Presentation）五篇材料。第二部分为译本主体，主要是马王堆出土的帛书文献译文，包括：《周易》（The Zhouyi）、《二三子问》（The Several Disciples Asked）、《系辞》（Appended Statements）、《易之义》（The Properties of the Changes）、《要》（The Essentials）、《缪和》与《昭力》（Muhe and Zhaoli）。译本在最后提供了各部分的注释内容。

译本的"致谢"部分主要介绍了译者的翻译过程和翻译时参考的马王堆帛书文献资料，其中提到了中国 90 年代马王堆出土文献的主要研究成果，包括《马王堆汉墓文物》和《道家文化研究》第三辑、第六辑。

夏含夷在"《易经》起源与早期发展"部分不仅简要介绍了《易经》自周朝至 20 世纪 70 年代的演变和研究过程，还侧重讲解了甲骨占卜和《易经》占卜，其中引用了大量出土文献，包括出土甲骨文

---

① Edward L. Shaughnessy, I Ching: The Classics of Changes, translated with an introduction and commentary, New York: Ballantine Books, 1996.

和《左传》。

夏含夷在"马王堆帛书《易经》"中逐一详细描述了马王堆出土的《易经》帛书文献资料：《周易》《二三子问》《系辞》《易之义》《要》《缪和》与《昭力》，并且在最后提出了自己的观点，认为研究帛书与通行本《易经》的异同具有重要的意义，有助于人们理解《易经》在发展过程中发生的演变，并指出他翻译的主要目标："期望这个帛书译本能够激发西方易学研究者重新审视《易经》的发展历史。"①

译者夏含夷在该译本中特别说明了译文的编排方式②。

（1）译本中的《周易》文本基本按照帛书本的卦和爻辞的顺序，还在注释中标注了通行本中的卦名和序号，对于帛书本和通行本的不同卦名也做了说明。

（2）我在译本的左页提供了每卦的帛书版（上半幅）和通行本（下半幅）原文；译文置于右页，注释中说明帛书本和通行本的不同之处。帛书中有问题的地方，译文是以通行本为底本，并使用【】加以表明。

（3）爻辞译文由三部分组成：缩进一格的为"示辞"（Image）、缩进两格的为"告辞"（Injunction）、缩进三格的为"断辞"（Prognostication）或"验辞"（Verification）。详见夏含夷"《周易》成书"第139—158页。

（4）对于众多注疏内容，我仅提供了帛书本的中文原文，如通行本中存在相应内容，我提供了帛书本和通行本的不同之处。译本的《二三子问》和《要》中存在通行本的部分使用斜体字来注明。帛书中明显有误但存在通行本的内容，译文主要以通行本为底本，并使用【】标注。帛书中无通行本的部分，每个缺失字使用双点".."来代表，如缺失字数不详则用三个点"..."表示。

（5）每条注疏使用（）表示文本各部分的结束，帛书本的句读

---

① Edward L. Shaughnessy, *I Ching: The Classics of Changes*, translated with an introduction and commentary, New York: Ballantine Books, 1996, p. 27.

② Ibid., pp. 30–34.

主要采用陈松长和廖名春的释文。

（6）注释中提供了引用的系辞和爻辞文献，按照帛书和通行本的顺序标注卦号。

2. 底本与文献

从夏含夷《易经》译本的目录可以明显看出，译者翻译所采用的底本集中在马王堆出土《易经》文献，主要包括《周易》（The Zhouyi）、《二三子问》（The Several Disciples Asked）、《系辞》（Appended Statements）、《易之义》（The Properties of the Changes）、《要》（The Essentials）、《缪和》与《昭力》（Muhe and Zhaoli）。

1973年长沙马王堆汉墓的挖掘在世界上引起了轰动，其中三号汉墓出土的大批帛书，内容丰富，具有很高的史料价值，是研究先秦、秦汉文化史的重要文献。文献出土二十年间，帛书陆续对外公布，如《老子》甲乙本、《皇帝四经》、《周易六十四卦》等。1992年8月，在湖南召开了马王堆汉墓国际学术研讨会，湖南出版社出版了大型画册《马王堆汉墓文物》，书中首次公布了帛书《系辞》原件照片及陈松长的释文，同时，又公布了帛书《系辞》《刑德》等文献，引起了国内外学者的关注。国内著名史料文献研究杂志《道家文化研究》编辑部邀海内外专家学者对马王堆出土的各类帛书加以研讨，展开研究，并在1993年8月第三辑特设"马王堆帛书专号"，首次公布古佚易说《易之义》《二三子问》《要》的释文，发表重新整理的《系辞》释文。书中共收录研究文章46篇，包括国内著名史学家张岱年的《初观帛书〈系辞〉》、饶宗颐的《帛书〈系辞传〉"大恒"说》、楼宇烈的《读帛书〈系辞〉杂记》、陈松长的《帛书〈系辞〉初探》、陈鼓应《帛书〈系辞〉和帛书〈皇帝四经〉》、廖名春的四篇作品（《帛书〈二三子问〉简说》《帛书〈易之义〉简说》《帛书〈要〉简说》《帛书〈缪和〉〈昭力〉简说》）等；另外，还有美国著名学者萨拉奎因的《董仲舒和黄老思想》、日本学者金谷治的《关于帛书〈老子〉——其资料性的初步探讨》、池田知久的《马王堆汉墓帛书〈五行篇〉所见的身心问题》。

《道家文化研究》第三辑首次公布的马王堆出土的释文引起了学

术界极大反响，人们更关注其余帛书释文的公布，两年后，帛书《易说》的最后两篇《缪和》与《昭力》在该书第六辑公之于世，至此，马王堆汉墓出土的帛书文献的整理工作便暂告一段落。这批古佚书的公布，对于易学研究产生了极大的推动作用。

这些宝贵的文献研究成果在译者夏含夷翻译过程中具有极其重要的参考价值，他在译本的"致谢"中这样描述以上研究文献的重要作用，"1994年，道家文化研究第三辑刊载了几乎所有出土文献的释文，我在芝加哥大学的研讨班上带领学生共同研读了这些文本"。"感谢《道家文化研究》杂志的陈鼓应主编，他为我提供了刊载有马王堆帛书《缪和》与《昭力》释文的第六辑复印本，如果没有他的无私协助，这个译本不可能顺利出版。"①

从以上资料来看，夏含夷的马王堆帛书《周易》译本主要采用了马王堆汉墓帛书整理小组的《马王堆帛书〈六十四卦〉释文》、陈松长和廖名春合作整理的帛书《二三子问》《易之义》和《要》释文，陈松长的马王堆帛书《系辞》《缪和》和《昭力》释文。上海古籍出版社的学术图书《道家文化研究》第三辑、第六辑以及湖南出版社的《马王堆汉墓文物》是夏含夷翻译马王堆帛书《易经》这七篇文本的主要参考文献资料。

3. 帛书本与通行本的优劣研判

夏含夷在译本的"翻译原则"中使用了超过一半篇幅对马王堆汉墓帛书《易经》与今通行本《易经》进行对勘，而且根据自己的理解和判断，总结出三种优劣的情况：（1）通行本最佳；（2）帛书本最佳，或至少值得参考；（3）这两种版本都不是最佳，存在第三种阅读模式。

从译者所使用的例句来看，这些异处的类型主要集中在爻辞语词使用上的通假字现象方面，这也是译者在翻译过程中面临的主要影响因素，因此，从这些通假字的分析也可以反映译者对《易经》原文的释义思路。对于第一种情况，译者对比了帛书的"妇"卦和通

---

① Edward L. Shaughnessy, *I Ching: The Classics of Changes*, translated with an introduction and commentary, New York: Ballantine Books, 1996, p. ix.

行本的"否"卦九五爻辞,译者指出,帛书本为"其亡其亡,擊于枹桑",意思是"不在了,不在了,敲击在鼓槌般粗细的桑树上",而通行本爻辞作"其亡其亡,系于苞桑",意思是"将要灭亡、将要灭亡,就能像系结于丛生的桑树一样安然无恙"。译者认为,帛书中的"枹"就是通行本中"苞"的通假字。另外,从"擊"与"系"的差异来看,通行本更具有可读性,因为介词"于"和"系"更搭配,而与"击"搭配使用则不好解释。因此,我的译本中基本采用"其亡其亡,系于苞桑"(it is gone, it is gone, tied to a bushy mulberry)。①

对于帛书本中胜于通行本的内容,夏含夷使用了"井"卦九二爻辞来说明,他指出,"帛书爻辞为'井渎射付,唯敝苟'",而通行本为"井谷射鲋,瓮敝漏",卫礼贤翻译为"At the wellhole one shoots fishes. The jug is broken and leaks."这句话中就有四个不同之处,其中一处为副词用法差异,通行本相对帛书版更为合理,帛书中的"付"应该是通行本中"鲋"的原形。帛书中的"渎"胜于通行本的"谷",我认为这是毫无疑问的,尤其相比这一卦中的其他句,如"井泥不食",因此,九二第一句可以翻译为"If the well is murky shoot the smelt",第二句中有两个不同之处,"唯"通"瓮";"苟"通"漏"。马王堆帛书中的"苟"均写为"句",从第一句中捕鱼和打鱼的关系来看,"苟"的可读性胜于通行本的"漏"。类似这种情况的还包括帛书中的"唯"胜于通行本的"瓮"(繁体"甕"字包含"唯"的部分结构)。在没有其他文献做参考的情况下,仅对比这两种版本的内部结构连贯性来看,帛书本更胜一筹:"If the well is murky shoot the smelt; it is only (because of) the worn-out fish-trap."②

对于第三种情况,译者使用"颐"卦六四为例,指出:帛书本为"颠颐,吉,虎视沈沈,其容笛笛,无咎",如果字面翻译,就是"Upside-down jaws; auspicious. The tiger looks in such a submerged way,

---

① Edward L. Shaughnessy, *I Ching: The Classics of Changes*, translated with an introduction and commentary, New York: Ballantine Books, 1996, p. 32.
② Ibid..

his apperance is so flute-like; there is no trouble." 通行本作"颠颐, 吉, 虎视眈眈, 其欲逐逐, 无咎", 可以直译为"Upside-down jaws; auspicious. The tiger looks with eyes downcast, his desires are so pursuing; there is no trouble." 在汉代"攸"是"笛"和"逐"的同音字, 在这里可以互用。叠词"悠悠"在西周时代用作为一个普通修饰词(《诗经》中出现了二十次), 而"逐逐"在早期的文献中除了这句爻辞之外还没有使用。前半句中讲到的老虎眨眼, 面容应该是"sad", 比"pursuing"更为合理, 因此, 由此可以看出, 这个字在这里应作"悠", 这句话应该读为"虎视眈眈, 其容悠悠", 翻译为"The tiger looks with eyes downcat, his appearance is so sad."① 所以, 可以看出, 夏含夷主要依据汉代典籍中的用词习惯来判断《易经》中某些通假字的第三种阅读可能。

之所以这么关注帛书本和通行本卦辞词语差异, 夏含夷在译本中明确说明了他的目的: "希望这些注释可以为读者提供一种轻松的信息, 更好理解不同的解释, 同时, 这些材料也可以供那些严谨的学者们了解我在翻译过程中的理解, 为今后的研究提供充分空间。"②

由此可以看出, 夏含夷仅仅关注了帛书本和通行本的异体字现象, 而这只是两个版本不同之处的一个方面, 译者并没有提到其他主要差异, 如, 帛书本和通行本最大的差异是内容和卦序不同。通行本《易经》分上下经, 上经30卦, 始于乾, 终于离; 下经34卦, 始于咸, 终于未济。而帛书本《易经》不分上下经, 八宫64卦, 其64卦卦序是始于键(乾), 终于益。通行本《易传》又称"十翼", 包括《彖传》上下、《象传》上下、《文言》、《系辞》上下、《说卦》、《序卦》、《杂卦》。而帛书《易传》佚文则共分六篇, 包括《二三子问》《系辞》《易之义》《要》《昭力》《缪和》。可以看出, 帛书本没有"彖""象""文言"等解说文字。从排列顺序来看, 帛书本

---

① Edward L. Shaughnessy, *I Ching: The Classics of Changes*, translated with an introduction and commentary, New York: Ballantine Books, 1996, p. 34.
② Ibid..

的排序包含着易学的八卦取象观念,具有阴阳对应交互的思想,更胜于通行本。

二 《新出土〈易经〉释文》

1. 译本体例

2014 年,夏含夷在哥伦比亚大学出版社出版了学术著作《挖掘〈易经〉:新出土〈易经〉释文》(*Unearthing the Changes:Recently Discovered Manuscripts of and Relating to the Yi Jing*)[①],书中全文收录并翻译了国内考古挖掘出土的三种《易经》释文,包括上海博物馆收藏的迄今为止发现的最早楚竹书《周易》(*The Shanghai Museum Yi*)、王家台出土的秦简《归藏》(*The Wangjiatai Gui Cang*)和阜阳出土的汉简《周易》(*The Fuyang Yi*)的释文。全书体例如下:

前言
致谢
1. 卜筮过去,卜筮未来:《易经》考古与挖掘
2. 上海博物馆藏竹书《周易》背景、内容与价值
3. 上海博物馆藏竹书《周易》释文翻译
4. 王家台出土竹简《归藏》释文
5. 竹简《归藏》翻译
6. 阜阳出土汉简《周易》释文
7. 阜阳出土汉简《周易》释文翻译
结论
注释
参考文献

可以看出,除了前言、结论、附录等必需的部分外,该译本可分

---

① Edward L. Shaughnessy, *Unearthing the Changes:Recently Discovered Manuscripts of and Relating to the Yi Jing*, New York:Columbia University Press, 2014.

为四个部分。第一部分（即第一章），"卜筮过去，卜筮未来：《易经》考古与挖掘"主要是从甲骨讲起，将出土文物中的占卜材料与《周易》的语言及著占操作联系起来互相释证，说明从兽骨龟甲等上古的占卜如何发展到《周易》的著占，将《周易》的占筮背景作了正面的描述。之后的六章，每两章为一个单元，分别介绍上海博物馆藏战国楚竹书的《周易》、阜阳汉简的《周易》残简、王家台秦简的《归藏》简三种出土《易》简。这三单元六章，每一单元的前一章介绍了简的出土、文献、历史源流、相关研究等状况，后一章则为翻译。换言之，第二、三章介绍了《上博易》，第四、五章介绍王家台《归藏》，第六、七章则介绍阜阳《易》。

夏含夷为了让读者全面了解《易经》的考古发现，特意在每种出土《易经》文献的章节分为两部分：出土文献的描述和释文的翻译。因此，此书明显具有双重性，不仅仅是一个《易经》译本，同时也是一本《易经》考古研究著作。这是夏含夷第二个《易经》译本的最大特点。从翻译模式来看，这个译本仍然延续了马王堆出土帛书《易经》译本的翻译方法，同样提供了出土《易经》释文和通行本的对比，其目的仍然是为读者展示不同历史时期的《易经》版本的异同，由此了解《易经》在发展过程中发生的演变。

2. 译本背后的名家

夏含夷的译本具有一个很大的特点，就是大量的考古文献解读，译本中有关《易经》出土文献的背景介绍和释文解读占到了全书内容的一半以上。译者之所以能够具备古代文献和考古发现的学术研究能力，离不开他对中国历史和古代典籍的专业熏陶，在译本的"致谢"中，译者特别提到了四位影响他解读和翻译出土《易经》文献的人物，包括他的老师爱新觉罗·毓鋆和三位著名西方汉学家，吉德炜（David N. Keightley）、鲁惟一（Michael Loewe）和倪德卫（David S. Nivison）。

我国台湾著名儒家学者爱新觉罗·毓鋆，清朝皇室后裔，外界都敬称为"毓老"，他自幼受宫廷教育，及长又师事陈宝琛（皇储之家庭老师、宣统帝之太傅）、郑孝胥、罗振玉、王国维、康有为、梁启超和叶玉麟诸先生，另有英国人庄士敦先生（Reginald Johnston）授西洋之学。毓老习经史子集之学,宣扬中华文化六十余年,述而不作,及门弟子有上万人之多,遍及海内外,众多西方著名汉学家都曾受教于他,除了吉德炜,另有魏斐德(Frederic Wakeman, Jr.)、包弼德(Peter K. Bol)、夏含夷(Edward L. Shaughnessy)等多人皆曾受教门下。

吉德炜(David N. Keightley)1932 年出生于伦敦,后移居美国。1969 年,他以《古代中国的公共劳动:商和西周的强制劳动研究》(*Public Work in Ancient China: A Study of Forced Labor in the Shang and Western Chon*)为论文获得哥伦比亚大学的哲学博士学位,同年,即受聘于加州大学任教。此后他一直致力于有关中国古代历史文化方面的研究,是西方汉学界研究甲骨文的先锋,对中国古代占卜术中有"习卜"与"三卜"制更具有自己独特的见解,相继撰写了《岛邦男的〈殷墟卜辞综类〉(书评)》等十多篇评论,《释贞——关于商代占卜性质的一个新假设》《宗教信仰与都市主义的起源》《商代占卜与商代的形而上学——附论新石器时代的占卜与形而上学》《商朝历史时期的年代——中国青铜时代编年史上的一个问题》《〈古本竹书纪年〉的真实性》《安阳新发现的甲骨》等 30 多篇论文,撰写的享有盛名的甲骨学专著《商代史料》一书中的见解对研究甲骨学殷商史学科具有特殊的贡献。他被推选为以美国加州大学为中心的学术组织"古代中国研究会"的主席,并担任该组织出版的刊物《古代中国》(*Early China*)的主编。

鲁惟一(Michael Loewe),著名的英国汉学家。出生于 1922 年,先后就学于剑桥珀斯学校(The Perse School)和牛津大学曼达琳学院(Magdalen College)。1951 年凭借其对中国汉代历史的杰出研究获得了伦敦大学亚非研究学院的最高荣誉奖,1963 年获得了伦敦大学的博士学位。同年他进入剑桥大学执教,直到 1990 年退休。曾任剑桥大学东亚系主任,现为剑桥大学荣休教授。他撰有多种有关中国古代历史和文化的著述,如《汉代行政记录》(*Records of Han Administration*,于振波、车今花译,广西师范大学出版社 2005 年版)《中国古代典籍导读》(*Early Chinese Texts: a Bibliographical Guide*,李学勤等译,辽宁教育出版社 1997 年版)、与崔瑞德(Denis Twitchett)合编的《剑桥中国秦汉史》(*The Cambridge Histor of China Volume* Ⅰ: *the Ch'in and Han Empires*, 221 B. C. -A. D. 220, Cambridge: Cambridge University Press, 1986, 杨品泉等译, 中国社会科学出版社 1992 年版) 等。

倪德卫 (David S. Nivison), 1923 年生, 美国汉学家, 斯坦福大学荣休教授, 对中国古代思想史、西周系年都有深入研究, 擅长做文献学精细分析以及哲学的细密思考。代表作有《章学诚的生平及其思想》(1966 年)、《西周诸王年代研究》《儒家之道: 中国哲学之探讨》(*The Ways of Confucianism*, 周炽成译, 江苏人民出版社 2006 年版) 等。

夏含夷这样描述这四位大家为他的研究和翻译过程起到的作用: "他们为我能够准确理解《易经》提供了宝贵的建议, 更重要的是, 他们的各个方面帮助极大的促进了我的学术研究, 使我体会到了孔夫子所说的'择其善之而从之'。"①

3. 底本考释

夏含夷在这个译本的"前言"中提到了大量中国挖掘出土的卜筮相关文献, 并对出土文献做了详尽描述和考释, 最终选取了三个与《易经》内容直接相关的考古发现作为该书《易经》底本的来源, 包括上海博物馆收藏的迄今为止发现的最早战国楚竹书《周易》、王家台出土的秦简《归藏》和阜阳出土的汉简《周易》。

(1) 楚竹书《周易》

1994 年香港文物市场出现了一批战国楚竹书, 为战国晚期楚国贵族墓中的随葬品, 上海博物馆斥资购回。其中竹书总 80 余种, 包括原存书题 20 余篇, 全部是秦始皇公元前 213 年至公元前 212 年"焚书坑儒"前原始的、第一手的战国古籍, 涉及历史、哲学、宗教、文学、音乐、文字、军事等。其中以儒家类为主, 兼及道家、兵家、阴阳家等, 多为传世本所无。在这批竹简中发现了一部截止到 21 世纪初的最早《周易》。由于竹简是劫余截归之物, 出土

---

① Edward L. Shaughnessy, *Unearthing the Changes: Recently Discovered Manuscripts of and Relating to the Yi Jing*, New York: Columbia University Press, 2014, p. xxi.

的时间和地点已无从确认。《隋书·经籍志》记载:"秦焚书,《周易》独以卜筮得存。"但一直没能见到古易的真正面貌。楚竹书《周易》的出现,为了解、研究先秦时期的易学提供了可靠的文物数据,在中国易学史上有着重要的意义,在我国易学史上将产生深远影响。

夏含夷详尽描述了上海博物馆藏楚竹书《周易》的原始面貌和内容特点,并对比通行本,列出了33个不同卦名。其次,夏含夷还认为楚竹书《周易》上面特殊的"红黑符号"具有非常大的研究价值,并综述了三位中国学者在这方面的研究成果,包括濮茅左《楚竹书〈周易〉研究——兼述先秦两汉出土与传世易学文献资料》、李尚信《楚竹书〈周易〉的特殊符号和卦序问题》和何泽恒《论上博楚竹书〈周易〉的易学符号和卦序》,总结归纳了其中的符号特征,通过考释大量具体文辞用字的演变,分析了红黑符号所暗含的阴阳相承变化,试图解读楚竹书《周易》可能存在另一种卦序,最终整理出了实物释文对照表①。

在对楚竹书《周易》的卦序进行了考释之后,夏含夷进一步对比了楚竹书《周易》与通行本(《十三经注疏》版)之间的异同。例如,他首先观察到了两个版本之间存在大量的通假字现象,并用楚竹书版的"帀"卦与通行本的"师"卦加以对比说明②:

7. 帀 ■貞丈人吉亡咎初六帀出以聿不臧凶九二才帀中吉亡咎王晶賜命六晶帀或轝𡳾凶六四帀左宿亡咎六
   師 貞丈人吉无咎初六師出以律否臧凶九二在師中吉无咎王三錫命六三師或輿尸凶六四師左次无咎六
8. 五畋又念利埶言亡咎長子衒帀弟子轝𡳾貞凶上六大君子又命啟邦丞豪父=勿用
   五田有禽利執言无咎長子帥師弟子輿尸貞凶上六大君有命開國承家小人勿用

---

① Edward L. Shaughnessy, *Unearthing the Changes: Recently Discovered Manuscripts of and Relating to the Yi Jing*, New York: Columbia University Press, 2014, p.40.

② Ibid., p.54.

夏含夷指出两个卦的爻辞中通假字（如："亡"通"无"；"帀"通"师"；"晶"通"三"等）如同英语单词中"theater"和"theatre"的拼写现象一样，仅是拼写方式上的不同。另外，他也观察到了"开"通"启"和"国"通"邦"两个例子属于古人避讳使用当朝皇帝名字中的字而造成的，其中的"邦"和"启"分别指汉朝皇帝刘邦和刘启。

除了两个版本中的通假现象，夏含夷还关注了误抄和卜筮术语差异现象，针对这些不同，他又通过大量例文提出了《周易》的最佳释文。最后，他总结说："《周易》并非一般文本，它在世界文学中独一无二，正因为此，我们应该运用不同的阐释方法来解读它。我认为，人们应该承认，不同版本的《周易》所存在的异文并不一定是错误，没有绝对的正确；它们只是反映了源词的某一方面，而忽略了另一方面。要想较为完整地理解《周易》，我们的阐释模式就不能一成不变。因此，最佳的解读方式就是保留那些异文，思考当时的抄写者是如何理解原文的。只有这样，我们才能较全面了解《周易》的原貌和早期发展过程。"①

（2）王家台秦简《归藏》

《归藏》，传统认为是商代的《易经》，魏晋以后已经失传，与《连山》《周易》统称为《三易》，相传为黄帝所著。1993年3月，湖北江陵王家台15号秦墓中出土了《归藏》394枚约4000字的易占简，由于残缺严重，至今尚未拼出一支整简，顺序也难以排定。这批易占的竹简，有卦画、卦名、卦辞三部分。由于卦名下的卦辞有许多与保留在古书中的《归藏》佚文相同，故有的学者据此推断，王家台出土的秦简易占为《归藏》，称为王家台秦简《归藏》，更有的学者进一步考定为《归藏·郑母经》。秦简《归藏》的卦画均可与今本《周易》对应起来，卦名也与传本《归藏》、帛书《周易》及今本《周易》大部分相同。

---

① Edward L. Shaughnessy, *Unearthing the Changes: Recently Discovered Manuscripts of and Relating to the Yi Jing*, New York: Columbia University Press, 2014, p.66.

上篇 《易经》在西方的译介

　　夏含夷在译本中不仅全面介绍了《归藏》的出土情况，更详尽梳理了《归藏》在历史上的争论，以及历代的研究文献。其中，还对比了出土的两种竹简，一种宽而薄，另一种窄而厚。为了考释出土的简文即是《归藏》，夏含夷依据王明钦先生的《试论归藏的几个问题》，比较了古书引用的《归藏》佚文和出土的秦简易占，指出王家台秦简中的"师"卦："师曰：昔者穆天子卜出师而攴（枚）占□□□□ □龙降于天□□□远飞而中天苍□。"在《太平御览》卷八十五有记载："昔穆王天子筮西出于征，不吉。曰：'龙降于天，而道里修远；飞而冲天，苍苍其羽。'"① 而且，根据《经典释文》中的"庄子释文"记载："昔穆王子筮卦于禹强"，可以得出结论，出土的简文即是《归藏》，而且完整的卦辞应该是："师曰：昔者穆天子卜出师（西征）而枚占于禹强，禹强占之曰：不吉。龙降于天，而道里修远，飞而冲天，苍苍其羽。"

　　同样，夏含夷还考释了王家台简文"归妹"卦："归妹曰：昔者恒我窃毋死之□□，□□□奔月而攴占□□□□"，通过对比《文选》中的记载："昔常娥以不死之药奔月"和"昔常娥以西王母不死之药服之，遂奔月，为月精"，以及根据《搜神集》的记录："羿请无死之药于西王母，嫦娥窃之以奔月，将往，枚筮之于有黄。有黄占之曰：'吉。翩翩归妹，独将西行。逢天晦芒，毋恐毋惊。后且大昌。'嫦娥遂托身于月，是为'蟾蜍'。"最后判断出，《归藏》的"归妹"卦应为："归妹曰：昔者恒我窃毋死之药于西王母以奔月，将往，枚筮之于有黄。有黄占之曰：'吉。翩翩归妹，独将西行。逢天晦芒，毋恐毋惊。后且大昌。'"②

　　在翻译王家台简文《归藏》时，夏含夷按照李过《西溪易说》来编排卦序，对于不同的卦名，同时提供了两个版本的对比③。

---

① Edward L. Shaughnessy, *Unearthing the Changes: Recently Discovered Manuscripts of and Relating to the Yi Jing*, New York: Columbia University Press, 2014, p. 154.
② Ibid., p. 156.
③ Ibid., pp. 172-173.

第五章　夏含夷与出土《易经》译本

TABLE 5.1　Hexagram Names in the *Gui cang* and *Zhou Yi* Compared

LI GUO XIXI YI SHUO GUI CANG	WANGJIATAI GUI CANG	RECEIVED TEXT OF ZHOU YI			
Kun 癸	Gua 筮	Kun 坤 (1)	Wu Wang 毋亡	Wu Wang 毋亡	Wu Wang 无妄 (25)
Qian 乾	Tian Mu 天目	Qian 乾 (2)	Du Du Chu 大毒畜	Du Du Chu 大毒畜	Du Chu 大畜 (26)
Zhun 屯	Zhun 肫	Zhun 屯 (3)	Ju 覲	Ju 曜	Kui 睽 (38)
Meng 蒙		Meng 蒙 (4)	San Jie Ren 散家人	San Jie Ren 散家人	Jia Ren 家人 (37)
Ru 渘		Xu 需 (5)	Jie 節	Jie 節	Jie 節 (60)
Song 讼	Song 讼	Song 讼 (6)	Huan 渙	Huan 渙	Huan 渙 (59)
Shi 师	Shi 帀	Shi 师 (7)	Jian 蹇	Jian 蹇	Jian 蹇 (39)
Bi 比	Bi 比	Bi 比 (8)	Xie 谢	Xie 谢	Jie 解 (40)
Xiao Du Chu 小毒畜	Shao Du 少篤	Xiao Chu 小畜 (9)	Yuan 員	Sun 損	Sun 損 (41)
Lü 旅	Lü 旅	Lü 旅 (10)	Cheng 誠		
Tai 泰	Nai 柰	Tai 泰 (11)	Qin 钦	Xian 咸	Xian 咸 (31)
Pi 否	Pi 否	Pi 否 (12)	Heng 恒	Heng E 恒我	Heng 恒 (32)
Tong Ren 同人	Tong Ren 同人	Tong Ren 同人 (13)	Gui 規		
Da You 大有	You 右	Da You 大有 (14)	Ye 夜	Ye 夜, Yi 亦	Gu 蛊 (18)
Hen 恨		Gen 艮 (52)	Xun 巽		Xun 巽 (57)
Li 離		Zhen 震 (51)	Dui 兑	Dui 兑	Dui 兑 (58)
Da Guo 大過	Da Guo 大過	Da Guo 大過 (28)	Li 麗	Li 麗	Li 麗 (30)
Yi 頤	Yi 亦	Yi 頤 (27)	Lao 涝	Lao 涝	Kan 坎 (29)
Kun 困	Qun 困	Kun 困 (47)	Jian 荐	Ling 陵	Qian 謙 (15)
Jing 井	Jing 井	Jing 井 (48)	Fen 分	Jie 介	Yu 豫 (16)
Ge 革	Ge 革	Ge 革 (49)	Gui Mei 歸妹	Gui Mei 歸妹	Gui Mei 歸妹 (53)
Ding 鼎	Zi 燕	Ding 鼎 (50)	Jian 漸	Jian 漸	Jian 漸 (53)
Lü 旅	Lü 旅	Lü 旅 (56)	Jin 晉	Jin 晉	Jin 晉 (35)
Feng 豐		Feng 豐 (55)	Ming Yi 明夷	Ming Yi 明夷	Ming Yi 明夷 (36)
Xiao Guo 小過	Da Guo 大過 (?)	Xiao Guo 小過 (62)	Jin Yi 半朋		Ji Ji 既濟 (63)
Lin Huo 林禍	Lin 臨	Lin 臨 (19)	Wei Ji 未濟		Wei Ji 未濟 (64)
Guan 觀	Guan 灌	Guan 觀 (20)	Dun 遯	Dun 遯	Dun 遯 (33)
Cui 萃	Zu 卒	Cui 萃 (45)	Shu 周		
Cheng 稱	Sheng 升	Sheng 升 (46)	Ma Xi 馬徙		
Pu 僕		Bo 剥 (23)		Da Zhuang 大壯, Zhuang 壯	Da Zhuang 大壯 (34)
Fu 復	Fu 復	Fu 復 (24)		Zhong Fu 中孚	Zhong Fu 中孚 (61)
				Shi 蓍	Shi Ke 噬嗑 (21)

不仅如此，译者还从虞世南《北堂书钞》和李昉《太平御览》中摘录出与简文卦辞关联的内容，置于简文之下。如上文王家台秦简中的"师"卦①：

☷ 师曰昔者穆天子卜出师而支占□□□/(439)/龙降于天而□//远飞而中天苍/

☷ *Shi* "Army" says: In the past Son of Heaven Mu divined about sending out the army and had the stalks prognosticated......... the dragon descended from heaven and ...... distant; flying and piercing heaven; so green ...

昔穆王子筮卦于禺强

In the past King-Son Mu divined the hexagram with Yu Qiang.[6]

昔穆王天子筮出于西征不吉曰龍降于天而道里修遠飛而中天蒼蒼其羽

In the past Son of Heaven King Mu divined by milfoil about going out on western campaign. Not auspicious. It said: The dragon descends from heaven, but the road is long and far; flying and piercing heaven, so green its wings.[7]

---

① Edward L. Shaughnessy, *Unearthing the Changes: Recently Discovered Manuscripts of and Relating to the Yi Jing*, New York: Columbia University Press, 2014, p. 175.

(3) 阜阳汉简《周易》

1977年，安徽阜阳双古堆1号墓发掘出土了简牍，经整理编纂分为10多种古籍，其中有《苍颉篇》《诗经》《周易》《万物》《吕氏春秋》等。《周易》近600片，有今本《周易》六十四卦中的四十多卦，涉及卦辞、爻辞的约200片，与今本不同的卜事之辞约400片。阜阳汉简《周易》保存下来的卦画仅有五个，分别是大有卦、林（临）卦、贲卦、大过卦、离卦。其中的卜事之辞主要涉及各种天象和人事的吉凶，如晴雨、田渔（田猎和捕鱼）、征战、事君、求官、行旅、出亡、嫁娶、疾病等。

夏含夷在译本中详细介绍了阜阳汉简的整理和研究工作，特别记录了1977年考古专家韩自强在北京艰苦的汉简整理工作。另外，对阜阳出土汉简《周易》的简册形制和书写形式做出了研究和推测，尤其对很多残简做了考释，并配以原文和译文，包括第57、58、125、126、151、152、133、134、135、136、137号等残简。

由于阜阳汉简《周易》出土时非常杂乱、破碎，后经过韩自强的精心揭剥和艰苦整理才得以恢复，因此，夏含夷在翻译时便采用了韩自强《阜阳汉简周易研究》中的残简序号，在每卦的中英文左侧进行标注。同时，为了表现汉简本与通行本之间的结构关系，译本在阜阳汉简基础上根据通行本补充了每卦的遗失部分，以粗体和正常字体来标识。

第六章　林理彰与《易经》

林理彰（Richard John Lynn），加拿大汉学家，多伦多大学东亚研究系中国思想与文学荣誉教授。1971年在斯坦福大学获亚洲语言博士学位，多次受国防外语研究奖学金（National Defense Foreign Languages Fellowship）资助，被遴选为英国皇家亚洲学会会士（FELLOW of Royal Asiatic Society of Great Britain and Ireland，简称 RAS，1824年成立）。有关中国文学研究著作包括：《作为批评家与诗人的王士祯》（*Wang Shih-chen as Critic and Poet*, Ann Arbor: University Microfilms International, 1979；该书内容同时为作者1971年斯坦福大学博士论文）；《中国文学：西文书目初稿》（*Chinese Literature: A Draft Bibliography in Western European Languages*, Canberra: Australian National University Press, 1980）；《贯云石》（*Kuan Yun-shih*, Boston: Twayne Publishers, 1980）；《中国诗歌与戏剧导读》（*Guide to Chinese Poetry and Drama.* Boston: G. K. Hall & Co., 1984）；刘若愚《〈语言—悖论—诗学〉：一种中国观》（*Language—Paradox—Poetics: A Chinese Perspective.* Edited and with a Foreword by Richard John Lynn. Princeton: Princeton University Press, 1988）；《〈易经〉王弼注新译》（*The Classic of Changes: A New Translation of the I Ching as Interpreted by Wang Bi.* New York: Columbia University Press, 1994）；《老子〈道德经〉王弼注新译》（*The Classic of the Way and Virtue: A New Translation of the Daodejing of Laozias Interpreted by Wang Bi.* New York: Columbia University Press, 1999）。

上篇 《易经》在西方的译介

一 林理彰译本体例

林理彰（Richard John Lynn）于 1994 年在哥伦比亚大学出版社出版了《易经：〈易经〉王弼注新译》（*The Classic of Changes*: *A New Translation of the I Ching as Interpreted by Wang Bi*)[①]，这是西方第一个以王弼的《周易注》和《周易略例》为底本的全新译本。译本对《周易》文本注疏进行了历史考察。

译本的"致谢"部分简单介绍了译者翻译《易经》的基本缘由，提到主要是受纽约《国际文学与艺术》杂志编辑 Bonnie Crown 女士的启发开始翻译工作，另外，还对 David Knechtges、Kidder Smith 和 Sarah St. Onge 编辑三人的帮助表示了感谢。

"导论"主要包括三个主题的内容，第一个主题为《周易》的历史演变过程；第二个主题讲述了此译本的翻译特点和翻译原则；第三个主题介绍了王弼的生平和王弼的著名玄学著作《周易略例》，包括七篇论文：《明象》（*Clarifying the Judgments*）、《明爻通变》（*Clarifying How the Lines are Commensurate with Xhange*）、《明卦适变通爻》（*Clarifying How the Hxagrams Corespond to Change*）、《明象》（*Clarifying the Images*）、《辩位》（*Considering the Line Positions*）《卦略下》（*General Remarks*）和《卦略》（*Cursory Remarks on Some Hexagrams*）。"导论"的最后，译者还根据《系辞》上篇第九章详细描述了卜筮的步骤和计算方法。

译本正文由七部分组成："周易略义"（General Remarks on the Changes of the Zhou）、"系辞"一（Commentary on the Appended Phrases）、"系辞"二（Commentary on the Appended Phrases）、"序卦"（Providing the Sequence of the Hexagrams）、"杂卦"（The Hexagrams in Irregular Order）、"说卦"（Explaining the Trigrams）和"六十四卦注疏"（The Sixty-Four Hexgrams, with Terms and Commentaries）。

[①] Richard John Lynn, *The Classic of Changes*: *A New Translation of the I Ching as Interpreted by Wang Bi*, New York: Columbia University Press, 1994.

第六章 林理彰与《易经》

二 对比王弼与程、朱注疏

该译本所参考的底本主要来自楼宇烈编著的《王弼集校释》（*Critical edition of the works of Wanbi with explanatory notes*）第二册（北京：中华书局，1980年），另外，还有孔颖达（574—648）的《周易正义》（*Correct Meaning of the Changes of the Zhou*），作为对王弼《周易注》的补充。除此之外，译者还参阅了《十三经注疏》（1815年出版；1955年再版，台北：译文印书馆）中由阮元（1764—1849）批注的《周易正义》。

对于为何选取王弼注《周易》作为翻译的对象，林理彰在译本中做了解释，他提到，以前的译本多数是直接或间接借助了新儒程颐（1033—1107）和朱熹（1130—1200）的解读，如主要译本包括理雅各 The Yi King, or Book of Changes（牛津：Clarendon 出版社，1882年）；卫礼贤 I Gingrich：DashBuch der Wandlungen（Jena：Eugen Diederichs，1924），由贝恩斯翻译的英译本 The I Ching or Book of Changes（普林斯顿：普林斯顿大学出版社，1950年）；John Blofeld《易经》（纽约：E. P. Dutton 出版社，1968年）。因此，译者提出他的王弼版译本就是一个与程、朱版译本与众不同的角度。

对于王弼注《易经》，林理彰有自己的理解方式，他认为，"王弼撰写了第一本哲学意义上的《周易》注解专著，他的解读融合了儒家、法家和道家的观点，其中以儒家思想为主体"①。在对比王弼与程颐和朱熹的注疏时候，林理彰一方面承认后来的新儒学家解读超越了王弼，但也提出，王弼的很多观点都被融入了新儒学对《周易》的解读系统中，而且新儒学家的不同观点也构成了其主流观点。王弼的思想也正促进了程、朱形成自己的观点，其中也包括他们并不认同的内容。最后，得出结论，"如果没有王弼注疏，十三世纪以来新儒

---

① Richard John Lynn, *The Classic of Changes: A New Translation of the I Ching as Interpreted by Wang Bi*, New York: Columbia University Press, 1994, p. 7.

家对《周易》的解读会完全是另外一种面貌"①。

虽然林理彰的译本以王弼注本为主，但他同时也在译本的尾注中提供了程、朱批注译文，供读者对比其中的不同。程颐所作注解为《伊川易传》（Yichuan's Commentary on the Changes），朱熹的注解为《周易本义》（Original Meaning of the Changes of the Zhou），两人的批注均收录在李光地（1642—1718）的《御撰周易折中》（Compiled upon imperial order: Equitable judgments on interpretations of the Changes of the Zhou）（1715年出版；1975年再版，台北：成文出版社），该译本所参考程、朱注疏均取于此书。

因此，可以看出，通过对比王弼与程、朱注疏的异同，译者希望读者能够进一步认识到，《易经》这部穿越历史时代的智慧之书从诞生到传承，其完善的核心思想始终没有改变。

三 文化特性的翻译原则

林理彰在译本中提到，他尽最大努力在翻译过程中保持文本的原义，以期重现文本认知的本质，而不去从当代视角进行解读，也并没有刻意避免与现代社会的价值观产生冲突。他深知，历史上各朝代学者的注疏有很大部分与现代的价值观和认知存在矛盾，而且认为，"他们的观点是一种文化的产物，而那种文化所认同的事情如今已产生了巨大转变"②。他还从人类社会和宇宙本质的两个层面列举了这种文化观点：

1. 人类社会本质上具有阶层性。

2. 广义上看，一个国家就是一个家庭；从微观上看，一个家庭就如同一个国家。

3. 国家和家庭都具有宗法特性。

4. 宇宙本质上具有两面性；任何事物都有阴阳两性，但在行为

---

① Richard John Lynn, *The Classic of Changes: A New Translation of the I Ching as Interpreted by Wang Bi*, New York: Columbia University Press, 1994, p. 7.

② Ibid., p. 8.

第六章 林理彰与《易经》

上往往显示其中一面,或者阴,或者阳。

5. 作为宇宙的自然组成部分,人类社会也具有阴阳双重特性。

林理彰不仅总结了几种代表性观点,还从易学的阴阳概念上解释了其中的文化现象,并延伸到社会关系的解读:

"Superiors are yang, and subordinates are yin, and they should fill their respective roles accordingly. Yang is the hard and strong, the assertive, the authority, the initiator, the male; yin is the soft and yielding, the submissive, the one subject to authority, the follower, the female. Political roles are conceived analogously: rulers are like fathers, the ruled masses like children; the sovereign is to his minister as a husband is to his wife; a senior official is to his subordinate as an older brother is to a younger brother; a subordinate should be submissive and loyal—that is, exhibit 'female' behavior, and so on."① (君为阳,臣为阴,各司其职。阳具有强壮、向外的特性,代表权威、领袖和雄性;阴具有绵柔、向内的特性,代表服从、追随者和雌性。人们的政治角色也经常做这种比喻:统治者如同父亲,受统治民众如同孩子;君臣如夫妻;领导与下级如同兄弟关系;下级应服从、忠诚,表现出"雌性"等特性。)

如何在处理这些注疏中的文化概念?林理彰提出他的翻译原则,"如果要准确还原文本的原义,任何翻译都不能忽略、扭曲这些内容,例如,在用英语来表达这些信息时,如果使用中性词来翻译这些带有明显宗法色彩的思想,那就完全不合时宜了"②。

林理彰还特别介绍了读者该如何阅读这个典籍注疏的译本,如何理解书中那些过时而腐朽的观点和价值观。他建议读者能够首先理解文本的历史现实,从历史角度审视中国传统社会,然后,抛开这些背景,着重理解典籍中的主要核心问题:个性与命运的内在关系;条件

---

① Richard John Lynn, *The Classic of Changes: A New Translation of the I Ching as Interpreted by Wang Bi*, New York: Columbia University Press, 1994, p. 9.
② Ibid..

对行为范围的影响；条件和环境对行为模式的影响；因果关系中个体之间的关系；环境之间的转化；变化本身即是恒常，变通是幸福和成功的唯一途径。这些问题都是涉及人类关系和个人行为体系的核心内容。

第七章 闵福德与《易经》

闵福德（John Minford），英国汉学家、学者、文学翻译家。1946年出生于英国伯明翰，在温彻斯特公学学习古希腊语、拉丁语及古典文学，曾于中国、中国香港及新西兰任教，担任奥克兰大学的中文系系主任及香港理工大学翻译系主任。目前，他是澳大利亚国立大学亚洲研究院中国及韩国中心的主席。翻译作品包括与导师霍克思合译中国四大名著之一《红楼梦》（1982；1986，前八十回由霍克思负责，后四十回由闵福德负责）、《孙子兵法》（2003）、《聊斋志异》（2006）、金庸武侠小说《鹿鼎记》（1997，1999，2002）等。

闵福德《易经》英译本（*I Ching*：*The Essential Translation of the Ancient Chinese Oracle and Book of Wisdom*）[①]，全书928页，耗时12年完成，由纽约企鹅出版集团下的维京出版社于2014年年底出版，在2015年国际笔会福克纳文学奖评选中获得提名。闵福德从2002年开始翻译《易经》，当时他住在法国，有一个葡萄园。通常他上午在葡萄园干活，下午进行翻译。2004年他前往香港收集了不同版本的《易经》和历代中国文人对《易经》的点评。2006年他搬到澳大利亚，其间由于工作繁忙，导致翻译进展缓慢。2008年之后他开始全力翻译，并与朋友探讨《易经》，检验他的翻译，由于这个过程又持续了多年，完成翻译的时间比出版社的要求晚了7年，直到2013年年底才交稿。

[①] Minford, J., *I Ching*, *The Essential Translation of the Ancient Chinese Oracle and Book of Wisdom*, New York: Viking, 2014.

一 闵福德《易经》译本体例

闵福德《易经》译本主要分为两部分，第一部分是"智慧之书"（Book of Wisdom），用传统方式解读《易经》和其点评，包括《易经》六十四卦经文、《易传》及自汉代以来的注疏摘录和译者本人的解读。为了便于读者阅读，译者将不同的内容采用不同的字号和标记符号。注疏全部引用中国古今传统易学文献，包括王弼、程颐、朱熹的传统易学诠释，以及还有清代全真道教龙门派道士刘一明、台湾学者陈鼓应和香港学者闵建蜀对《易经》的特色化诠释。

由于第一部分内容庞杂，译者采用了独特的编排方式：（1）卦体，由卦画、卦名、卦辞和爻辞组成，采用居中，大号字体版式；（2）摘选的《十翼》内容，包括《彖传》（On the Judgment）、《象传》（On the Image of the Hexagram）和部分《系辞》，以甲骨文"龟"符号做首段标识，采用居中，小号字体；（3）选编的自汉代以来中国历史上著名学者的注疏，以及少数国外汉学家或翻译家的观点，段首以甲骨文"龙"做标识，其中译者发表的观点以"JM"标注。

第二部分是"卜卦"（Bronze Age Oracle），回归《易经》最初的用途——青铜器时代的占卜手册。译者主要借助于现代占卜研究手段，通过再现《易经》符号的原始神秘性，使读者体验中国古人看待世界和与世界交流的方式。虽然其中的内容带有明显的臆断成分，甚至存在矛盾，但是译者认为读者应该在这部分能够看到《易经》神奇的一面，可以满足人们的好奇之心。

二 对《易经》的接受过程

闵福德第一次接触《易经》时，读的是卫礼贤的译本。当时他是个年轻的"嬉皮士"，很迷信也很虔诚，把它当成占卜的书，毫不质疑。但是，当决定翻译《易经》时，他就开始质疑这本书，他要搞明白做这件事情的价值。它有什么价值？真能够和它对话？能起什么作用？他边翻译边检验。随着翻译的进展，他越来越向《易经》妥

第七章 闵福德与《易经》

协,越来越接受它。

闵福德在书的序言中引用了英国汉学家葛瑞汉对《易经》的评价:"它帮助你进入你自己的内心,仿佛是一条能够帮助你开悟的'快捷方式'。"足以看出他是非常赞同这一观点,并根据清代道士刘一明在《周易阐真》中的理解准确提出"修养"是这本书的关键词,他强调,学习《易经》的过程是提高自我修养的过程。闵福德自认自己是不可知论者,不信奉某种特定的宗教,但他相信人们有必要自知、自省。《易经》是一本关于自我认知的书,能够引导人们如何思考,如何认识自我。它很简单,但又很难。因此,他也认为《易经》不是一本书,而是一个 Spirit。因为《易经》原本也不像是一本书:它没有开始,没有结尾,没有作者。它更像是一个"精神的工程",是一种可以和你对话的声音,但它最终是一个人自己的精神。他在书的前言中这样写道:"这本书和你之间不存在任何区别,你就是这本书,你会成为这本书。"

闵福德还在前言中指出,阅读《易经》是一个互动和对话的过程。他认为,开始读《易经》时,读者便和这本书产生了互动。这本书的本质并非在于书,而是在于阅读的方式。要非常虔诚地坐下来,抛弃一切伪装和虚假的想法,真实面对自己——这是这个过程中最重要的。之后,才可以开始读《易经》。不能像对待一本普通的书那样对待《易经》,要去参与,得做大量的工作。这个过程是互动的,就像是一个游戏,读者和这本书做游戏。最后,《易经》帮助读者看到自己。

闵福德说:"《易经》是一种游戏,对参与人要求很高。你不能只是阅读它,也不能只是翻译它;你要参与其中,与它互动。'没有一模一样的两个游戏,只有无限的可能。'阅读可以创造一种新的动能,引发反思和交流。把《易经》比作一种游戏并不是对它不尊敬,也不是小看它,相反,而是一种敬仰。'游戏并不只是游戏,他们就是游戏,就像一头大象不只是一头大象,它就是一头大象。游戏本身也是生命的仪式、形式和符号。'《易经》这个游戏会使读者不断产生'道'的共鸣,融入身边的一切变化,天人合一。与《易经》对话就是与'道'对话,与大自然对话,就是要去穿越自然法则,进入宇宙之体。"①

由此可以看出,闵福德只把《易经》视为一本客观存在的书,不是一种宗教,不是一个有魔力的特殊伎俩。它不强迫任何人去相信某种教义,它谈论的是世界背后的规律,但用的是非常简单的结构,比如八卦、六十四卦等。它鼓励人们往后站一步,看全局,而不是只关注生命中一些细小的环节。

在这一点上,闵福德深受他的老师柳存仁教授(注:澳大利亚华裔汉学家,以道学研究闻名)的影响,坚信《易经》《道德经》等书的目的,都是引导人们更善良、更慈爱。他发现《易经》在和他对话,他成了《易经》和读者之间的"信道"和媒介。每当有人向他请教《易经》,他都会筋疲力尽,像是他把嗓音借给了"Spirit"。他也越来越相信《易经》能起作用,尽管无法解释原因。这样的变化成了他生活的一部分,他重新思考自己,思考自己的生活。

三 闵福德译本特点

1. 一《经》两译

对于任何古籍的译者来说,底本的选择往往是翻译过程中首要解决的问题,它会反映出译者对典籍的阅读、理解和认知特点。同样对于闵福德来说,他也要首先确定译本将要呈现出什么类型的《易经》面貌,是一本古代中国人的卜筮之书,还是一本反映中国先人探寻宇宙本质和人类文明的智慧之书?为了解决这个问题,闵福德借鉴了近代各国著名易学学者的文献,如闻一多、李镜池、阿瑟·韦利,以及20世纪七八十年代的美国学者,他从中看到了《易经》引发的各种猜测,既有关于成书的历史推断,也有关于作者的推理。但是,对于他来说,最有吸引力的是最能够代表《易经》核心精神的文献,包括两个部分,第一部分是解释《周易》的"智慧之书",具有启发性的指南作用;第二部分则是展示远古神秘咒语的"卜筮",人们可以

---

① Minford, J., *I Ching*, The Essential Translation of the Ancient Chinese Oracle and Book of Wisdom, New York: Viking, 2014, p. xxiv.

直接拿来使用。实际上，闵福德所理解的"智慧之书"如同《易传》（又称《十翼》）的功能，"卜筮之书"就是《易经》，主要是六十四卦和三百八十四爻，卦和爻各有说明（卦辞、爻辞），作为占卜之用。只是"智慧之书"并非只是传统易学中相传为孔子所撰包含解释卦辞和爻辞的七种文辞共十篇的《易传》，还增加了历史上其他注疏家和近代学者的一些解读。从译本的目录中可以看出，闵福德有意将"智慧之书"放置在第一部分，让读者首先了解，经过历代各位名家注疏，《易经》从商周时期成为卜筮之书到后来逐渐被经典化的发展历程。

　　对比闵福德翻译这两部分的内容，可以发现，第一部分"智慧之书"篇幅较长，译者的语言更为成熟、易于理解；第二部分"青铜时期的卜筮"语言表达简洁、质朴。即便同一句在两部分的译文也不完全相同。如《易经》中出现42次的"孚"字，在第一部分翻译"中孚"时沿用了卫礼贤的解读思路（Inner Truth），翻译为"Good Faith"，但是，当他了解到中国学者郭沫若在1928年首次提出这个字表示"战争中抓获的俘虏"，而且根据20世纪早期的考古发现，便认为"俘虏"这个意思适合于第二部分的解读，于是，将第二部分中的"孚"翻译为"captives"。还有出现高达50次的"亨（享）"字，闵福德认为这个字在中国早期历史上主要指一种重要的社会活动"祭祀"，因此，在第二部分则翻译为"Sacrifice Received"，但是在后人的不断注疏过程中，这个字逐渐延伸到了"祭祀"以外的内容，用来指祖先和神灵收到祭品后带给人们的"福祉"，因此，在第一部分就使用了Fortune一词。另一个使用频率很高的"贞"字（111次）在第二部分翻译为"Divination"，而在第一部分则为"Steadfastness"。在翻译第四卦"蒙"的时候，一方面，闵福德在第一部分按照传统的理解沿用了卫礼贤的"Ignorance/Youthful Folly"；另一方面，在第二部分中受到了阿瑟·韦利带有浓厚想象色彩的一种理解影响，认为"蒙"是一种攀附性植物"菟丝子"，这个卦则讲的是一种杂乱无章的情况，因此，"蒙"在第二部分翻译为"dodder"。

　　这种情况在闵福德的译本中频繁出现，同一卦名或概念在两个部分的翻译不同，如"乾""坤"在第一部分和第二部分分别为

"Qian/Heaven""Kun/Earth"和"Kan/Sun Rising""K'wen/Earth Flow";"利见大人",在第一部分翻译为"It profits/To see a Great Man, Magnum virum.";在第二部分则为"Profit/To see a big man."。

根据闵福德的翻译思路可以看出,对于《易经》中的主要概念和术语,他主要参照了卫礼贤和阿瑟·韦利的翻译模式,但是从翻译的效果来看,由于韦利对《易经》的理解存在很多解释片面的问题,其中的逻辑并不能形成完整的体系,因此,这种简单地照搬他的思路,导致译本会存在很多一知半解的地方,如虽然"蒙"字在中国汉字中有草名的用法,指一年生缠绕寄生草本植物"菟丝子",但将"蒙"卦直接翻译为这种植物的名字"dodder",则未免略显简单化,忽略了这个字在汉语中的语义引申现象,古人常因菟丝子这种植物形状过于幼小的特征,而用蒙字来形容幼小貌。同时又因其生长过程中的吸附和覆盖他物的特性而引申出覆盖、隐瞒、昏暗、愚昧、无知等义。因此,蒙卦的蒙取愚昧、无知之义,比喻虽弱小而又霸道之人。

对于这种现象,闵福德这样解释道:

> 尽管在翻译的过程中参阅了大量汉学家和学者的研究成果,但是这个译本并非是为汉学家或学者而准备。我只是更大程度的以中文内容为基础,尽量少受到西方传统观念的影响,我想留给每位读者足够的空间去挖掘其中的语义,我的译文最主要的目的是能够让英语世界也能体会到这种独特的中文现象。①

2. 中国化

闵福德曾评价过近代西方较著名的《易经》译本,如关于英国传教士理雅各和德国传教士卫礼贤的译本,他这样评价:

> 理雅各汉语特别好,除了《易经》还翻译了《论语》《大

---

① Minford, J., *I Ching*, The Essential Translation of the Ancient Chinese Oracle and Book of Wisdom, New York: Viking, 2014.

学》《中庸》《孟子》等书。但他根本不尊重《易经》，认为这本书是垃圾。他并不相信书里的内容。卫礼贤就非常不同。他对《易经》非常感兴趣，在1924年完成了德译本《易经》（后被译成英文）。很长一段时间里，这本书在西方非常热销，影响也很大。卫礼贤和荣格的关系密切，后者为其《易经》作了序。但这也是这本书的缺陷——受荣格的影响太多。①

对于英国学者约翰·布洛菲尔德和美国芝加哥大学教授夏含夷的《易经》译本，闵福德认为："布洛菲尔德的译本不错。夏含夷更擅长甲骨文，研究的主要是早期文字中有关《易经》的记载。他的译本不实用，偏学术。"②

在回答"他翻译的《易经》和这些译本的区别在哪里？"时，闵福德直言不讳："我的翻译更'中国化'。有人翻译《易经》会提及《圣经》或德国诗人歌德；基督徒理雅各布从基督教的角度解析《易经》。我更多地引用中国文人的点评，尽量不涉及西方人对《易经》的点评和解析。"③

他还指出，《易经》在中西方的最大不同在于，《易经》从一开始就被西方读者认为是一部帮助人们思考的"智慧之书"，而不是一部算命的书。之所以把《易经》解释为"The Book of Change"，而不是"The Book of Changes"，闵福德认为这本书是关于变化的基本流程的，所以用单数，而不用复数。

3. 英文结合拉丁文

在闵福德的《易经》英译本中，出现了很多的拉丁文，这也是译本的一大特色。拉丁文是西方文明的根源，直到18世纪还在欧洲通用。据闵福德回忆，当得知他要翻译《易经》后，他的导师戴维·霍克斯（英国著名汉学家、牛津大学教授，曾与闵福德合译《红楼梦》英文版）曾对他说："约翰，别忘记，没有谁真正明白《易经》

---

① 崔莹：《英国学者12年译完〈易经〉》，http://cul.qq.com/a/20150714/025742.htm [2017-08-06]。
② 同上。
③ 同上。

的含义。"因此，他用拉丁文也是在提醒大家，我们也不知道这本书真正的意思，每个人都会"构建"自己的《易经》。好像是步入一所旧式教堂，听到神父在念叨一段拉丁文，没几个人能明白它。他希望给读者类似的感觉。读者没有必要理解它们——旁边都有英文释义。如《乾》九四"或跃在渊"的译文为"He leaps/Into the deep, /In profundis. /No harm, /Nullum malum"①。

闵福德之所以在译文中使用拉丁文有两个原因②：

（1）拉丁文给人一种很古老的感觉。用闵福德（Joseph Needham）的话来解释，之所以这样做，"为什么不使用一些与我们的文明有所不同的表达方式呢？"③闵福德相信，当西方读者看到拉丁文马上会联想到过去，想到一些不可知的东西，这些拉丁文可以带来一种超越时间的深邃沉思，能够在中国早期"自知"和"修身"的传统与西方欧洲早期精神传统之间形成一种共鸣，东方的《易经》和西方的《德尔斐神谕》都是人类寻求答案的福音。

（2）《易经》没有一个绝对的译本，每个译本都只是一种解读。闵福德认为，所有的解读和翻译都不是一成不变的，《易经》之所以具有这么强大的能量，就在于不同时期的读者、注释家和译者能够从中解读出不同的内容，随着时间的流逝，古老的理解也逐渐逝去，新的解读又赋予其能量。这些略显意外的拉丁语可以让读者体会到，我们对《易经》的理解永远没有尽头。

---

① Minford, J., *I Ching*, *The Essential Translation of the Ancient Chinese Oracle and Book of Wisdom*, New York: Viking, pp. 19 - 20.
② Ibid., p. 4.
③ Ibid..

下　篇
《道德经》在西方的译介

第一章　西方译介《道德经》概述

据费赖之（Loius Aloys Pfister，1833—1891）《在华耶稣会士列传及书目》记录，比利时耶稣会士卫方济（Francois Noel，1651—1729）早在17世纪将《道德经》译成拉丁文，"宋君荣神甫所译《唐书》注有云：'老子所撰《道德经》，卫方济神甫曾有译文，当时曾将译文寄回法国'"①，虽此译本并未流传下来，但这当属有记载的西方最早《道德经》译本。之后，据著名汉学家理雅各考证，他所见到的最早《道德经》西文译本是伦敦印度事务局（the India Office）所藏的一件《道德经》拉丁文译稿②，根据庄延龄（Edward Harper Parker）的推测，该译本可能出自前耶稣会士傅圣泽（Jean Francois Foucquet，1663—1740）。19世纪，法国人最早开始《道德经》的翻译。1823年，法国汉学家雷慕沙（Abel Rémusat，1788—1832）翻译了《道德经》第1、25、41章和42章。1838年，鲍梯（J. P. G. Pauthier，1801—1873）出版了《道德经》拉丁文—法文对照本。1842年，儒莲（Stanislas Julien，1797—1873）出版了《道德经》的法文全译本。

英语世界《道德经》英译最早始于1868年约翰·查莫斯（John Chalmers）在英国出版的《对古代哲学家老子关于形而上学、政体及道德的思考》，在之后的三个多世纪中，英译本已超过一百多种，而

---

① ［法］费赖之：《在华耶稣会士列传及书目》，冯承钧译，中华书局1995年版，第421—422页。

② Legge, James, *Preface to The Texts of Taoism*, in *The Sacred Books of the East*, F. Max Muller (Ed.), Vols. XXXIX, XL. Oxford: Oxford University Press, 1891, pp. xii–xiii.

下篇 《道德经》在西方的译介

且至今还有译本不断面世。本章将对历史上出版的具有影响力的《道德经》英译本进行线性梳理,根据不同阶段的出版数量,基本可分为三个高潮。

一 第一次高潮(1868—1905)

(1) 1868 年,英籍传教士约翰·查莫斯(John Chalmers, 1825—1899)的《对古代哲学家老子关于形而上学、政体及道德的思考》在英国伦敦出版①,书的扉页尤其与众不同,译者引用了《道德经》第六十七章的"我有三宝,持而保之。一曰慈,二曰俭,三曰不敢为天下先"②,下一页注有"献给尊敬的理雅各"字样。查莫斯在该书的"导论"中对《道德经》蕴含的关键思想进行了简单介绍,其中涉及"道"的三重意思:The Way, Reason, The Word;"无为"以及"虚""无"等概念。在译文之前,译者还特意为第五十章做了注释,因为他认为这里的译文或许比第 38 页的译文更好③。该书中只有部分章节配有简洁的注释或说明,但译者根据自己的理解为各章添加了标题。

(2) 1884 年,英国汉学家弗雷德里克·巴尔福(Frederic Henry Balfour, 1846—1909)在英国伦敦出版了《道家伦理的、政治的以及思辨的经典》④。该书开篇的"导论"是译者于 1880 年在皇家亚洲学会华北分会上宣读的论文⑤,文中对"道"和"无为"进行了详尽的解读。该书译文部分选用了竖排的中文格式,英译内容夹杂着译者标示的中英文注释进行补充说明。除了对《道德经》做了英译之外,

---

① John Chalmers, *The Speculations on Metaphysics, Polity and Morality of "the Old Philosopher", Lao-Tsze*, London: Trubner & Co., 1868.

② "Three precious things I prize and hold fast—Humility, Compassion, and Economy. —Lau-Tsze."

③ John Chalmers, *The Speculations on Metaphysics, Polity and Morality of "the Old Philosopher", Lao-Tsze*, London: Trubner & Co., 1868, p. 1.

④ Frederic Henry Balfour, *Taoist Texts, Ethical, Political and Speculative*, Shanghai: Kelly & Walsh, 1884.

⑤ Ibid., p. i.

第一章 西方译介《道德经》概述

该书还附加了多部道家经典作品的英译,如《阴符经》《胎息经》《心印经》《赤文洞》《清静经》《洪烈传第一段》《素书》和《太上感应篇》。

(3) 1895年,亚历山大(G. G. Alexander)的《伟大思想家老子以及对他关于自然和上帝之表现观的英译》在英国出版[①]。译者在该书的"前言"部分分析了先前译本对"道"的解读,并明确表示了不同意见。在"前言"之后,译者还另撰写了两篇文章"起源与祖先""老子及其所处的时代"介绍《道德经》的历史背景。《道德经》译文之后,译者以"附录"的形式为读者提供了该书书名和八十一章内容的简要介绍。

(4) 1898年,德裔美籍哲学家保罗·卡卢斯(Paul Carus, 1852—1919)在美国出版了《老子〈道德经〉》[②]。译者在"前言"中对老子、《道德经》和书名进行了介绍,为了进一步使读者深入了解老子的思想,译者在"导论"中对老子最喜欢的15个观点作了详细评价。译者不仅有意为读者提供了中文《道德经》原文,还增加了八十一章节的标题。

(5) 1905年,英国传教士梅殿华(麦独斯特)(Medhurst C. Spurgeon)在美国芝加哥出版了《道德经:比较宗教浅析》[③]。译者在该书"前言"中列出了自己在翻译过程中参考的之前出版的《道德经》译本,包括理雅各译本、巴尔弗译本、翟林奈译本、卡卢斯译本、奥尔德译本等,而且向他们表示了感谢。译者在"前言"中还解释了将原文本分为了"Metaphysical"和"Moral"两个部分,还引用了查莫斯、艾德金斯和理雅各的观点。译者重点介绍了"Confucianism and Taoism""Tao""The Sage""Government""Ethics"。

---

① G. G. Alexander, *Lao Tsze: The Great Thinker: With a Translation of His Thoughts on the Nature and Manifestations of God*, London: Kegan Paul, 1895.

② Paul Carus, *The Canon of Reason and Virtue. Being Lao-tze's Tao The King*, Chicago: The Open Court Publishing Company, 1898.

③ Medhurst C. Spurgeon, *The Tao Teh King: A Short Study in Comparative Religion*, Chicago: Theosophical Book Concern, 1905.

二 第二次高潮(1934—1955)

（1）1934年，著名英国汉学家阿瑟·韦利（Arthur Waley）在美国出版了《道及其力量：〈道德经〉及其在中国思想中的地位研究》①。韦利在"前言"中评价了《道德经》的几个译本，认为最好的是卫礼贤的译本，其次是卡卢斯译本。该书长达84页的"导论"中译者详尽阐释了《道德经》成书的历史背景、享乐主义者、寂静无为、道家学说、语言危机、现实主义者、现实主义的神秘基础以及《道德经》、圣、《道德经》中的文学方法、作者等。该书的译文每一章之后都有译者对该章的释义，可以供读者进行参考。译者还在书后补充了六个附录，包括"中国早期的作者""对外影响力""道家瑜伽""时间、文本及评注""中国史前历史的形成"和"时间存疑"。

（2）1944年，美国现代著名的诗人、汉学家威特·宾纳（Witter Bynner）在美国出版了《老子的生活之道》②。译者在该书中仅对老子及其思想作了简单介绍，译文也主要采取意译的方式，译者为每章取了中文的题名，但与内容并不是完全一致，如第二章取名为"同意"，第十一章为"太平"，第二十一章为"所有"，第三十三章为"知道"，而且有些章节题名重复，因此，这些题名可能会对读者造成困扰。

（3）1945年，华人初大告（Chu Ta-kao）在美国出版了《道德经新译》③。翟林奈为该书撰写了"前言"，他批评了之前的大多数《道德经》英译本，指出"尽管睿智，但偏离原文本意旨太远"。同时，他对这本首次由华裔出版的译著给予了充分肯定："如大道本身，朴实、流利，没有误入歧途。尽可能向读者展现老子的思想，让读者

---

① Arthur Waley, *The Way and its Power: A Study of the Tao Te Ching and its Place in Chinese Thought*, New York: MacMillan Press, 1934.
② Witter Bynner, *The Way of Life according to Laotzu*, New York: John Day Company, 1944.
③ Chu Ta-kao, *Tao Te Ching (a new translation)*, foreword by Lionel Giles, London: The Buddhist Society, 1945.

自己去对其深层意义进行判断。"①

（4）1948 年，林语堂在美国纽约出版了《老子的智慧》②。译者在译文前不仅提供了"导论"，还别出心裁的增加了庄子的"前言：思想的主流"（"Prolegomena: The Main Currents of Thought" by Chuangtse）③。该书中，译者将译文分为七个部分（Seven Books），每一章节译文后都配有重要观点和疑难语句的解释和评论。该书最新颖的是在译文后虚构了"老子与孔子的谈话"（Imaginary Conversations between Laotse and Confucius）④。

（5）1955 年，美国学者雷蒙德·布兰克利（Raymond Bernard Blakney）在美国纽约出版了《生活之道：〈道德经〉新译》⑤。译者在该书"导论"中全面介绍了《诗经》、孔子、墨翟、商鞅与守法主义者、阴阳、《道德经》、中国的神秘主义者、《道德经》核心概念等。译文中，译者将《道德经》译为 The Poems（诗），用汉语拼音和英文为八十一章添加了标题。译文每一章均配有释义或评论。

三　第三次高潮（1972—2013）

（1）1972 年，华裔汉学家冯家福（Feng Gia-fu）与其夫人英格里希（Jane English）联合在美国纽约出版了《老子〈道德经〉新译》⑥。该书 1989 年再版时雅各布·尼德曼为其撰写了"导论"，并对《道德经》中的"道"和"德"以及其他主要概念如"无""无为""阴与阳""隐""圣""王"等做了系统阐释。每章译文后都有

---

① Chu Ta-kao, *Tao Te Ching (a new translation)*, foreword by Lionel Giles, London: The Buddhist Society, 1945, p. 10.
② Lin Yutang, *The Wisdom of Laotse*, with an introduction and notes, New York: Random House, 1948.
③ Ibid., pp. xxviiii – xl.
④ Ibid., pp. 259 – 266.
⑤ Raymond Bernard Blakney, *The Way of Life: A New Translation of the Tao Te Ching*, New York: New American Library, 1955.
⑥ Feng Gia-fu & Jane English, *Tao Te Ching*, with an introduction and notes by Jacob Needleman, New York: Vintage Books, 1972.

下篇 《道德经》在西方的译介

"注释、评论和回应"（Notes, Comments, and Echoes）①。该书于1997年又进行了25周年纪念再版，英格里希为该书增添了非常多的图片和书法，使译本更具有艺术欣赏价值。

（2）1977年，美籍华人哲学家林振述（Paul J. Lin）在美国出版了《老子〈道德经〉及王弼注英译》②。译者在该书的"导论"中比较了不同的英译本，并指出由于对原文本的不同理解、不同断句读方式，或对同一汉字的不同读音导致多种理解，使得《道德经》英译中误译现象很多③。该译本按照王弼注本分为两个部分（第一至三十七章为Book One；第三十八至八十一章为Book Two），每章译文后配有注释说明。译者还在该书的附录部分提供了司马迁的《老子传》（The Collective Biography of Lao tzu by Ssu-ma Ch'ien）、何劭的《王弼传》（The Biography of Wang Pi by Ho Shao）和王弼注本与马王堆汉墓出土帛书本的主要区别（The Major Differences between Wang Pi's Edition and the Ma-Wang-Tui Edition A and B）。

（3）1979年，倪清和大师在美国加利福尼亚出版了《老子全书》英译本④。与其他译者不同的是，译者在该书中英译了老子的《道德经》和《化胡经》，在"导论"中译者介绍了这两本经书的影响，但译本没有注释和评论。

（4）1981年，美国著名作家本杰明·霍夫（Benjamin Hoff）在美国纽约出版了《生活之道：〈道德经〉之精髓》⑤。该书是《道德经》的摘译本，译者没有按原章节英译，只摘选了八十一章中的五十章内容，在选译之后，译者还为读者提供了"道之法则今用"讲解，介绍了《道德经》中的六个主要术语："源""朴""谷神""无为"

---

① Feng Gia-fu & Jane English, *Tao Te Ching*, with an introduction and notes by Jacob Needleman, New York: Vintage Books, 1972, pp. 85 – 103.
② Paul J. Lin, *A Translation of Lao Tzu's Tao Te Ching and Wang Pi's Commentary*, Ann Arbor: Center for Chinese Studies, University of Michigan, 1977.
③ Ibid., pp. ix – xxiv.
④ Ni Ching-Hua, *Complete Works of Lao Tzu: Tao The Ching and Hua Hu Ching*, California: The Shrine of the Eternal Breath of Tao, 1979.
⑤ Benjamin Hoff, *The Way to Life: At the Heart of the Tao Te Ching*, New York: Weatherhill, 1981.

第一章　西方译介《道德经》概述

"智"和"道"。

（5）1982年，香港著名翻译家刘殿爵（D. C. Lau）在香港中文大学出版了《中国经典〈道德经〉》①。译者在该书中为读者提供了两个译本，第一部分是王弼《老子注》的英译，第二部分是马王堆帛书本的英译。两部分都配有中文和对中文的注释。译者还在附录中还讲解了"作者的问题"和"文本的本质"。

（6）1985年，奥斯特·瓦尔德（H. G. Ostwald）在英国伦敦出版了《〈道德经〉：意义与生活之书》②。该书是1910年德国汉学家卫礼贤（Richard Wihelm）德语译本的英译。该书收录了1910年卫礼贤写于青岛的"前言"。译者在"导论"中介绍了《道德经》的作者、文本、历史背景、内容，而且还在译文后提供了几篇评论文章，包括"对老子教义的评论""论道的获得""处世智慧""国家与社会""老子以后的道家思想"。

（7）1988年，史蒂芬·米切尔（Stephen Mitchel）在美国纽约出版了《带前言和注释的〈道德经〉》③。译者在"前言"中谈到《道德经》书名的翻译时，认为可以译为"The Book of the Immanence of the Way"，或"The Book of the Way and of How It Manifests Itself in the World"，或"The Book of the Way"，但考虑到原中文名已被广泛接受，便仍采用了Tao Te Ching作为译本书名。"前言"中译者还介绍了该译本的翻译方法，其中提到在翻译过程中借鉴了《道德经》的十几种英译本、德译本和法译本，并以保罗·卡卢斯的译本为主要参照。译者还认为最诗意的、自由的翻译有时是最真实的，因此翻译过程使用了释义、阐释和解读等方法。

（8）1989年，陈张婉莘（Ellen Marie Chen）在美国纽约出版了

---

① D. C. Lau, *Chinese Classic Tao Te Ching*, Hong Kong：The Chinese University Press, 1982.

② Richard Wihelm, *Tao Te Ching：The Book of Meaning and Life* (1910), translated into English from German edition by H. G. Ostwald, London：Arkana, 1985.

③ Stephen Mitchell, *Tao Te Ching, with foreword and notes*, New York：Harper & Row, 1988.

《〈道德经〉新译评》①。在该书"《道德经》简介"中,译者介绍了"《道德经》的成书时间和作者""作为宗教文本的《道德经》"和"《道德经》的使用和翻译"。在"《道德经》译评"部分,译者不仅在每章英译后提供了总体评论(General Comment)和详细评论(Detailed Comment),还对中文关键术语提供了英译和拼音,便于读者理解。

(9) 1989年,韩禄伯(Robert G. Henricks)在美国纽约出版了《老子〈道德经〉:以新出土马王堆〈道德经〉帛书本为底本的注译与评论》②。该书在扉页部分提供了费正清和陈荣捷对该书的评价:"Professor Henrick's new volume has two special merits for the general reader. One is that he succinctly explains the most recent discoveries in texts of the famous classic by 'Lao-tzu.'... The second merit of the Henrick's translation is its sophistication and simplicity... [Mr. henrixk's] presents a version of each line which makes comparative sense out of phraseology that to some translators has seemed incomprehensible and inscrutable by John K. Fairbank."译者在"导论"部分介绍了"马王堆出土的《道德经》帛书本""马王堆《道德经》帛书本与其他《道德经》文本"以及"老子的哲学"。在译文之后,译者附有中文文本、译者的评论和注释。该书在1990年和1993年分别又在英国伦敦和美国纽约现代图书公司出版了新版本。

(10) 1990年,维克多·梅尔(Victor H. Mair)在美国纽约出版了《〈道德经〉:德与道之经典》③。该书的扉页上引用了三个国家的经典之语:古印度瑜伽文献《薄伽梵歌》最后一章的核心话语"The supreme perfection of actionlessness he attains through renunciation",出自《道德经》第十章的"专气致柔,能婴儿乎?"以及德国谚语"如果

---

① Ellen Marie Chen, *The Tao Te Ching*, *A New Translation with Commentary*, New York: Paragon House, 1989.
② Robert G. Henricks, *Te-Tao Ching*: *A New Translation Based on the Recent Discovered Mawang-tui Texts/Lao Tzu*, with an introduction and commentary, New York: Ballentine Books, 1989.
③ Victor H. Mair (tarns.), *Tao Te Ching*: *The Classic Book of Integrity and the Way*, annotated and with an afterword, New York: Bantam Books, 1990.

我们不在正确的道上，跑得快有什么用呢？（What is the use of running when we are not on the right way）"。译者还在该书"后记"中为读者介绍"老子真的存在吗？""《道德经》及其口传背景""《道德经》书名的意思及其核心术语""道家思想和瑜伽对比""翻译原则"等内容。

（11）1992年，迈克尔·拉法格（Micahel LaFargue）在美国纽约出版了《〈道德经〉之道：英译与评论》①。译者在该书中对《道德经》原文本做了重新安排，并在"前言：读这本书的方法"中进行了说明，为了便于读者查找原文本，译者在附录中做了章节对照表。译者还在附录"阐释：解读道德经的详尽方法"中介绍了《道德经》的成书背景，分析了老子的教诲、老子思想体系和八十五个核心术语。

（12）1993年，斯蒂芬·阿迪斯（Stephen Addiss）与斯丹利·隆巴杜（Stanley Lambardo）在美国出版了《〈道德经〉：老子》②。该书封面上引用了加里·斯奈德（Gary Snyder）对该译本的评价："毫无疑问，这是我读过的英译本中最好的。"伯顿·沃森为该书撰写了"导论"，介绍了"古代中国""百家争鸣"和"道德经"。译文之前，译者为读者提供了关于中国书法和汉语读音的主题信息，并在书后列出了《道德经》中的所有关键字词。除此之外，译者在每章的译文之后选出了代表该章精髓的关键词，以中、英文两种文字和汉语拼音形式列于页脚。

（13）1995年，布莱恩·沃克（Brian Browne Walke）在美国纽约出版了《老子〈道德经〉》③。译者在该书的"前言"中介绍了"道""德"以及关于老子的两种不同版本的传记。该书内容比较简单，译文既没有注释和评论，连参考文献也没有提供。

（14）1996年，比尔·波特（Bill Porter）在美国旧金山用笔名

---

① Micahel LaFargue, *The Tao of the Tao Te Ching: A Translation and Commentary*, New York: State University of New York Press, 1992.

② Stephen Addiss & Stanley Lambardo, *Tao te ching/Lao-Tzu*, Boston: Shambhala Publications, 1993.

③ Brian Browne Walker, *The Tao Te Ching of Lao Tzu*, New York: St. Martin's Press, 1995.

下篇 《道德经》在西方的译介

"赤松"（Red Pine）出版了《老子〈道德经〉及两千年间的评论精选》①。译者在"导论"部分对《道德经》的成书背景、版本发展等做了介绍。最具特色的是该书将《道德经》原文以竖排中文排列在左侧，英译排列在右侧，非常便于西方读者同时赏析原文和译文，每章都配有选自过去2000年以来中国历史上《道德经》的主要评论英译介绍。

（15）1997 年，厄休拉·吉恩（Ursula K. Le Guin）与西顿（J. P. Seaton）在美国波士顿出版了合译的《老子〈道德经〉：一本关于道以及道之力量的书》②。厄休拉在"导论"中提出，《道德经》"一部分是散文，一部分是诗歌"③。译者在"关于此译本"一节中介绍到："该书并非译本，而是解读。我不懂汉语，全靠1898年卡卢斯的《道德经》译本才了解了文本。"④

（16）1998 年，约瑟夫·佩特拉（Joseph Petulla）在美国纽约出版了《〈道德经〉与基督教之道：新译》⑤。译者从基督教的角度将该书分为两部分："《道德经》与基督教之道"和"《道德经》与基督教教义"。译者还为每章译文添加了标题，译文之后还进行了基督教思维下的《道德经》思想解读，为西方读者介绍了道家思想和基督教思想的异同。在"前言"中译者还提到，《道德经》的英译本中有两本具有明显的基督教思想影响，即1944年的宾纳译本和1955年的布兰克利译本⑥。

（17）1999 年，托马斯·柯立瑞（Thomas Cleary）在美国波士顿出版了《道家经典》第一卷⑦。该书中收录了《道德经》《庄子》

---

① Red Pine, *Lao Tzu's Taoteching*, with selected commentaries of the past 2000 years, San Francisco: Mercury House, 1996.
② Ursula K. Le Guin & J. P. Seaton, *Tao Te Ching: A Book about the Way and the Power of the Away*, a new English version, Boston: Shambhala, 1997.
③ Ibid., p. ix.
④ Ibid., p. 107.
⑤ Joseph Petulla, *The Tao Te Ching and the Christian Way: A New English Version*, New York: Orbis Books, 1998.
⑥ Ibid., p. vi.
⑦ Thomas Cleary, *The Taoist Classics*, Vol. 1, Boston: Shambhala, 1999.

《文子》(Wen-tzu)、《领导与策略之书》(The Book of Leadership and Strategy) 以及《性、健康与长寿》(Sex, Health, and Long Life) 五个文本的英译。书中对道家思想的历史背景和大部分章节都做了解释说明。

（18）1999年，理查德·林恩（Richard John Lynn）在美国哥伦比亚大学出版社出版了《道与德之经典：王弼〈老子注〉新译》①。译者在"导论"中介绍了"《道德经》""王弼""王弼论著""译者之言"，而且译者还英译了王弼的《老子概略》(Outline Introduction to the Laozi, by Wang Bi)。译文的每章配有译者的注释以及对老子观点和王弼注本的解释。

（19）2000年，戴维·亨顿（David Hinton）在美国纽约出版了英译的《道德经》②。译者将译文分为"道经"（Tao Ching）和"德经"（Te Ching）两部分，并在"导言"中从中国历史背景介绍了老子思想的演变。译文之后译者还提供了老子主要思想和术语的注释。

（20）2000年，保罗·卡卢斯（Paul Carus）在美国纽约出版了《老子的教导：〈道德经〉》③。译者在译文前提供了"出版商注释""导论""初版本前言""初版本导论""司马迁论老子"。译者还为译文每章添加了标题，并在每章译文后进行了注释。

（21）同年，韩禄伯（Robert G. Henricks）在美国哥伦比亚大学出版社出版了《老子〈道德经〉：以郭店新近出土的令人惊异的文本为底本的英译》④。该书具有鲜明的学术研究特点，译者在"导论"中介绍了"郭店楚墓发掘地点时间""墓中出土的文本""老子ABC""标点及章节划分问题""有趣的个例：第十九、三十和六十三章""竹简《老子》的哲学""结语：何谓'竹简《老子》'"。另外，译者还提供了三个附录："司马迁的《老子传》""马王堆《道德经》

---

① Richard John Lynn, *The Classic of the Way and Virtue: A New Translation of the Tao-te Ching of Lao Zi as Interpreted by Wang Bi*, New York: Columbia University Press, 1999.

② David Hinton, *Tao-te Ching*, New York: Counterpoint, 2000.

③ Paul Carus, *The Teachings of Lao-Tzu: The Tao Te Ching*, New York: Thomas Dunne Books, 2000.

④ Robert G. Henricks, *Laotzu's Tao Te Ching: A Translation of the Startling New Documents Found at Guodian*, New York: Columbia University Press, 2000.

帛书本 A 本、B 本与王弼《老子注》的对比"和"标点符号和章节划定"。

（22）2001 年，莫斯·罗伯茨（Moss Robert）在美国加利福尼亚大学出版社出版了《老子〈道德经〉：道之书》[①]。译者在"导论"中介绍了"《道德经》的书名及文本""老子与孔子""老子时代的中国""儒家、道家及其遗产"，并在译文之后的注释中对"导论"和八十一章的内容做了补充说明。

（23）同年，乔纳森·斯塔尔（Jonathan Star）在美国纽约出版了《〈道德经〉：终极版》[②]。奥古斯特·戈尔德为该书撰写了简短的"导论"，对斯塔尔的译文给予了高度赞扬，认为其"与原文意思很接近，但更有深度，因为译文具有及时抓住你的生活并将其用之于生活的能力"[③]。

（24）2002 年，菲利普·艾凡赫（Philip J. Ivanhoe）在美国纽约出版了《老子〈道德经〉》[④]。译者在该书附录部分提供了《道德经》第一章的八个英译本，并逐行对比了汉语和英译。

（25）2003 年，鲁道夫·瓦格纳（Rudolf Wagner）在美国纽约州立大学出版社出版了《〈道德经〉的中国式解读：王弼〈老子注〉》[⑤]。该书最大特点是除了译文之外译者还提供了丰富的《老子注》的相关信息，包括："王弼对《老子》的校注""王弼《老子注》的宣传与传播""王弼《老子微指略例》：文学的哲学研究与翻译""对王弼《老子注》文本的重新构建与批评""对王弼《老子注》的翻译"。而且，译者还在译文后提供了长达 111 页的译文注释。

（26）同年，安乐哲（Roger T. Ames）与戴维·霍尔（David L. Hall）在美国纽约出版了合译的《〈道德经〉的哲学阐释：让今生

[①] Moss Robert, *Lao Zi Dao De Jing: The Book of the Way*, Berkeley: University of California Press, 2001.

[②] Jonathan Star, *Tao Te Ching: The Definitive Edition*, New York: Jeremy Tarcher, 2001.

[③] Ibid., pp. xiv – xv.

[④] Philip J. Ivanhoe, *The Daodejing of Lao Zi*, New York: Seven Bridge Press, 2002.

[⑤] Rudolf Wagner, *A Chinese Reading of the Daodejing: Wangbi's Commentary on the Laozi with Critical Text and Translation*, New York: State University of New York Press, 2003.

有意义》①。该书的扉页引用了《道德经》第八十一章的内容。译者在译文前为读者提供了丰富的背景知识，包括"历史的导论：历史语境""《道德经》的本质与应用""哲学的导论：相关宇宙学——对语境的解读"（其中涵盖了九个主题）、"《道德经》关键术语"及"翻译简介"。译文后还附录了《太一生水》的英译。

（27）黄继忠也于同年在美国加利福尼亚出版了《〈道德经〉：带导论、注释和评论的英译》②。译者在"序言"中为读者介绍了"司马迁的《老子传》"和"马王堆《老子》帛书本"。译文每一章均配有注释和评论，附录为"马王堆汉墓出土《老子》：甲本和乙本"。

（28）2004年，尼娜科里亚（Nina Correa）在自己制作的网站Daoisopen上发表了英译《道德经》③全文，译者不仅在译文后提供了评析（Commentary），解读每章中老子思想在现代社会的启示，最具特色的是，还在评析之后又为读者进行了第二次阐释性翻译（Alternate translation），语言更为通俗易懂，但内容已经脱离于原文。

（29）2007年，汉斯·穆勒（Hans Georg Moeller）在美国出版了《〈道德经〉：新译本》④。译者在"导论"中讨论了"玄""门与窗""无与有"等一些概念，而且在附录部分提供了《道德经》不同译本的介绍，尤其对比了第十九章的译文。

（30）同年，史蒂芬·阿迪斯（Stephen Addis）和斯坦利·拉姆巴（Stanley Lombardo）在美国波士顿出版了合译的《老子〈道德经〉》⑤。伯顿·沃森为该书撰写了"导论"。译者在"译者前言"中介绍了该译本与其他译本的四个不同方面，包括采用翻译而不是解释

---

① Roger T. Ames and David L. Hall, *Dao De Jing "Making This Life Significant": A Philosophical Translation*, New York: Ballantine Books, 2003.

② Huang Chichung, *Tao Te Ching: A Literal Translation with an Introduction, Notes and Commentary*, California: Asian Humanities Press, 2003.

③ Nina Correa, *Dao De Jing (The Path of Love and Happiness)*, http://www.daoisopen.com/BYNina.html.

④ Hans-Georg Moeller, *Dao De Jing: The New, Highly Readable Translation of the Life-changing Scripture Formerly Known as the Tao Te Ching*, Caru Publishing Company, 2007.

⑤ Stephen Addis and Stanley Lombardo, *Tao Te Ching*, Boston: Shambhala Publications, 2007.

的方法、尽量保留原文意味、避免使用有性别之分的人称代词、直译每章的关键句并配以原文汉字。

（31）2008年，许约翰（Joseph Hsu）在美国出版了《〈道德经〉：文学评论性译本》①。译者在"导论"中介绍了《道德经》在世界范围的译介，并提出在翻译过程中汉语失去了大部分的优美、简洁以及丰富的表现力，同时评价了《道德经》的主要英译本，认为"林语堂的译本'雅致'；宾纳的译本堪称完美；韩禄伯译本是杰出的'学院派'作品"②。另外，译者还特意将每章汉语原文安排在左侧，右侧为英译，文后配以译者的解读和注释。

（32）2008年，韦恩·戴尔（Wayne W. Dyer）在美国纽约出版了《体验道之智慧：〈道德经〉全译及评价》③。译者不仅在"导论"中对《道德经》做了简短介绍，而且在"作者的说明"中进一步说明了自己在翻译过程中如何借鉴了乔纳森·斯塔尔的《道德经》译本，其中二十一章采用了斯塔尔的译文。

（33）2009年，陈汉生（Chad Hansen）在英国伦敦出版了插图本《〈道德经〉：论和谐之艺术》④。译者在"导论"中为读者提供了"寻找老子""古代中国哲学""老子《道德经》""道家思想核心概念"等22个主题讨论。译文每章都增添了篇名，而且在译文后配以"章节评论"补充各章节的理解。

（34）2010年，威廉·斯科特·威尔森（William Scott Wilson）在日本东京出版了《〈道德经〉：全新译本》⑤。译者在"导言"中介绍了"历史背景""老子与其书""翻译""道家关键术语""永生的哲学""幽默"等信息，译文分为"道"（第一章至第三十七章）和

---

① Joseph Hsu, Daodejing: *A Literal-Critical Translation*, Maryland: University Press of America, 2008.

② Ibid., p. xvi.

③ Wayne W. Dyer, *Living the Wisdom of the Tao: The Complete Tao Te Ching and Affirmations*, New York: Hay House, 2008.

④ Chad Hansen, *Tao Te Ching: On the Art of Harmony: The New Illustrated Edition of the Chinese Philosophical Masterpiece*, London: Duncan Baird Publishers, 2009.

⑤ William Scott Wilson, *Tao Te Ching: A All-New Translation*, Tokyo: Kodansha International, 2010.

"德"(第三十八章至第八十一章)两部分。该书的附录部分是译者撰写的两篇文章"道家与禅"和"道德经与武术",同时也在书后提供了全书的注释。由于译者对日本传统文化有深入研究,该书中多处出现译者将道家文化与日本文化进行比较。

(35) 2011年,斯蒂芬·斯滕鲁德(Stefan Stenudd)在瑞典出版了《〈道德经〉:老子对道的解读》[1]。译者不仅为每章添加了标题,提供了译者的解读,而且在"文献"中还梳理了25个《道德经》译本,包括21个英译本。

(36) 2013年,美国郡礼大学教授顾史考(Scott Cook)的著作《郭店楚简综合研究与英译》(*The Bamboo Text of Guodian: A Study and Complete Translation*)[2] 由美国康奈尔大学东亚系列出版社出版。该书对郭店楚简进行综合性的研究,并采用集释体对其各篇订立释文、注释及英译。该书涉及了该发现的性质、郭店楚墓的断代、楚简与楚文字的特征、解读楚简文本的难题与原则等问题,对于学者重视的"思孟学派"等问题均有辨析、讨论。总页数共1200页。该书为郭店楚简的首部英译全本。第一册包括总体导论及对《老子》甲乙丙、《太一生水》《缁衣》《鲁穆公问子思》《穷达以时》《五行》《唐虞之道》及《忠信之道》各篇的导论及译注;第二册则包括对《成之》《尊德义》《性自命出》《六德》及《语丛》——四等篇的导论及译注,以及《老子异文对照表》等附录。

---

[1] Stefan Stenudd, *Tao Te Ching: The Taoism of Lao Tzu Explained*, Sweden, 2011.
[2] Scott Cook, *The Bamboo Text of Guodian: A Study and Complete Translation*, Cornell Univ East Asia Program, 2013.

第二章 《道德经》版本的选择

《道德经》版本问题可以说是《道德经》独有的现象,据统计,清代之前,《道德经》版本有 103 种之多。古书在上千年的传抄、刻印过程中难免出现错误,迄今为止,校订本共三千多种。目前,学术界较为重视的版本,是王弼的版本,长沙马王堆出土的两个抄本,称为帛书甲本、乙本。帛书《道德经》,早王弼本 400 余年,近些年许多学者推崇帛书,但甲本缺字 1400,乙本缺字 600。我们今天所能见到的最早的《道德经》版本,是在湖北荆门郭店楚墓中出土的战国竹简本。历史上流传最广的版本是汉代河上公注本和曹魏王弼注本。其他重要的版本还有西汉严遵注本、唐代傅奕所校古本、唐代所刻《道德经》石幢等。在西方汉学家翻译《道德经》的过程中,参阅中国历史上《道德经》的经典注疏是理解老子思想和主要概念必不可少的一环节,这些注解直接影响了译者对文本的解读角度和诠释方法。

一 韩禄伯译本:郭店《道德经》竹简本

韩禄伯在 2000 年出版的《老子〈道德经〉:以郭店新近出土的令人惊异的文本为底本的英译》中的"导论"[①] 从多个方面介绍了郭店楚墓出土的竹简《老子》,其中包括:"郭店楚墓发掘地点与时间"

---

① Robert G. Henricks, *Lautzu's Tao Te Ching: A Translation of the Startling New Documents Found at Guodian*, New York: Columbia University Press, 2000, pp. 4 – 24.

"标点与章节划分问题""有趣的个案：第十九、三十、六十三章""竹简《老子》的哲学""结束语：何谓'竹简《老子》'"。译者将英译的《老子》分为了甲、乙、丙三部分，还提供了三个附录："司马迁著《老子传》""逐行对比马王堆汉墓出土帛书本甲、乙本与王弼《老子注》""标点符号和章节的划分"。

首先，韩禄伯在译本的"导论"中说明了郭店竹简本《道德经》的章节划分问题。一是他提出，郭店竹简本中的"完整章节"与后来的版本在内容和长度上基本没什么差别，包括第二、九、十三、十九、二十五、三十五、三十七、四十、四十一、四十四、五十四、五十五、五十六、五十七、五十九和六十六章，共十六个章节。但是，如果考虑到郭店竹简本中仅包含老子《道德经》八十一章中的三十一章内容的话，这些"完整章节"就没有多大意义了。二是那些比后来版本稍短的章节，包括第十五、三十、三十一、四十五、四十六和四十八章，一般在每章的开始或结尾与后来版本出现了不一致。而由于第十五、四十五章的标点符号问题，诗行的主体部分也有所不同。后来的版本中某些章节比郭店竹简本增加了不少内容。如第五章，竹简本首行是"天地之间，其犹橐龠乎"，而后来的版本在此之前还有四行，其后还有两行。《道德经》乙本中第五十二章仅有两行"塞其兑，闭其门"，而后来的版本在前面还有四行，后面有两行。郭店竹简本的第六十四章分为了两章出现在《道德经》甲本和丙本中，而第十七和十八章又显然应该是一章的内容，却分为两章。

其次，韩禄伯在"导论"的"竹简本《道德经》的哲学"（The Philosophy of the Bamboo Slip Laozi）[1] 部分归纳了五个老子哲学思想在竹简本中的章节分配，如"无为"思想在郭店竹简本中的六个章节有所体现；体现"无事"思想的有两章；体现"朴"思想的有六章；体现"知足"思想的有两章；体现"知耻"思想的有两章。虽然《道德经》的主要哲学思想在竹简本中得到了保存，但韩禄伯注意到了有些思想和概念还是出现了缺失，主要包括六个方面：第一，论

---

[1] Robert G. Henricks, *Lautzu's Tao Te Ching: A Translation of the Startling New Documents Found at Guodian*, New York: Columbia University Press, 2000, pp. 17–19.

"道"的八个章节中,竹简本中只保留了一章(第二十五章),其余七章(第一、四、六、十四、三十四、五十一和五十二章)均未收录。第二,竹简本完全疏漏了论"一"的五个章节(第十、十四、二十二、三十九和四十二章)。第三,论"天道"的章节在竹简本中只保留了第九章,而其余第四十七、七十三、七十七、七十八和七十九章都未收录。第四,由于竹简本缺失了第六十六章以后的章节,因此,"反对贵族阶层"的第七十二、七十五、七十九、八十和八十一章也就在郭店竹简本中完全缺失。第五,讨论"女性的水特征"章节(第八、三十四、四十三和七十八章)在竹简本缺失;讨论"女性柔弱"的章节(第二十八、三十六、四十三、六十一、七十六和七十八章)也在竹简本中缺失。第六,将"道"比作"母"的章节在竹简本中只保留了第二十五和二十九章,其余第十六、二十、五十二章缺失。

另外,韩禄伯在"导论"的"有趣的个案"(Interesting Cases: Chapters 19, 30, and 63)①一节中,逐一分析了第十九、三十和六十三章在竹简本中的特殊现象。他指出,第十九章在竹简本中具有非常重要的地位,第二十章的第一行"绝学无忧"与第十九章的第九和第十行一样,字数都是四个,语法模式也一样是动—宾动—宾结构。但是竹简本中,第十行后紧随的是第六十六章,"绝学无忧"却出现在《道德经》乙本第三,即第二十章的首行。②韩禄伯还观察到竹简本的另一个关键问题,在第十九章中没有出现儒家倡导的"圣""仁""义"思想,如第一行"绝圣弃智"的"圣"字在郭店竹简本中为"辩"字;第三行的"仁""义"字在竹简本中为"伪"和"诈";第七行中的"文"字在竹简本中是"使",因此,韩伯禄认为这些差异让人感觉有些"反儒家思想"③。

竹简本第三十章只有九行,比后来的版本要少得多,韩禄伯指

---

① Robert G. Henricks, *Lautzu's Tao Te Ching: A Translation of the Startling New Documents Found at Guodian*, New York: Columbia University Press, 2000, pp. 11 – 17.
② Ibid., p. 12.
③ Ibid., p. 13.

出,这章的形式很像"梗概"和"骨架",只涵盖了主要的思想。①因此,他在英译中以斜体字体添加了缺失的部分。如第二行"Does not desire to use weapons to force his way through the land."(不欲以兵强于天下)之后,补充了"Such things easily rebound. In places where armies are stationed, thorns and brambles will grow, Great wars are always followed by famines."(其事好还。师之所处,荆棘生焉。大军之后,必有凶年)。第九行"Such deeds are good and endure."(其事好长)之后,补充了"When things reach their prime, they get old; We call this 'not the Way'. What is not the Way will come to an early end."(物壮则老,是谓不道,不道早已。)②

韩禄伯还发现,竹简本第六十三章共有六行,比后来的版本少了九行,仅保存了前三行和最后两行,合并了第四和十三行,"大小多少"和"多易必多难"合并为"大小之多易比多难"。这种明显的缺失可能是誊抄时由于粗心而导致,漏掉了该章主要的一枚或两枚竹简,因为"大小"两字正巧在一枚竹简的最后位置,而"多易必多难"也恰巧在另一枚竹简的开头位置,因此有可能漏掉了中间的竹简部分。③ 韩禄伯还提到,本章缺失的第五行"以怨报德"常被用来作为《道德经》存在于孔子时代的依据,但是并不能用来证明"以怨报德"最早出现在《道德经》第六十三章。④

二 安乐哲译本:帛书本《道德经》

安乐哲与戴维·霍尔合译的《〈道德经〉的哲学阐释:让今生有意义》是以1973年马王堆汉墓出土的《道德经》帛书本为底本的英译,译者分别在"前言""翻译简介"和"附录"中对《道德经》竹简本丙本的《太一生水》进行了多次解读,并且在第三十七章的

---

① Robert G. Henricks, *Lautzu's Tao Te Ching: A Translation of the Startling New Documents Found at Guodian*, New York: Columbia University Press, 2000, p. 15.
② Ibid..
③ Ibid..
④ Ibid., p. 17.

下篇 《道德经》在西方的译介

中文后附有"道 二千四百廿六",第七十九章后附有"德 三千四一"字样,表明"道"和"德"两部分的字数。

在该书的"前言与致谢"部分,安乐哲提到了竹简本中的《太一生水》,认为这一文本使用了与《道德经》类似的词汇讨论了道家的宇宙观,并以之前不太可能的方式使我们了解了《道德经》的各章,因此,它可以算作对《道德经》最重要的补充。[1]译者还特意在附录中提供了这一文本的英译"The Great One Gives Birth to the Waters"(《太一生水》),并在"导论"中描述了记录这一文本的十四枚竹简特征:从外表看,竹简的长度、捆绳的标记、总体外观、书法风格都和《道德经》丙本的其他竹简没有什么不同。[2]另外,安乐哲在解决《太一生水》与《道德经》丙本之间的关系问题中发现了一个有趣现象,《太一生水》出现在《道德经》丙本的七个单元之中,紧跟在第六十四章的第二部分之后,并以"是以圣人……能辅万物之自然而弗敢为"结尾。最后这几句表明,在道家的宇宙观中,即使是最明智、最有成就的人也只能是辅助道的,这个道中的万物舒展,他们不会想去干涉事物的自然状态的。[3]随后,安乐哲借用刘殿爵的观点,认为在古代典籍中,保持文本一致性的常见办法就是重复使用某些汉字。实际上,我们可以用此汉字关联的方法将《老子》丙本的七个单元串联起来。第六十四章出现的"辅"字在《太一生水》的首段就使用了八次。而且,第六十四章的第二部分是唯一在竹简本的甲本和乙本中出现了两次的文本。不同的是,甲本中描写圣人的沉默能够超越宇宙之自然的语句,"是以圣人能辅万物之自然而弗敢为"这句话从内涵上来理解是存在矛盾的。[4]

安乐哲还指出,即使《太一生水》不是《道德经》的组成部分,它至少也是第六十四章的解释性评论。《太一生水》的重要性在于它清晰地告诉我们如何理解道家的宇宙哲学,它也是最早记录中国人宇

---

[1] Roger T. Ames and David L. Hall (trans.), *Dao De Jing "Making This Life Significant": A Philosophical Translation*, New York: Ballantine Books, 2003, pp. ix – x.
[2] Ibid., p. 225.
[3] Ibid.
[4] Ibid., p. 226.

宙观的文本。它不仅有助于我们理解《道德经》（尤其第二十五、三十九、四十二、五十一和五十二章）中论述的宇宙观，也与这些章节的语言形成了鲜明的共鸣。①

---

① Roger T. Ames and David L. Hall (trans.), *Dao De Jing "Making This Life Significant": A Philosophical Translation*, New York：Ballantine Books, 2003, p. 226.

第三章　解读道家核心术语

在道家思想的形成和发展过程中，老子提出的"道""德""无为""名""自然"等诸多哲学概念构成了老子哲学思想不可或缺的部分，如使用最频繁的关键概念"道"在《道德经》八十一章中有三十七章曾经提到，累计出现了74次；"德"字也在其中的十六章中出现了41处。这些代表性术语是理解老子思想必不可少的途径，在漫长的《道德经》西传过程中，西方译者不仅要直接翻译这些概念，而且还尝试利用不同形式来表达自己的理解，纵观西方世界的各种《道德经》英译本，超过一半的译者都在译本的"序言""导言"或专设主题对老子思想中的关键概念进行解读，通过这些资料，我们可以全面了解西方汉学家和翻译家在翻译《道德经》过程中对中国古代哲学思想的理解特点。

一　术语的选择

较早在译本中对《道德经》关键术语和概念进行解读的要算弗雷德里克·巴尔弗，他在1884年出版的《道家伦理的、政治的及思辨的经典》"导论"中主要对"道"和"无为"作了解读。他认为，把"道"翻译为"reason"或"way"都不合适，无法准确表达其中的意思，如果把"道"翻译为"Nature"或"Principle of Nature"会更准确。另外，他认为"无为"可以根据不同情况翻译为"non-exertion"、"not-doing"、"inertia"、"absolute inaction"或"masterly inactivity"，但是在《道德经》中这个词应该理解为"non-interference"，它可以理解为是这个世界上不容易习得的，但聪明的、有远见的策略①。

阐释老子思想核心术语最多的译本要属迈克尔·拉法格1992年出版的《〈道德经〉之道：英译与评论》②，译者在译文后列出了八十五个"Topical Glossary"（核心术语），并提供了或详或略的阐释，包括《道德经》中出现频繁的词汇，如："Benefits"（利）、"Ch'i"（气）、"Cosmic"（宇宙）、"Desire"（欲）、"Doing（Working）"（为）、"Empty"（空）、"Harmony"（和）、"Heaven"（天）、"Mother"（母）、"Name"（名）、"Natural"（自然）、"Nothing"（无）、"Softness/Weakness"（柔）、"Still"（静）、"Tao"（道）、"Te"（德）、"Thing"（物）、"Uncarved block"（朴）、"Wise Person"（圣人）、"Yin and Yang"（阴阳）等。

陈汉生在其插图本《道德经：论和谐之艺术》③的"导论"中介绍了《道德经》的二十二个术语概念，每个术语均配以汉字、拼音及英文：道 Dao（Guide, Way）；大道 Da-dao（Great Dao）；天道 Tian-dao（Natural Dao）；天 Tian（Nature, Sky）；天地 Tian-di（Heaven and Earth）；天下 Tian-xia（Below-heaven）；为 Wei（Deem, Do）；知 Zhi（Know）；明 Ming（Discern）；圣人 Sheng-ren（Sages）；善 Shan（Good-at）；德 De（Virtuosity）；万物 Wan-wu（10,000 thing-kinds）；器 Qi（Utensil, Implement）；气 Qi（Life-force）；名 Ming（Names）；自然 Zi-ran（Self-so）；有无 You-wu（Exist-not exist）。

萨姆·哈米尔在《〈道德经〉新译》④中采用了最为独特的方式对《道德经》中的十七个核心术语进行了解读，译本中的中文术语

---

① "Here the formula wu wei must be translated 'non-interference' —that wise and farsighted policy the world is so slow to learn." Frederic Henry Balfour（trans.）, *Toist Texts, Political and Speculative*, Shanghai: Kelly & Wlash, 1884, p. v.

② Micahel LaFargue, *The Tao of the Tao Te Ching: A Translation and Commentary*, Albany, New York: State University of New York Press, 1992.

③ Chad Hansen（trans.）, *Tao Te Ching: On the Art of Harmony: The New Illustrated Edition of the Chinese Philosophical Masterpiece*, London: Duncan Baird Publishers, 2009.

④ Sam Hamill（trans.）, *Tao Te Ching: A New Translation*, Boston: Shambhala, 2005.

下篇 《道德经》在西方的译介

为日本著名书法家棚桥一晃所写，译者对术语的解读深入汉字的字形结构和字面意思，每个术语均给出了多种语义的翻译，如："道（Tao, way, path, road）""天（Heaven, great, noble, big, very, sky, paradise）""气（breath, vital force, power, atmosphere, air）""虚（emptiness, false, untrue, vacant, insubstantial, abstract）""德（all-inclusive power, power, virtue）""地（earth, soil, place, territory, locale, position）""不（not, neither, to oppose）""器（weapons, utensils）""动（motion, to start, to excite, to move, to rouse, to take action）""成（perfection, completion, success, finished）""圣人（shen jen, sage）""治（govern, to cure, to heal, to distinguish）""为（do, to grasp）""古（ancient, old）""知（understand, to perceive, to know, to comprehend）""民（people）""和（harmonize, peace, conciliation）"。

安乐哲在 2003 年出版的《〈道德经〉的哲学阐释：让今生有意义》①中"关键术语"一部分对《道德经》中十七个概念进行了或简或详的介绍，其中包括：道（dao）、和（he）、静（jing）、明（ming）、气（qi）、天（tian）、万物（wanwu）、无名（wuming）、无为（wuwei）、无心（wuxin）、无欲（wuyu）、无争（wuzheng）、无知（wuzhi）、心（xin）、自然（ziran）。

保罗·卡卢斯在《老子〈道德经〉》的"导论"中评论老子的十五个代表性概念：Tao（道）、Chiun（君）、Teh（德）、Wei wu wei（为无为）、Requite Hatred with Goodness（报怨以德）、Simplicity（朴）、Emptiness（空）、Rest and Peace（和平）、Silence（不言）、Tenderness and Weakness（柔弱）、Compassion（慈）、Lowliness or Humility（下）、Thrift（俭）、Return Home to Tao（返）、Heaven's Impartiality（天道无亲）②。

---

① Roger T. Ames and David L. Hall (trans.), *Dao De Jing "Making This Life Significant": A Philosophical Translation*, New York: Ballantine Books, 2001.

② Pau Carus (trans.), *The Canon of Reason and Virtue. Being Lao-tze's Tao The King*, Chicago: The Open Court Publishing Company, 1898, pp. 13–22.

布兰克利在《生活之道：〈道德经〉新译》①的"导论"中重点介绍了《道德经》的十个核心概念："道"（Tao）、"德"（Te）、"为无为"（Wei wu wei）、"自然"（Tzu-jan）、"朴"（P'o）、"不恃"（Pu Shih）、"无名"（Wu ming）、"爱"（Ai）、"圣人"（Sheng jen）、"天"（Tien）。

本杰明·霍夫在《生活之道：〈道德经〉之精髓》②中"道之法则今用"一章详细阐释了《道德经》中的六个关键词："The Source"（源头）、"The Uncarved Block"（朴）、"The Spirit of the Valley"（谷神）、"Wu Wei"（无为）、"Tz'u"（智）、"The Way"（道）。

赫里蒙·莫勒在《众道之道》的第一章"经之现在性"③中对《道德经》的六个核心术语进行了解读，包括"The First Dropout"（最早的离经叛道者）、"The Failure of Success"（成功中的失败）、"Nothing-Doing"（无为）；"Nothing-Knowing"（无知）、"Nothing-Wanting"（无欲）、"The Success of Failure"（失败中的成功）。

维克多·梅尔在《〈道德经〉：德与道之经典》④的"后记"为读者提供了"标题与核心术语解析"，其中涵盖了《道德经》中的九个术语："The Way"（道）、"Integrity"（德）、"Classic（Ching）"（经）、"Vital Breath"（气）、"Being, Nonbeing (Yu, Wu)"（有、无）、"Nonaction (Wu-wei)"（无为）、"Unhewn Log (P'u)"（朴）、"Reversal, Return, Renewal (Fan, Kuei, Fu)"（反、返、复）、"Nature (Tzu-jan)"（自然）。

黄继忠在《道德经：带导论、注释和评论的英译》⑤中的"注释

---

① Raymond Bernard Blankney (trans.), *The Way of Life: A New Translation of the Tao Te Ching*, New York: New American Library, 1955.
② Benjamin Hoff, *The Way to Life: At the Heart of the Tao Te Ching*, New York: Weatherhill, 1981.
③ Herrymon Maurer (trans.), *Tao: The Way of the Ways*, New York: Schocken Books, 1982, pp. 1–42.
④ Victor H. Mair (trans.). *Tao Te Ching: The Classic Book of Integrity and the Way*, an entirely new translation based on the recently discovered Ma-Wang-Tui manuscripts, annotated and with an afterword, New York: Bantam Books, 1990.
⑤ Huang Chichung. *Tao Te Ching: A Literal Translation with an Introduction, Notes and Commentary*, California: Asian Humanities Press, 2003.

和评论"部分对《道德经》中每章出现的主要术语做了详尽的补充,如根据《说文解字》理解了"玄"的定义以及老子哲学被称为"玄学"的由来;分析了在治理国家上"无为"的含义;解读了"行不言之教"和"不言而善应"中"无言"的意思;讨论了人们对"天地不仁"中"不仁"的误读;分析了第十九章中的"朴";对比了帛书本甲本和乙本中"恬淡"的不同解读;从《道德经》语境理解"自化"中"化"的特殊意思;从"双关"修辞手法解读了"心"。

二 "道"的解读

在中国传统哲学概念中,《道德经》之"道"可以看作具有中国文化特色的基本核心概念的代表。在众多的译本中,译者花费大量文笔和篇幅对老子哲学体系中的基本概念进行阐释和解读,其中吸引西方译者最多目光的就是《道德经》的"道",这个核心概念不仅是理解老子哲学思想的基础,也是西方译者赋予最多样性解读的抽象概念。在早期《道德经》的英译本中,对"道"的副文本解读和注释反映了不同身份译者译经的目的,寄望传达博大精深的哲学理念。这种深度翻译的模式通常选择"序言评注""语法注释"和"语义注释"等方法疏通文义或解读异国文化,虽然译本中出现了不同程度的误读和误译,但他们的学术价值和历史地位在研究西方世界对《道德经》的接受过程中仍是不可忽视的。

1. 不可译的"道"

1868年,约翰·查莫斯出版了《对古代哲学家老子关于形而上学、政体及道德的思考》,在译文前的"导论"中他认为,最好将《道德经》中的"道"保留不译,原因有两个:第一,"道"是道家学派的名字;第二,英语中没有词汇与"道"完全等同。虽然有三个词与其相似,即"the Way""Reason"和"the Word",但都受到较多的反驳。如果从词源上来看,"the Way"与"道"的本意最接近,甚至在某些章节中,"道"似乎包含了"Reason"的意思,但如果这样去理解的话,翻译就太功利了。就"逻各斯"(Logos)而言,查莫斯更情愿将其翻译成"the Word",尤其在讨论《新约》的"逻各斯"与"道"之间的相似性时更适合。①

弗雷德里克·巴尔弗在1884年出版的《道家伦理的、政治的以及思辨的经典》中表示,"道"这个字在某些情形下或许可以恰当地翻译成"reason",因为这个词更具有《圣经新约》中"启示录"的执笔者使徒约翰的风格。如果将其翻译为"way",可能在词源学和哲学上更具有依据。但巴尔弗认为,这两种翻译都不能真实、准确地表达出"道"这个字最难的蕴涵。如果用数学上的代数概念来表示的话,"道"就是x,或是要去探寻的那个未知的量。那么,首先要弄清楚这个神秘的东西究竟预示的是什么,应该怎么描述它,它有什么属性,它有什么功能。然后,就会发现当我们找到了这些问题的答案后,要给它取个名字,而很多布道者认为这个答案是不可命名的。②

英国著名汉学家詹姆斯·理雅各的英译《道德经》被西方宗教学奠基人缪勒(Max Müller)编入《东方圣书》(*The Sacred Books of the East*),其中长达44页的导言全面展示了理雅各如何借助自己的信仰背景来解读《道德经》。虽然他有时在括号中使用"Way or Method"来解释"大道",但在整个译文中,他并未使用已有的任何概念,却只用了一个"the Tao"来翻译这个用任何一个认识论的概念都无法充分解读的"道",如他所说:"'道'的最佳翻译方式,就是将其移植到译文中,而不是去再寻找一个与之相当的英文。"③

2."上帝"功能的"道"

亚历山大在其《伟大的思想家老子以及对他关于自然和上帝之表现观的英译》一书的前言中,对"道"的理解做了详细的阐释。他认为,自己英译《道德经》的主要原因在于之前的译本对"道"的理解都是错误的,很容易让人们认为,《道德经》的目标在于以"道"的名义重建一种信仰,这种信仰已经日趋微弱、模糊不清了。

---

① John Chalmers (trans.), *The Speculations on Metaphysics, Polity and Morality of "the Old Philosopher", Lao-Tsze*, London: Trubner & Co., 1868, p. vii.

② Frederic Henry Balfour (trans.), *Taoist Text, Ethical, Political and Speculative*, Shanghai: Kelly & Walsh, 1884, pp. i – ii.

③ James Legge (trans.), *The Sacred Books of China: the Texts of Taosim*, Oxford: The Clarendon Press, 1879, p. 61.

下篇 《道德经》在西方的译介

译本中，没有像之前的译者只用拼音"Tao"来翻译"道"，亚历山大将其翻译为"God"，并解释说，尽管这么做会使自己受到非常严肃的批评，但这么做是经过了深思熟虑的。他发现之前各种对"道"的翻译都没有准确表达出这个字的含义，偏离了老子赋予"道"的意义。亚历山大认为，"道"不仅是《道德经》中一部分的关键词，也是整个老子思想的核心部分。为了说明"God"一词的合理性，他梳理了斯特劳斯（von Strauss）在《道德经》译本的"导论"中对"道"的二十六种解读，如：在天与地存在之前（第二十五章）；道作为一个完美但不可理解的存在而存在——它是非物质的、不可量的（第四章）；它是不可见的、不可闻的、神秘而又显而易见的、无形的（第十四章）；它是超感觉的，同时也是肉眼看不见的（第二十五章、第四十一章）；它是万物永恒的基础（第一章）；它是万物普遍的起源（第四章）等。由此，他表示："我们相信，任何公正无私的人都可能会问，在我们的语言中哪个词汇最适合用来表达这个具有前面所提到的这些美德的存在，答案一定是：只有'God'了，此外别无其他！"① 例如：

1. "道可道，非常道；名可名，非常名。"（第一章）

God (the great everlasting infinite First Cause from whom all things in heaven and earth proceed) can neither be defined nor named… (p. 55)

2. "道冲而用之，或不盈，渊兮似万物之宗。"（第四章）(p. 58)

God is immaterial, and it is out of the immaterial that he has created all things. (p. 58)

3. "天乃道，道乃久，没身不殆。"（第十六章）(p. 66)

And what is Heaven-like comes most near to God; he who is God-like has eternal lif. (p. 66)

4. "天法道，道法自然。"（第二十五章）(p. 74)

...yet one and both come from God, the great Source and Center of all

---

① G. G. Alexander, *Lao Tsze: The Great Thinker: With a Translation of His Thoughts on the Nature and Manifestations of God*, London: Kegan Paul, 1895, p. x.

第三章 解读道家核心术语

Law.（p. 74）

对此观点，保罗·卡卢斯在1898年出版的英译《老子道德经》的"前言"中也表示有共识，他指出，老子的《道德经》中包含了太多令人惊异的与基督教思想和观点相似的东西，其中术语"道"与希腊术语"逻各斯"相当接近。首先，卡卢斯指出，"道"字由两个字构成，即"走"和"头"，描绘的是"向前走"。其中最根本的意思是"路"，与其在英语中的意思是一样的，可以表示为"path"和"method"。其次，从方法上来看，"道"这个字的意思是"准则"（principle）、"理性"（rationality）或者"道理"（reason）、"真理"（truth），即德国神秘主义者所谓的"Urvernunft"。尽管"道"是个抽象的哲学概念，似乎与对上帝的信仰不相容，但在《道德经》中老子却反复提及上帝，如第一次将"道"与上帝相提并论是在第四章，称其为"似万物之宗"和"象帝之先"；在第七十章，老子称"道"为"言之宗"与"事之君"；在第五十二章他宣称"以为天下母"；在第七十四章把"道"比作"代大匠斫者"。所有这些，与基督教思想中将上帝看成君主、父亲、石匠一样，都是比喻性的说法。①

此外，"道"还有"理性的演讲"或"话语"的意思，从这个意义上讲，它与希腊语中的"Logos"（逻各斯）意思相近，因此，除了哲学上的意义之外，"道"这个术语还触及了中国人的宗教，就如同"逻各斯"之于柏拉图学派和希腊的基督徒。② "道"表示"话语"和"道路"时的意思和《新约》中的是一致的：如"话语"出现在"第四福音"的第一首诗"话语为其始"中；"道路"则为耶稣所说："我是道路，是真理，是生命。"（《约翰福音》，14∶6）③ 在这两个文本中，"道"的最佳翻译应是"word""way""truth"。

---

① Paul Carus (trans.), *The Canon of Reason and Virtue. Being Lao-tze's Tao The King*, Chicago: The Open Court Publishing Company, 1898, pp. 14, 22.

② G. G. Alexander, *Lao Tsze: The Great Thinker: With a Translation of His Thoughts on the Nature and Manifestations of God*, London: Kegan Paul, 1895, p. x.

③ Paul Carus (trans.), *The Canon of Reason and Virtue. Being Lao-tze's Tao The King*, Chicago: The Open Court Publishing Company, 1898, pp. 14, 22.

3. 万物之母的"道"

韩伯禄在其《老子〈道德经〉:以新出土的马王堆〈道德经〉帛书本为底本的注释与评论》的"导论"中指出,解读老子哲学思想的根本就在于理解他所谓的"道",即老子为终极真理所命之名。从某方面看,道就像是一个巨大的子宫:空洞而且本身缺少变化;但另一方面,它又包孕像种子和胚胎一样的万物,如同婴儿从母体中产生一样使万物从道中产生。但道又并非简单地孕育万物。蕴含万物之中的"道"就是道家所谓的"德"①。而且,在《道德经》中,有不少于五处提到"道"具有"母"的女性特征,如第一章、第二十章、第二十五章、第五十二章和第五十九章。"道"之母性的无私在第三十四章得到了最佳的描绘;"道"的本质在第一、六、十四、十六、二十一、二十五、三十四和五十二章有阐释。

4. 超越天人的"道"

莫斯·罗伯茨在其2001年出版的《老子〈道德经〉:道之书》中提出,"道"并不是一个充满神秘色彩、形而上的词汇,它的基本意思就是"道路",延伸到哲学范畴就是一个学派所提出的"方法""途径"("或真理")。《道德经》将"道"的这些意思概括为万物遵循的普遍真理。罗伯茨也从词源的角度阐释了"道"的内涵,他指出,"道"字的两个组成部分"走字底"和"首"其实就是代表着"总领"或"先行者",而"德"是"道"的一位同行者,为其服务。另外,汉字"道"的形体包含着"天",就如同"天"字由人的两条腿、两只胳膊和一个头组成,"道"字也是这样:左边是行走的腿;右边表示人的头部(虽然不是圆形,但"首"字中有代指人的眼和眉毛),因此,"道"字也可以理解为"天"的形近字,具有拟人的效果。汉字中还有其他这类字,如"太一"("天"一分为二)和"鬼"(一个大头或面具和行走的腿)。② 由此可以看出,"道"还

---

① Robert G. Henricks, *Te-Tao Ching: A New Translation Based on the Recent Discovered Ma-wang-tui Texts/Lao Tzu*, with an introduction and commentary, New York: Ballentine Books, 1989, pp. xviii – xxxi.

② Moss Roberts, Laozi: *Dao De Jing: The Book of the Way*, California: University of California Press, 2001, pp. 19, 20.

饱含一种神秘的力量，无形，无名，但可以超越有形的"天"。与孔子的"天生德于余"不同，老子提出的"道"则否定这种"天命观"，认为："天地不仁，以万物为刍狗。"

5. 个体修行之"道"

1934年，英国汉学家亚瑟·韦利英译的《道及其力量：〈道德经〉及其在中国思想中的地位研究》在美国出版，在其84页的"导论"中，韦利认为"道"的哲学性是更多关注个人修为和自我修养的提升，提倡无为（actionless）与虚静（Void and Quietness）的道家特有的处世之道，因此，他将"道"译为大写的"Way"，喻示一种人生处世或生活准则层面的"方法、道路、方式"。同样，在1972年冯家福与英格里希合译的《老子〈道德经〉新译》中，雅各布尼德曼指出，在西方语言中，译者几乎都一成不变地将"道"译为"Way"或"Path"。但"道"从哲学上讲是指"事物本身之道"；从心理学上讲是人类本性构成之道，是人类深层次、动态的结构；从伦理上讲，指人必须与他人相处之道；从精神上讲，则指提供给我们的引导，从过去一代又一代的伟大圣人流传下来的寻求真理的方法，即内心活动之道。并且所有这些最终都是一体的。① 可以看出来，这里的"道"并不是宇宙之道、自然之道，而是个体修行之道。

---

① Gia-Fu Feng and Jane English (trans.), *Tao Te Ching*, *with an introduction and notes by Jacob Needleman*, New York: Vintage Books, 1972.

第四章 解读老子思想

一 理雅各：纯正的哲学

1. 理雅各译本

19世纪英国传教士、汉学家理雅各（James Legge，1815—1897）以译介中华经典享誉西方汉学界，其理氏译本的最大特色即是那些远远超过译文长度的译序（Preface）、前言（Prolegomena）、绪论（Introduction）和注解，如他的代表性儒家典籍英译《中国经典》就提供了超过100页的"Prolegomena"（Prolegomena源于希腊语，意为"写在前面的话"，类似"序""前言"等）。理雅各翻译的《道德经》被收录在了由缪勒（Friedrich Max Müller，1823—1900）主编，牛津大学出版社于1879年至1910年印行的大型英文出版物《东方圣书》（*The Sacred Books of the East*）第三十九卷。《东方圣书》由五十册组成，集合了印度教、佛教、儒教、道教、琐罗亚斯德教（拜火教）、耆那教及回教的典藏。参与《东方圣书》英译工作的，包括缪勒本人，有二十多位东方学者。翻译汉语著作的是理雅各，他分担的部分称《中国圣书》（*Sacred Books of China*），集合了儒道两教的诸多经典，儒典包括《书经》（《尚书》）、《诗经》的宗教部分、《孝经》《易经》及《礼记》，道典包括《道德经》《庄子》及《太上感应篇》。其中理雅各翻译的《道德经》中既有11页的"Preface"，还有长达44页的"Introduction"，其内容亦颇可观。这些副文本都是译本不可忽视的重要组成部分，也是为读者详细了解经文背后的历史、人文、宗教等方面的重要资源。

《东方圣书》中第39、40卷集中收录了理雅各1890年译出的《道教文本》，译本的序言部分基本反映了理雅各对中国除儒教之外最大本土宗教道教的论断和学术观点。"序言"①首先介绍了该书的构成，主要包括三个文本：《道德经》《庄子》和《太上感应篇》，其中《道德经》和《庄子》的前十七篇收在第39卷，《庄子》后十六篇、《太上感应篇》和八篇附录收在第40卷，八篇附录主要是道家稍晚时期的经籍：《清静经》《阴符经》《玉枢经》《日用经》《林西仲对庄子篇章的分析》《庄子各篇故事及寓言》《隋代薛道衡〈老子碑记〉》和《苏轼〈庄子祠堂记〉》。从文本选择来看，《太上感应篇》之所以入选，是因为理雅各把它当作秦以后道教文献的总代表，但是，如果与19世纪中期欧洲首屈一指的汉学家儒莲翻译的长达500页的《太上感应篇图说》来比，理雅各仅十几页的译文则是小巫见大巫，也许是因为他只看重该书反映"11世纪道教的道德伦理面貌"②的范本价值。

2. 评介《道德经》与老子思想

在《东方圣书》第三十九卷的前言部分，理雅各开辟了一个独立章节"'道'的含义与道教主要信仰"来解读老子的思想，理雅各特别强调必须将《道德经》和《庄子文集》中所表现出来的"纯正的哲学及伦理思考"，即"道家"，与后世"更普通、更世俗"的宗教，即"道教"，区分开来。对道教，理雅各认为，在公元1世纪佛教引入中国之后，道家才演变为一种宗教，才有了自己的道庵、神像和仪俗。正因为如此，它才保留了其迷信的一面……现在我们看到的道教已不再是老子和庄子思想的延续，而沦为了佛教的"附庸"③。理雅各对"道"的理解受到了庄子思想的启发，认为"道"作为一种现

---

① James Legge, "Introduction", in *The Sacred Books of the East*, Vol. 39, New York: Dover Publications, 1961, pp. 1–44.

② James Legge, "Preface", in *The Sacred Books of the East*, Vol. 39, New York: Dover Publications, 1961, p. xi.

③ James Legge, The Tao Teh King of Lao Dze, Max Muller, ed., *The Sacred Books of the East*, Oxford: Oxford University Press, 1891, p. 33.

象，并非一种积极形式，而是一种生存模式。最好的翻译办法就是将其直接转换，而非在英语中寻找一种对等的词汇。①

理雅各在解读完"道"之后，又从西方宗教角度分析了道教中"天"的概念，认为在中国人心目中，"天"是一种形象的比喻，类似于西方的上帝（supreme Being），因此，认为中国圣人中也有上帝的概念，也为其取名"帝"或"上帝"。道家思想中就存在这种超越其他的"至圣"形象，在《道德经》第四章就出现了与"上帝"类似的"帝"，老子曰："吾不知谁之子，象帝之先。"② 理雅各更是引用庄子的观点来充分解释"道"的含义，尤其在理解"天道"和"人道"时，他认为庄子比老子理解得更全面，如在《庄子·在宥》中，庄子说："何谓道？有天道，有人道。无为而尊者，天道也；有为而累者，人道也。主者，天道也；臣者，人道也。天道之与人道也，相去远矣，不可不察也。"③

理雅各发现儒家思想中"天"的概念与道家思想的"天"具有明显的不同，在道家思想中，"天"带有一种"宁静"的色彩，并附有"道"的巨大功能，因此，如果把"天"翻译为"上帝"，则会削弱道家思想的真实含义，如翟里斯在翻译《庄子》的时候就以"God"取代了"天"的概念，与此相比，巴尔弗处理为"Nature"（自然）更合理一些。翟里斯试图从英语中找出汉语的对等概念，如果两种语言之间的确存在这种现象的话，这种方法应该很有效，但是，在英语和汉语之间却很难实现。中文"天"对应的英文是"heaven"（天），但儒家用"天"象征圣人，也表示"帝"和"上帝"，因此，译者会在阅读儒学经典时将"天"理解为西方的"God"，但是，无论老子还是庄子并没有为这个概念赋予"God"的意思，因此，用"God"来翻译"天"会使西方读者无法真正理解其中的含义。④

---

① James Legge, The Tao Teh King of Lao Dze, Max Muller, ed., *The Sacred Books of the East*, Oxford: Oxford University Press, 1891, p. 15.
② Ibid., p. 16.
③ Ibid..
④ Ibid., p. 17.

第四章 解读老子思想

对于理雅各来说,《道德经》中还有很多内容是无法理解的,如他认为第五十章很难接受,"盖闻善摄生者,路行不遇兕虎,入军不被甲兵;兕无所投其角,虎无所用其爪,兵无所容其刃。夫何故?以其无死地"。以及第五十五章,"含德之厚,比于赤子。毒虫不螫,猛兽不据,攫鸟不搏"。道教的这些观点与一般人的生活观察和经历相违背,让人惊诧,有些甚至是道家思想的基础,如"道常无为,而无不为。侯王若能守之,万物将自化"①。甚至理雅各还对道家"反对积累知识"的观点提出了明确的批判,认为人类进步是一种自然规律,这个过程就需要培养判断力和公正力,道德必须高于物质,人在德行上的提升要优先于科学的进步,这样才能分辨善恶是非,甚至儒家也教育百姓以古人的价值标准为道德模范。老子学派将自己确立在一个史前时期未知的领域,不仅没有进步,反而倒退,而且如今的道教退化得更严重。②

理雅各在这两卷的"序言"和"绪论"部分有意将《道德经》与《庄子》一起讨论,他发现这两部古代道家经典文本表达了一个单一的"思想方案",这一方案最早是由老子于公元前6世纪以书面形式记录下来的,后又由其弟子庄子于公元前4世纪为其"导师的思想作了创造性的辩护"。不仅如此,庄子的文学才能令人印象深刻,他的"那些让人愉悦的"寓言式的叙述方式,几乎是"令人难以置信的,常常是诡异而近于荒诞"。尤其是,这两部古代著作的纯粹冥思式的思想体系,与后来发现的宗教那种"平常的意识"迥然不同。③

理雅各对道家的早期思想体系也做出了个人的研究结论,他指出,"在老子之前就已经存在道家思想;而且在老子撰写《道德经》之前,其中所教喻的思想学说已经有公开传播了"。而且"无论道家还是儒家,我们都应将其源起归结为更早的时期,而不是那些名人所

---

① James Legge, The Tao Teh King of Lao Dze, Max Muller, ed., *The Sacred Books of the East*, Oxford: Oxford University Press, 1891, p. 25.

② Ibid., pp. 29 – 30.

③ James Legge, "Introduction", in *The Sacred Books of the East*, Vol. 39, New York: Dover Publications, 1961, pp. xi – xii.

生活的年代"①。这种观点深受缪勒关于"神话般"或"神秘的"口语传统的赫尔德式观念影响,并试图应用于中国古代思想的形成。理雅各在解释古代道家"思想方案"的时候,引用了他发表在《大英评论季刊》上的讨论文稿,其中重点探讨了老子和庄子的"形而上学"命题。首先,理雅各回顾了西方对于"道"的意义做出过的阐释并进行了评论,他从自己当初乐于将"道"翻译为"Course"的观点做了后退,认为"道"不同于儒家经典思想中的"天",它并非一种"绝对实际的存在"。更合适的理解是,"道"应该是一种进化的"存在形态",这表明"在道中可能不存在创作的思想",而且"不可能找到一个和它确切的等替物","在翻译过程汇总,应对这个问题的最好方法就是将其转移到译本中,而不是极力去从英语中寻找一个等替物"②。其次,理雅各还解释了对《道德经》中"天"的用法和意义的观点。他发现,无论是在老子还是庄子的著作中,这个术语从来都没有表示"上帝"的意思。这显然是在表示对翟里斯将《庄子》中的"天"翻译为"God"的反驳,他这样评价翟里斯的做法,"最糟糕的是他在翻译过程中违反了只使用'严格等替物'的翻译原则,他在他的《庄子》译本中又常出现'上帝'这一伟大名字,这无疑是难以洗刷掉的'污点',因为将'道'翻译为'上帝',比巴尔弗翻译为'自然'(Nature)还要糟糕"③。

二 查莫斯:老子的形而上学

约翰·查莫斯在《对古代哲学家老子形而上学、政体和道德的思考》一书的"导论"中首先分析了老子的地位。他把老子称为中国的哲学家,而且指出如果孔子获此殊荣是因为所处的时代环境,老子则是凭他深邃的思想。作为一个辩论家、一个精通礼仪的专家、一个文学家,孔子能够胜出他那个时代的人,但从思想的深度和独立性方

---

① James Legge, "Introduction", in *The Sacred Books of the East*, Vol. 39, New York: Dover Publications, 1961, pp. 1-4.
② Ibid., p. 15.
③ Ibid., p. 17.

面来说则比不上老子。可能正是由于老子思想的独立性，他比孔子要走得更远。老子能够深入其他人无法跟随也无法理解的领域和深度，尽管他有时也会迷茫，但可以肯定地说，他有时也是很成功的，能够"怀玉"（a jewel in his bosom）而归。①

查莫斯在"导论"中讨论了老子的形而上学，他认为老子对于"神"是没有概念的，就如同宗教诗人约翰·弥尔顿一样对神的特性一无所知。在弥尔顿的《失乐园》中，天使和凡人的心灵都是被创造出来的，由供养"我"的身体一样的东西创造出来的。这也是老子创立的道家的教理，由此产生了关于长生不老的荒谬的胡言乱语，以及一个人完全进入"精神"世界，甚至虚空状态的途径。②但是，另一方面查莫斯在《道德经》第六章中读到了"神"（谷神），天与地的源泉（玄牝之母）就是"神"，如果老子将个体的神当作是最高的存在，而不是在它之前放置一个不定的、非人的、无意识的"道"，可能大多数读者就更容易接受了。③查莫斯认为，老子的形而上学偏离了真理和常识，他大部分的玄学思想只是疯狂的诗歌而已。老子是一个充满诗意的而非具有科学思想的大自然观察者，他不清楚山谷中的泉水来自哪里，就说它来自"虚无"（nowhere, nothing），泉水永远流淌，在老子看来，这是一种象征，一种一切存在事物的象征，它从虚无中不断涌出。但"永恒之道"并非存在其中，而是"处于沉睡着的任一种可能"④。

查莫斯认为，《道德经》第二十七章和第七十四章中论述善人和不善人的观点是带有基督教特征的，而且引用了第二十七章的观点："故善人者，不善人之师；不善人者，善人之资。不贵其师，不爱其资，虽智大迷，是谓要妙。"⑤相呼应在讲到第六十三章的"报怨以德"（Recompense injury with kindness）时，查莫斯提出，虽然孔子曾

---

① John Chalmers (trans.), *The Speculations on Metaphysics, Polity and Morality of "the Old Philosopher", Lao-Tsze*, London: Trubner & Co., 1868, p. vii.
② Ibid., pp. xiii – xiv.
③ Ibid., p. xiv.
④ Ibid., pp. xv – xvi.
⑤ Ibid., p. xviii.

引用过，但他并不赞同，因此，在《论语》宪问第十四中，孔子说"何以报德？以直报怨，以德报德"①。查莫斯还提到，老子所处的位置比孔子高，孔子总是从学者或者官员的角度说话，而老子的过错在于走向了另一个极端，他看到了那个时代的教育和政府的空虚，因此极端地批判教育体制、司法系统、所有官衔和所有行政官员。正是在这些问题上，老子提出了"无为"（non-action）和超越现实束缚的"自然状态"（spontaneity）理论观点。②

三 巴尔弗：美丽的哲学

弗雷德里克·巴尔弗在《道家伦理的、政治的及思辨的经典》的"导论"中，详细解读了老子的道家思想。"道"字在某些情况下会被翻译为"reason"，具有宗教的含义；翻译为"way"，则需要从词源学和哲学角度来理解。巴尔弗认为这两种翻译并不能真实表达"道"的准确意思。如果用代数符号来表示，"道"就是 x，是我们需要去探寻的未知数。我们首先要搞清楚这个神秘的东西有什么预示，它是什么样的，它有什么属性，在哪能找到它，它向哪里扩展，它是如何生存的，它具备什么功能。然后，我们就能找到自己的位置，回答这些具体问题，为那些无名的东西命名。③

巴尔弗在解读老子思想中"道"的含义时，借用了大量淮南子和庄子的观点。如在提出"道是什么？"这个问题后，他从《淮南子》卷一"道应训"中节选了部分内容以淮南子的口吻进行了回答，"'道'包裹天地，它无边无界，无法丈量其高，无法探测其深，它揽宇宙于怀，赋予有形以无形，它充斥于整个空间，蕴含阴阳，将宇宙与岁月凝聚，为太阳、月亮、星星提供光明"④。巴尔弗表示，人们

---

① John Chalmers (trans.), *The Speculations on Metaphysics, Polity and Morality of "the Old Philosopher"*, *Lao-Tsze*, London: Trubner & Co., 1868, p. xviii.

② Ibid., pp. xviii – xix.

③ Drederic Henry Balfour (trans.), *Taoist Texts, Ethical, Political and Speculative*, Shanghai: Kelly & Walsh, 1884, pp. Ⅰ – Ⅱ.

④ Ibid., p. Ⅱ.

把无法命名的一种力量叫作"自然",这也就是早期道家思想的核心。如果把"道"翻译为普通的"Nature"或"Principle of Nature",人们就比较容易去研究这门美丽的哲学了。道家主要的目标是保护人与生俱来的天性,它是自然赋予的直接礼物,也可以说是自然本身的一部分。如何去实现这个目标呢?模仿大自然母亲,自然永远不会抗争,因此,圣人也应该避免抗争;自然从来都是不主动的,因此,圣人应该顺其自然,学会满足;野心、算计、仇恨、贪婪这些向外攀援的思想会完全打乱、摧毁人的原始本性,因此,我们要彻底断绝它们。即便是道家提倡的仁慈、诚实和礼节也要受到谴责。自然的成长需要的是无为,所有圣人只需要使自己与自然完美一致。①

巴尔弗将"道"的理解延伸至自然主义理论,指出除了不受打扰的静止和沉默,"道"还包括"任其自然"和"不刻意"的观点,即使是严格遵守无为原则也会损失"道"的美德。② 一个人既要无激情,也要无行动;他必须接受周围环境带来的影响,舍弃工作中甚至积极的想法;他要摒弃内心的所有欲望;抛弃任何计划;不要去设想未来的紧急情况,只需根据可能出现的任何情况来调整自己。道家的圣人们批评过度的法治,指出那种所谓的温情派政府的杂乱系统正是引起混乱无序和带来毁坏的根本原因。圣人还说,不要为了为而为,不要去做那些没有必要的事情,要让人民自己发展自己的资源,感知通往宁静和成功的道路。这样人民就会对命运满意,国家也能避免阴谋、纠纷和灾难。幸福的秘诀在于宁静、简单和满足,获得这些的唯一途径就是使自己的身体、情感、智力和意志与自然保持完全一致。③

四 卡卢斯:"道"与基督教

保罗·卡卢斯在《老子〈道德经〉》的"前言"中指出,老子《道德经》中包含了很多令人惊异的与基督教思想和观点相同的内

---

① Drederic Henry Balfour (trans.), *Taoist Texts, Ethical, Political and Speculative*, Shanghai: Kelly & Walsh, 1884, p. Ⅳ.
② Ibid., p. Ⅵ.
③ Ibid., p. Ⅳ.

容。不仅术语"道"与希腊术语"逻各斯"(Logos)十分接近,还有老子对"以德报怨"的伦理观点。他(老子)认为人要像婴儿一样,回归原始的简单和淳朴,抛却抵抗,坚持无为。① 卡卢斯还从汉字的构成特点分析了"道",他指出,"道"字由两个字构成,即"走"和"头",描绘的是"向前走"。其中最根本的意思是"路",与其在英语中的意思是一样的,可以表示为"path"和"method"。其次,从方法上来看,"道"这个字的意思是"准则"(principle)、"理性"(rationality)或者"道理"(reason)、"真理"(truth),即德国神秘主义者所谓的"Urvernunft"。此外,"道"还有"理性的演讲"或"话语"的意思,从这个意思来讲,它与希腊语"Logos"意思很接近,因此,除了哲学上的意义之外,"道"还涉及了中国人的宗教,就如同"逻各斯"对于柏拉图学派和希腊的基督徒一样。② "道"在表示"话语"和"道路"的时候,其宗教意思和《新约》中的是一样的,如"第四福音"的第一首诗"话语为其始"(In the beginning was the word);《约翰福音》第十四节中"我是道路,是真理,是生命"(I am the way, the truth, and the life)。在这两个文本中,"道"的最佳翻译是"word","way"和"truth"。

卡卢斯还发现,尽管"道"是个抽象的哲学概念,似乎与对上帝的信仰不相容,但在《道德经》中老子却反复提及上帝,如第一次将"道"与上帝相提并论是在第四章,称其为"似万物之宗"(the arch-father of the ten thousand things)和"上帝"(the Lord);在第七十章,老子称"道"为"言之宗"(the ancestor of words)与"事之君"(the master of deeds);在第五十二章他宣称"以为天下母"(Reason becomes the world's mother);在第七十四章把"道"比作"代大匠斫者"(the great carpenter who hews)。所有这些,与基督教思想中将上帝看成君主、父亲、石匠一样,都是比喻性的说法。③

在解读老子的"为无为"观点时,卡卢斯指出,中文的"为"

---

① Pau Carus (trans.), *The Canon of Reason and Virtue, Being Lao-tze's Tao Teh King*, Chicago: The Open Court Publishing Company, 1898, pp. 8 – 9.
② Ibid., pp. 13 – 14.
③ Ibid., p. 22.

既有"做事"的意思,也指"行动""炫耀""摆姿势""卖弄"等意思,如果不是老子思想中的道德元素的话,"为无为"可以翻译为"to do without ado"或"to act without acting",但自我炫耀和以我为中心的虚荣心是老子所谴责的,因此,"为无为"应该译为"acting with non-assertion",这也是在上下文中显而易见的,没必要从神秘和静寂的角度来解释它。① 像"为无为"这种难以理解的逻辑,卡卢斯认为,这是老子《道德经》中的一种悖论现象,还有如"知不知"(know the unknowable)、"病病"(be sick of sickness)、"事无事"(practice non-practice)、"味无味"(taste the tasteless)、"行无行"(marching without marching)、"无状之状"(the form of the formless)、"无物之象"(the image of the imageless)等,这些概念如同康德所谓的"纯粹形式",即非物质或理想的形式如几何图形,与佛教词汇"arupo"相关,是相对于"无形的""无躯体的"来说的。②

五　韩禄伯:老子的哲学

韩禄伯在《老子〈道德经〉:以新出土马王堆帛书本为底本的注译与评论》③的"导论"中以"老子的哲学"为题介绍了《道德经》中老子的三个主要哲学思想:"道""回归道"和"健康、长寿与不朽"。

首先,韩禄伯指出,解读老子哲学的基本点是理解"道","道"也是老子对终极现实的命名(尽管他在第二十五章中提到"吾不知其名,字之曰道")。对于老子而言,"道"存在于一切其他宇宙生命之前,并孕育所有的生命。从某种意义上来说,"道"就如同一个巨大的子宫:空空如也,恒常不变;从另一个方面来说,它蕴含着种子和胚胎一样的万物,如婴儿从母体诞生一样万物从"道"中产出。

---

① Pau Carus (trans.), *The Canon of Reason and Virtue*, *Being Lao-tze's Tao Teh King*, Chicago: The Open Court Publishing Company, 1898, p. 16.
② Ibid., p. 19.
③ Robert G. Henricks, *Te-Tao Ching*: *A New Translation Based on the Recent Discovered Mawang-tui Texts Translated with an introduction and commentary*, New York: Ballentine Books, 1992.

下篇 《道德经》在西方的译介

但是,"道"又不仅仅简单地孕育生命,之后还继续在每个个体中以能量和力量的形式显现,这种不断运动着的力量促使万物在自然的方式下生长。蕴含在万物中的"道"就是道家所说的"德"。但是需要注意,在老子的文本中,"德"有两种不同意思,一种指蕴含在万物之中的生命能量(如第五十五章);另一种似乎是指道德意义上的美德(如第三十八章),这一点与儒家倡导的一致。[1] 而且,韩禄伯还发现,在《道德经》中,"道"明显带有女性和母性的特征,有不少于五处提到"道"具有"母"的女性特征,如第一章、第二十章、第二十五章、第五十二章和第五十九章。"道"之无私的母性在第三十四章得到了最佳的描述;"道"的本质在第一、六、十四、十六、二十一、二十五、三十四和五十二章有阐释。"道"孕育万物是"不可见"的,在《道德经》中多次提到"无为而无不为"。"道"对于万物来说,就如同统治者之于人民,一个理想的统治者能够让其臣民健康、自由地成长,就如第十七章所说:"功成事遂,百姓皆谓:'我自然'。"[2]

在谈论"回归于道"的时候,韩禄伯认为"如何回归"是个不容易回答的问题,但可以通过了解几个与《道德经》相关的问题来理解。老子想要人们回归于道的途径之一是过更简单的生活,拥有尽量少的东西。老子和道家的思想家们一样都清楚地认识到,对物质的占有会让人最终以"拥有"结束。一个人拥有的东西越多,烦恼就越多。正如他在第二十二章所说:"少则得,多则惑。"道家强调"知足"(know contentment, know when you have enough),而且,道家先哲认为,人们过健康、幸福、知足的生活所需要的东西远比他们自己认为所需要的要少。[3] 韩禄伯观察到,《道德经》第八十章可以看作老子理想社会的蓝图:国家由小型的农社组成,中央集权最小化,每个村庄的人都满足于自己的生活,即使知道附近有其他的村庄,也

---

[1] Robert G. Henricks, *Te-Tao Ching: A New Translation Based on the Recent Discovered Ma-wang-tui Texts Translated with an introduction and commentary*, New York: Ballentine Books, 1992, pp. xviii – xix.

[2] Ibid., pp. xviii – xx.

[3] Ibid., p. xxii.

并不很想去拜访。这在梅尔看来，如果这就代表了老子的理想社会，那么这种理想近似于"农耕派"（Agriculturalists）或"农家派"（Tillers）。① 韩禄伯从《道德经》的第十六章、第三十二章和第四十四章中总结出，"道家圣人们更看重平和、宁静、少欲和去欲"②。并以第四十四章为例，"名与身孰亲？身与货孰多？得与亡孰病？甚爱必大费，多藏必厚亡。知足不辱，知止不殆，可以长久"。很明显，老子明白人们在一些情况下必须从货、名和身之间做出选择，但是只有那些对生和死毫不在意的人才能生活的精彩。老子对"健康""长寿"的这些观点组成了他的"不朽"哲学思想，《道德经》中"不朽"这个概念可以从两方面来理解，理论上来看，道家的神秘主义可以与印度的《奥义书》和《薄伽梵歌》中的神秘主义相提并论；文本上来看，《道德经》中第十六章、第四十四章和第五十九章可以告诉我们"道乃久"③。

六 维克多·梅尔：《道德经》与《薄伽梵歌》

维克多·梅尔在《〈道德经〉：道与德之经典》的扉页上就显示出对《道德经》与众不同的理解角度，译者引用了来自三个国家的古代名言，来自古印度瑜伽文献《薄伽梵歌》的"舍弃会带来至上完美的无为"，来自《道德经》的"专气致柔，能婴儿乎？"以及来自德国的谚语"离开了正确的方向，跑得快有什么用呢？"④

梅尔在"序言"一开始就指出，《道德经》是全世界仅次于《圣

---

① Robert G. Henricks, *Te-Tao Ching: A New Translation Based on the Recent Discovered Ma-wang-tui Texts Translated with an introduction and commentary*, New York: Ballentine Books, 1992, p. xxiii.

② Ibid., p. xxvii.

③ Robert G. Henricks, *Te-Tao Ching: A New Translation Based on the Recent Discovered Ma-wang-tui Texts Translated with an introduction and commentary*, New York: Ballentine Books, pp. xxvii – xxix.

④ Victor H. Mair (trans.), *Tao Te Ching: The Classic Book of Integrity and the Way, an entirely new translation based on the recently discovered Ma-Wang-Tui manuscripts, annotated and with an afterword*, New York: Bantam Books, 1990.

经》和《薄伽梵歌》被广泛翻译的文本。为了找到"德"的满意翻译,他曾思考和研究了两个月,最终从词源学和《道德经》中出现的四十四处语义综合考虑,确定了使用"integrity"来翻译。他认为,在某些情况下,"德"可以用"self""character""personality""virtue""charisma""power"这些词来表示,但如果纵观全文来看,用"integrity"是唯一看起来比较合情合理的选择,因为这个词包含了一个人德行的好与坏两个方面。①"序言"中梅尔还介绍了他花了二十年时间反复学习原文《道德经》和东方经典《薄伽梵歌》,并发现了两部作品之间在三方面存在紧密的联系。第一,中国借鉴了瑜伽的体系;第二,印度也借鉴了道教思想;第三,印度和中国都曾受到第三方资源的启发。② 在该书的"后记"中,译者还专门开辟了"道家思想与瑜伽"一章来比较《道德经》和《薄伽梵歌》的相似之处,其中。梅尔发现,《道德经》中并没有对"为"和"欲"之间的关系进行详细说明,而《薄伽梵歌》则表达得非常清楚,如第四章"依靠智慧舍弃有为瑜伽"一章中就有关于"有为"和"无为"的观点,而且,第十章"绝对的富裕"中的观点就是对"道"的沉思。梅尔总结出《道德经》和《薄伽梵歌》中存在几乎非常接近的意象和用词,如《道德经》第五十四章的第六行至第七行与《薄伽梵歌》第三章的第三十八行;《道德经》第十九章第四行至第五行与《薄伽梵歌》第八章的第十二行;《道德经》第十五章的第九行至第十行似乎是从印度瑜伽中借用的观点。③

七 刘殿爵:思想共同体

刘殿爵在《中国经典〈道德经〉》一书的第一部分《老子注》英译附录中,以"《道德经》本质"为题对《道德经》的思想体系和各

---

① Victor H. Mair (trans.), *Tao Te Ching: The Classic Book of Integrity and the Way*, an entirely new translation based on the recently discovered Ma-Wang-Tui manuscripts, annotated and with an afterword, New York: Bantam Books, 1990, p. xiii.
② Ibid., p. xv.
③ Ibid., pp. 144-145.

章节观点的关系方面进行了详细考证。

刘殿爵提出，战国后期的哲学著作已经不再是对某一具体思想家言说的记载，《道德经》也不例外。《道德经》具有当时韵文丰富的特色，整部书中韵文的数量超过了文本的一半，韵文主要是为了当时在口头评论中易于背诵，因此，当时很多学说具有模糊的特点。由于韵文是口头传诵，就没有太大的权威形式，也不可能有唯一的解释，这些学说可以看成有共同思想的不同学派所共有的财富。① 刘殿爵把《道德经》看成是思想上有相同倾向的人的文章汇总，并且从多个角度论证了这个观点。

首先，刘殿爵认为，编者只不过是将相关文本汇总在一起便于记忆，如果我们不了解这个事实，而将它看成一个有机的整体，就很有可能曲解原文的危险。② 他列举了两个句子来证明这个看法：第五章的"天地不仁，以万物而为刍狗；圣人不仁，以百姓而为刍狗"和"天地之间，其犹橐龠与？虚而不屈，动而愈出"。他认为这两部分毫无关联，前者是说天地"不仁"，而后者是说天地是"虚而不屈"，除了都是在说"天地"，前后这两句没有任何关联。同样，第六十四章中的"为者败之，执者失之。是以圣人无为故无败，无执故无失"，与后面的"民之从事，常于几成而败之。慎终如始，则无败事"，这两部分相同的只是都在讲事情是如何被破坏的以及如何避免，除此之外，并无密切关联的内容，前者说明"为"导致了失败而应受到谴责，因为真正的成功不需要"为"；而后者是说如果一个人在"为"的过程中能够"慎终如始"，就可以通过"为"而获得成功。可以看出，这两部分的观点不仅是无关联的，而且是前后矛盾的。③

其次，刘殿爵还发现了《道德经》中各章节的文本之间存在明显的关联。他认为，尽管读者有时会觉得一个语境中出现多次的文本比放在其他语境中更合适，而有时也会觉得它同样适合其他语境，这也就证实了他之前认为这些言说是独立的，没有固定语境的推测。那些

---

① D. C. Lau, *Chinese Classic Tao Te Chong*, Hong Kong: The Chinese University Press, 1982, p. 133.
② Ibid., p. 135.
③ Ibid., pp. 135–136.

出现在不同章节的相同文本，只是形式上不同而已。如第十七章的"信不足焉，有不信焉。悠兮其贵言"（When there is not enough faith, there is lack of good faith），这句在第二十三章中也出现过，而且都与上下文没有联系，却与第四十九章有关："信者信之，不信者亦信之，德信也。"（Those who are of good faith I have faith in. Those who are lacking in good faith I also have faith in. I so doing I gain in good faith.）可以看出，这部分是倡导我们应该将"信"扩展至那些缺乏"信"的人，这样就能让他们转变，如果对他们"不信"则只能使他们的坏毛病变得更严重。因此，从某种程度上说，"不信者"是由于"不信"而造成的。① 刘殿爵举出了多组章节来证明这种处于不同章节的相同文本现象，如第四章的"挫其锐，解其纷，和其光，同其尘"，第五十二章的"塞其兑，闭其门，终身不勤"和第五十六章的"塞其兑，闭其门，挫其锐，解其纷，和其光，同其尘"。在这里，可以看作第四章和第五十二章是独立文本，第五十六章是合并了这两部分的文本。有时，同一内容在不同章节尽存在形式上的少许差异，但是语义可能相同，也可能有所不同。如第二十二章中"不自见，故明；不自是，故彰；不自伐，故有功；不自矜，故长"，在第二十四章中也能读到类似的内容："自见者不明，自是者不彰，自伐者无功，自矜者不长。"显然，这两个部分都是对同一事物肯定和否定的两种不同表达。而第七十章的"吾言甚易知，甚易行。天下莫能知，莫能行"与第七十八章的"弱之胜强，柔之胜刚，天下莫不知，莫能行"虽然在形式上有所相近，但内容上是有差异。第七十章的"天下莫能知"和第七十八章的"天下莫能知"虽然语言形式相同，但意思正好相反。②

因此，刘殿爵认为，《道德经》实为一本文集，由不止一个人编辑而成。对于如何处理既存材料的方法，刘殿爵分析后认为有三种方式：第一种是合并两种或两种以上先存文本。第二种是在先存文本之

---

① D. C. Lau, *Chinese Classic Tao Te Chong*, Hong Kong: The Chinese University Press, 1982, pp. 136–137.

② Ibid., pp. 138–139.

后提供后来的阐释性文本,如第十三章先提出观点"宠辱若惊,贵大患若身",之后设问并做出解释:"何谓宠辱若惊?宠为下,得之若惊,失之若惊,是谓宠辱若惊。"第三种是在先存文本之前提供阐释性文本,如第七十九章开头是"和大怨,必有余怨。安何以为善?是以圣人执左契而不责人"。后两种方式一般是先存文本采用韵文,后来的阐释性文本采用散文形式。① 刘殿爵还分析了这些经过编辑的文本之间存在的一些线索,如"故"（therefore, thus）和"是以"（hence）这些连接词常用在连续的争论中,或用在逻辑联系最薄弱的地方。

最后,对于《道德经》出现的时间问题,刘殿爵认为很难得到统一的确切答案。但在分析了《韩非子》《淮南子》等一些典籍之后,他认为《道德经》应该以某种形式最迟于公元前3世纪出现,因为《道德经》中有很多思想与公元前4世纪后期和公元前3世纪前25年许多思想家的观点相关,如人们已经发现第六十三章中的"报怨以德"就是孔子《论语》第十四章的一个普遍接受的观点;另外,第三十六章的"将欲歙之,必固张之。将欲弱之,必固强之。将欲废之,必固与之。将欲夺之,必固予之"与《韩非子》《战国策》和《吕氏春秋》中的观点非常相近。②

---

① D. C. Lau, *Chinese Classic Tao Te Chong*, Hong Kong: The Chinese University Press, 1982, p.139.
② Ibid., p.141.

附录 《易经》《道德经》主要英译本前言/序[①]

1. 理雅各《易经》
1899 年版

序言

我于 1854 年和 1855 年翻译了《易经》，包括正文和附录，我承认，直到译稿完成，我对这本书的内容和写作方法还知之甚少。虽然这个译本花费了我大量精力，但是我也只能先暂时告一段落，希望智慧之光降临，有朝一日我能有所启发，逐渐了解这本神秘经典的真相。

不幸的是，1870 年我的译稿在途经红海时被水浸泡了一个多月，经过小心翼翼的处理之后，译稿基本恢复到了能够阅读的程度，但直到 1874 年，我才有足够的精力再来研究其中的奥秘，我相信，那也是我第一次基本了解了这本书，而且发现之前二十年的努力根本就是徒劳。

之所以我在较早时期的研究中没有领会到这本书的本质，主要是因为这本文书的作者文王和他儿子周公的编写方式，附录一、二、四的内容分别以每一卦为标题进行编排。我的学生刚开始认为这种方法

---

① 附录所收《易经》《道德经》前言/序，系笔者依据英译本翻译而成。

附录　《易经》《道德经》主要英译本前言/序

很有好处,他坚信所有附录内容都出自孔子之笔,与正文构成一部完整的作品,他还能够感受到"三圣合一"的境界。但是,我现在则认为,"经"和"传"(暂且认定为孔子的作品)分开了有七百多年,而且它们的主题也并不一致。为了能够准确理解《易经》,我首先把"经"作为一个整体来研读,这个难度并不大,因为1715年的底本就是把正文与附录分开编排的。

在研读过程中,我采用了八种不同的索引方式,其中一种用于正文,每个附录各采用一种。通过这些索引可以看出,附录中的许多汉字,以及很多汉学家认为是《易经》的独特之处,在正文中并不存在。在进一步了解了"传"的风格之后,我发现,我们可以证实大部分"传"的内容并不是出自孔子,因为人们无法确定哪些内容是孔子之作,有可能是后来的编纂者在文中使用"子曰"这种话语。

通过这种方式来研读正文,我很快就能把握《易经》的基本内容和目标,详见此译本"导论"第二章。而且,我还很高兴地看到,我对六十四卦的解释在很多方面与自汉代以来最著名批注家们的解读是一致的。不同的是,他们没有形成完整的体系,而我却能够做到,因为他们认为附录是出自孔子之手,因而受到了无形的制约,他们的基本观点一致,在文本理解上也同样受到约束。所有西方汉学家都会研读一本1682年出版由翰林院编纂的《御制日讲易经解义》①,也可以叫作"日讲",我的观点与此书中的注疏释义基本保持一致。

在准确理解了《易经》的内容之后,翻译就是接下来的难题。在所有儒家典籍中,这本书由于其独特的体例,准确再现的难度也是最大的。我估计,有些汉学家会在一段时间内认为作者其实就是想写一

---

① 此处原文为Yu Kih Zah Kiang Yi King Kieh(御制杂讲易经解),根据历史上有关《易经解》的记载,康熙帝曾多次颁旨翰林院注释刻印各种传统典籍,其中最重要的应算"日讲"系列,该系列目前见到的有《易经》《书经》《春秋》《礼记》《四书》共五种。其中最著名的为《日讲易经解义》(原名《御制日讲易经解义》)十八卷,附《朱子图说》,是清朝牛钮、孙在丰等给康熙皇帝的讲疏基础上进行整理,于康熙二十三年(1684)成书,康熙皇帝亲自为之作序。故此处理雅各记录的书名和时间有偏差。

附录　《易经》《道德经》主要英译本前言/序

本占卜之书，那些用来占卜的甲骨文就包装成具有神秘色彩的用词。尽管我们已经很清楚这本书的起源和作者文王及其儿子的编纂历史，但是书作者在撰写时采用了占卜师的风格，这对于译者来说具有很高的难度，而且在中国古代文献中绝无仅有。

1854 年我第一次翻译《易经》时，努力用准确的英文表达中文的内容，结果是，我在译文中使用了大量英文单词，而没有采用语义衔接词，在这方面，我参考了传教士 P. Regis 与其助手（见第 9 页"导论"）的拉丁译本，他们的译本几乎无法读懂，而我的还不至于这么差。这种困难直到后来我找到了释义的办法才得到了解决，事实上，之前我在翻译其他典籍时一直都在使用这种方法，汉语书面文字并不完全是词汇，而是思想的符号，作品中的文字组合并不是作者要表达的意思，而是他的思想。因此，如果译者只是翻译其字面意思，那就是徒劳。如果汉字符号把作者的思想传达到译者的思想里，译者就可以用最佳的方式和自由的语言来翻译。这也就是孟子在阐释旧体诗的方法：我们应该用思想来丈量一句话的意思深浅，然后才能理解它。如果看一下中国典籍，能发现人们在理解作者思想的时候，并不是解释作者所使用的语言，而更多是用思想来解读思想。对于译者来说，标准并不是什么具体范例，译者的目标就是使用最恰当准确的语言来表达原文的意思。但是，译者还是有必要去解释其中的某些用词，目的是来说明作者的真实思想。我采用的这种方法一般都会在译本中用括号来说明，我也产生过疑问，是否需要这些信息，因为我坚信，英译本中的所有内容都应该是作者的思想。然而，我希望我这么做能够让读者更容易读懂译文。如果读者认为每个卦爻的解释都是"无事生非"，这并不是译者的责任，而是原作者的意图。

原本打算在译本中增添一些朱熹和其他宋代学者的文章，但是由于篇幅所限无法实现。该译本中提供了必要的注疏，介绍文王与其子解读各爻辞和数字的方法。我面临的问题主要是如何用一卷来完整呈现《易经》，因此那些其他译文就只能暂时放弃，实际上宋代哲学并不是从《易经》发源而来，而是源于"十翼"，尤其第三部分《系辞传》内容，更具有道家的思想，而非儒家。

附录 《易经》《道德经》主要英译本前言/序

我第一次拿到《易经》时，西方除了我之前介绍过的雷孝思（Jean-Baptiste Regis）与其助手（Julius von Mohl）合译的拉丁译本①外，还没有其他任何语言的译本。两位译者都是著作等身的汉学家，他们断定书中的内容是在商朝和周朝交替之际形成的，而且有历史记录，这种观点基本吻合事实。后来，Mohl 于 1834 年编辑了译本，并曾对我说过，"我很喜欢这个译本，因为我从中揭开了众多谜团，找到了可靠的凭证"。但是，译本中并没有把正文和附录严格分开，在讨论第三部分的附录时，译者围绕的都是些名称和孔子的观点。我所参阅了这个译本中大量的文字解释。

1876 年麦格基（Rev. Canon McClatchie）在上海出版了《易经》英译本"A Translation of the Confucian Yi King, or the Classic of Changes, with Notes and Appendix"（《孔子易经之译——附注释与附录》）。该译本由正文《经》和附录《传》两部分组成，如传统典籍体例一样，附录《传》第一、二和四部分分散在正文《经》之中。根据我对译本中的内容来看，译者并没有意识到附录第一、二部分并非文王和周公旦之作，而是另有其他作者解读所有六十四卦和卦辞。译者的翻译目的主要是为人们揭开《易经》神秘的面纱，将其作为对比神话学的研究工具。这种方法不一定有什么作用，译者在运用过程中也发现了很多琐碎问题，看起来很不舒服，但是对于中国学者来说理解起来并没有多大麻烦。我逐段逐句地阅读了麦格基的译本，但是并没有发现什么值得我学习的。

在我的译本完稿而且书稿已排版印刷很长时间之后，我收到了上海寄来的晁德莅（P. Angelo Zottoli）在 1880 年编著的《中国文化教程》（*Cursus Litteraturae Sinicae*）第三卷，其中约有 100 页是关于《易经》的翻译。这个拉丁版本比麦格基的译本有了很大改进，但是晁德莅只翻译了第一、二卦的文本，以及《易传》的第一、二、四部分，其他六卦配以文王解释和大象传；剩下的五十六卦则仅作了简略概述；《易传》第三、五、六和七部分提供了详细解读。译者的译文比

---

① Regis, Mohl. Y-king, antiquissimus Sinarum liberquem ex latina interpretatione, Tubingen & Stuttgart, 1834.

较成功,他对《易经》的主要观点包括:

曾经有一篇报道提到由法国汉学家拉克伯里(Terrien de Lacouperie)和大英博物馆汉学家罗伯特·肯纳韦·道格拉斯(R. K. Douglas)合作,花费了两三年时间重新翻译《易经》。我在本书"导论"的第8、9页提到了他们的译本中有一些不太准确的地方,主要涉及《易经》的注疏和西方人的翻译。但是我当时并不明白他们这么做有什么目的,直到今年我在1月21日出版的Athenœum杂志上看到了拉克伯里的一封信,他说他们的合译主要集中在《易经》的最古老部分和六十四卦的简短介绍,并没有涉及自公元前1200年以来的文王、孔子等人的注疏释义,这些内容一般说来应该是这部典籍的一部分。另外,他还提到,"原文与增添部分的比例基本上是全书的六分之一"。但是,如果文王、孔子的注疏都被删去,那整部《易经》也就不存在了,只剩下些伏羲的数字,没有任何文字。读者对《易经》的内容会产生误解。除非他们能够摆脱一切中国或西方的传统和思想,他们会像法老奴役下的以色列人一样毫无希望,因为巧妇难为无米之炊。

我的任何评论并没有任何敌意。如果人们能更多地了解那些已被遗忘的、久远的语言,拉克伯里也就可以重新认识中国的书写文字和语言,我会感到无比高兴的。但是,他对这部经典的内容和体系知之甚少,因此,他的译文也就不会太成功。

在《东方圣书》第三卷(包括《书经》《诗经》和《孝经》)的前言中,我提到过汉字"帝"和"上帝",认为可以用英语中的"God"来翻译,而且我在1861年之后翻译的所有中国典籍中都一直使用了这个词。1880年6月,23名学者给穆勒(F. Max Muller)写信提出了抗议,认为穆勒应该让我在他主编的书中对那些存在质疑的术语名称做出解释,而不是直接翻译过来。穆勒教授把这封信和他的回信刊登在了1880年12月30日的《时代周刊》杂志上,自此风波便停息了。我在此提起这件事情,因为尽管《易经》中这个名称并不像《书经》和《诗经》使用的频繁,之前我一直是使用"God"一词来翻译的。那些反对使用这个词的人提出,"上帝"应该翻译为"Supreme Ruler""Supreme Emperor""Ruler/Emperor on high",但是,三十年前我就思考过这个问题,查阅了几乎所有文献,我最终发现,"帝"最早常被中国的父亲们使用,要表达的概念和西方的父亲们使用"God"时要表达意思是一样的,这也是这个词一直使用最多的用法。对于读者来说,"Supreme Ruler"和"God"的意思基本上没有太大差别,即使有也非常小。我使用"God"来翻译"帝",用"Supreme God"翻译"上帝",或者有时为了简短方便,就直接都用"God",我只是在翻译这个概念,而并没有用我自己的方式来解释它。我这么做并不是为了引起争议,只是简练地表达出我理解的事实。我知道,在中国的大多数新教传教士就把"帝"和"上帝"视为"God"之意。

我就不再烦琐讲述那些翻译过程中参阅过的评论文章了,当时我并没有本土的学者帮助,当然这也为我节省了很多时间来投入其他经典中。虽然没有他人的帮助,但是我从其他渠道也有不少收获,如《日讲易经解义》,这本书是一个朋友五年前在广东为我买来的,虽然是本二手旧书,但我发现原书主人是一位饱学之士,而且能够用铅笔自由书写,从书中他留下的标点符号、行间注释和大量注解来看,他对那些最难理解的内容进行了详细的分析和研究。在此,我向这位无名学者表示感谢,同时也感谢1715年首次发行的《御纂周易折中》,我常把这本书的作者们称为康熙编委,他们的释义和观点可以将《易经》注疏提高到科学的高度。

理雅各(J. L.)
1882年3月16日 于牛津

2. 卫礼贤《易经》
1968年第三版

序言

《易经》翻译工作始于十年以前,中国革命(1911年)结束后,青岛就成了大批著名旧派学者们的居住地,就在那个时候我认识了尊

附录 《易经》《道德经》主要英译本前言/序

敬的劳乃宣老师。在他的热心帮助下，我不仅能够深入理解《大学》、《中庸》和《孟子》，而且第一次接触到了《易经》的奇妙世界。在他的精心指导下，我漫步于这个既奇特又熟悉的世界。我在翻译这部书的时候，均要事先与老师详尽讨论，然后还要把德文译文回译到中文，直到确保完全表达出原文的意思后，才真正完成翻译工作。

正当翻译工作进行之时，我们遭遇到了可怕的世界大战，中国的学者都纷纷各寻出路，劳乃宣去往孔子故里曲阜，那里有他的一些家族。《易经》翻译工作便暂时搁置，当时青岛已经被包围，我主要负责中国红十字会工作，几乎每天我都抽出一些时间研究中国古代智慧。非常巧合，我发现城外营地的一位日本指挥官在休息时候看《孟子》，而我一个德国人也一样在闲暇时候欣赏中国智慧。但是，最幸福的人莫过于一位中国老人，他痴迷于读书，连身边有手雷落下，也影响不到他，他还伸手捡起那个哑雷，说了声"真烫呀！"接着继续读书。

青岛被攻占后，我任务非常繁忙，但是还会抽时间继续翻译工作，只是开始时陪伴我的老师已经不在身边了，当时我也无法离开青岛。正当我处于迷茫之际时，我收到了劳乃宣老师的信，信中说他准备继续我们的研究工作。后来，他又回来了，我的翻译工作才得以完工。在与老师相处的时间里，我深受大师的启发。翻译主要工作结束之际，我也要返回德国，而就在这时，我尊敬的老师与世长辞。

"书本自有其命运"（Habent sua fata libelli）。即便回到德国，我似乎还是会时常被中国的古老智慧所感动，而当时在欧洲这本玄妙之书则刚刚落地发芽。我非常惊喜地发现，在弗里德瑙（Friedenau）的一个朋友家里保存有一本装帧精美的《易经》，而且这正是我在中国北京多年求之不得想寻找的善本。我的这位朋友非常慷慨地将其赠送于我，不愧为我的挚友。自此，我便携此书周游了半个天下。

后来，我又回到中国，开始了新的任务。北京已经面貌全新，我很快就得到了各方面的帮助。在北京的一个炎热夏季，我的工作接近了尾声，经过反复的审校检查，译文最终完成，尽管离我的理想还很远，但至少可以面世了。希望读者能够分享我在翻译过程中体会到的纯粹智慧之趣。

卫礼贤
1923年夏 于北京

荣格序
（C. G. Jung）

虽然我不是一位汉学家，但我曾接触过《易经》这本伟大非凡的典籍，所以愿意写下这篇序言，以作见证。同时，我也想借此机会再向老友理查德·卫礼贤（Richard Wilhelm）致敬，他深切体会到他翻译的这本典籍《易经》在西方是无可比拟的，在文化上也有相当重要的意义。

假如《易经》的意义很容易把握，我就没有必要写序言了。但事实并非如此，因为这部著作充满着重重迷障，西方学者往往将它看成一部"咒语集"，认为它异常晦涩难懂，或者并无大用。理雅各（Legge）的翻译，是到目前为止唯一可见的英文译本，但这译本并不能使《易经》更为西方人的心灵所理解。[①] 相对之下，卫礼贤竭尽心力，为人们提供了理解这本著作中那些象征手法的方便法门。他曾受教于圣人之徒劳乃宣，学过《易经》哲学及其用途，所以从事这项工作，其资格绰绰有余。而且，他还有多年实际占卜的经验，这需要很特殊的技巧。因为他能掌握《易经》生机活泼的意义，所以这个译本洞见深邃，远超出了中国哲学范畴的学术知识。

---

① 理雅各曾在译本引言中表达过这样的态度："According to our notions, a framer of emblems should be a good deal of a poet, but those of Yi only make us think of a dryasdust. Out of more than three hundred and fifty, the greater numbers are only grotesque."（The Sacred Books of the East, XVl: The Yi King, 2nd edn., Oxford: Clarendon Press, 1899, p. 22.）关于卦象"lessons"，他说"But why, it may be asked, why should they be conveyed to us by such an array of lineal figures, and in such a farrago of emblematic representations"（Ibid., p. 25）。但是，我们无从得知理雅各是否曾证实过这些方法是有效的。

附录 《易经》《道德经》主要英译本前言/序

卫礼贤对于《易经》复杂问题的理解，以及实际运用它时所具有的洞见，都使我深受其益。我对占卜的兴趣已近30多年，对我而言，占卜作为探究潜意识的方法似乎具有非比寻常的意义。我在20世纪20年代初期遇到卫礼贤时，对《易经》已经相当熟悉。卫礼贤除了肯定我所了解的事情以外，还教导我其他更多的事情。

我不懂中文，而且也从未踏足过中国，但我可以向我的读者保证，要找到进入这本中国思想巨著的正确法门，并不容易，它和我们思维的模式相比，实在距离得太远了。假如我们想彻底了解这本书，当务之急是必须去除我们西方人的偏见。比如说：像中国人这样天赋异禀而又聪慧的民族，居然没有发展出我们所谓的科学，这实属奇怪。事实上，我们的科学是建立在以往被视为公理的因果法则上，这种观点目前正处在巨变之中，康德《纯粹理性批判》无法实现的事情，在当代物理学那里都能圆满解决。因果律公理已从根本处动摇，我们现在了解的所谓自然规律，仅仅是统计方面的真理而已，因此必然会有例外发生。我们还没有充分体会到：我们在实验室里，需要极严格的限制其状况后，才能得到不变而可靠的自然律。假如我们让事物顺其本性发展，我们可以见到截然不同的图像：每一历程或偏或全都要受到概率的干扰，这种情况极为普遍，因此在自然的情况下，能完全符合律则的事件反倒是例外。

正如我在《易经》里看到的，中国人的心灵似乎完全被事件发生的概率层面吸引住了，我们认为巧合的，却似乎成了这种特别的心灵的主要关怀。而我们所推崇的因果律，却几乎完全受到漠视。我们必须承认，概率是非常非常的重要，人类费了无比的精神，竭力要击毁且限制概率所带来的祸害。然而，有概率实际的效果相比之下，从理论上考量却得的因果关系顿时显得软旨无力，贱如尘土。石英水晶自然可以说成是种六面形的角柱体——只要我们看到的是理想上的水晶，这种论述当然非常正确。但在自然世界中，虽然所有的水晶确实都是六角形，却不可能看到两个完全相同的水晶。可是，中国圣人所看到的却似乎是真实的，而非理论的形状。对他来说，繁杂的自然律所构成的经验实体，比起对事件作因果的解释，更要来得重要。因为事件必须彼此一一分离后，才可能恰当地以因果处理。

附录 《易经》《道德经》主要英译本前言/序

《易经》对待自然的态度,似乎很不以我们因果的程序为然。在古代中国人的眼中,实际观察时的情境,是概率的撞击,而非因果会集所产生的明确效果;他们的兴趣似乎集中在观察时概率事件所形成的机缘,而非巧合时所需的假设之理由。当西方人正小心翼翼地过滤、较量、选择、分类、隔离时,中国人对刹那的理解却包含一切到最精致、超感觉的微细部分。因为所有这些成分都会会聚一起,成为观察时的刹那。

因此,当人投掷三枚硬币,或者拨算49根蓍草时,这些概率的微细部分都进入了观察的刹那图像中,成为它的一部分——这"部分"对我们并不重要,但对中国人的心灵来说,却具有无比的意义。在某一情境内发生的事情,无可避免地会含有特属于此一情境的性质。这样的论述在我们看来,可以说陈腐不堪。但这里谈的不是抽象的论证,而是实际的状况。有些行家只要从酒的色泽、味道、形态上面,就可以告诉你它的产地与制造年份。有些古董家只要轻瞄一眼,就可非常准确地说出古董或家具的制造地点与制造者。有些占星家甚至于在以往完全不知道你的生辰的情况下,却可跟你讲你出生时日月的位置何在,以及从地平面升起的黄道带征状为何。我们总得承认:情境总含有持久不断的蛛丝马迹在内。

换言之,《易经》的作者相信卦爻在某情境运作时,它与情境不仅在时间上,而且在性质上都是契合的。对他来说,卦爻是成卦时情境的代表——它的作用甚至超过了时钟的时辰,或者历表上季节月份等划分所能作的,同时卦爻也被视为它成卦时主要情境的指引者。

这种假设蕴含了我所谓的"同时性"这种相当怪异的原则,这个概念所主张的观点,恰与因果性所主张的相反,后者只是在统计学上的真理,并不是绝对的,这是种作用性的臆说,假设事件如何从彼衍化到此。然而"同时性"原理却认为事件在时空中的契合,并不只是概率而已,它蕴含更多的意义,一言以蔽之,也就是客观的诸事件彼此之间,以及它们与观察者主观的心理状态间,有一特殊的互相依存的关系。

古代中国人用心灵思考宇宙的时候,在某种程度上可以和现代的物理学家比美,他不能否认他的世界模型确确实实是一种心理物理结构，微观物理事件所包含的观察者，就像《易经》里包含主观的也就是刹那情境中的心理状态。正如因果性描述了事件的前后系列，对中国人来说，同时性则处理了事件的契合。因果的观点告诉我们一个戏剧性的故事：D是如何呈现的？它是从存于其前的C衍生而来，而C又是从其前的B而来，如此等等。相形之下，同时性的观点则尝试塑造出平等且具有意义的契合之图像。ABCD等如何在同一情境以及同一地点中一齐呈现。首先，ABCD都属于同一类型的心理事件，而且这四者也都是同一刹那情景的代表，此情境显示了一合理可解的图像。

《易经》六十四卦是一种象征性的工具，它们决定了六十四种不同而各有代表性的情境，这种诠释与因果的解释可以互相比埒。因果的联结可经由统计决定，而且可经由实验控制，但情境却是独一无二，不能重复的，所以在正常状况下，要用同时性来实验，似乎不可能。① 《易经》认为要使同时性原理有效的唯一法门，乃在于观察者要认定卦爻辞确实可以呈现他心理的状态，因此，当他投掷硬币或者区分蓍草时，要想定它一定会存在于某一现成的情境当中。而且，发生在此情境里的任何事情，都统属于此情境，成为图像中不可分割的图式。但如此明显的真理如真要透露它的含义，只有读出图式以及证实了它的诠释以后，才有可能。这一方面要依赖观察者对主观与客观情境具有足够的知识，另一方面要依赖后续事件的性质而定。这种程序显然不是习于实验证明或确实证据的批判性心灵所熟悉的，但对于想从和古代中国人相似的角度来观察世界的人士来说，《易经》也许会有些吸引人之处。

我以上的论证，中国人当然根本想不到。相反，依据古老传统的解释，事实上是经由"神灵中介"通过诡秘的方式，蓍草才能显露出有意义的答案。② 这些力量凝聚一起，成为此书活生生的灵魂。由于此书是种充满灵的存有，传统上认为人们可向《易经》请问，而

---

① J. B. Rhine, *The Reach of the Mind* (New York and London, 1928).
② 它们称为"神"(spirit-like)。"Heaven produced the 'spirit-likethings'" (Legge, p.41).

附录 《易经》《道德经》主要英译本前言/序

且可预期获得合理的答复。谈到此处，我突然想到：如果外行的读者能见识到《易经》怎样运作，也许他们会感兴趣。为此缘故，我一丝不苟，完全依照中国人的观念做了个实验：在某一意义下我将此书人格化了，我要求它判断它目前的处境如何——也就是我将它引荐给英语世界的群众，结果会怎样？

虽然在道家哲学的前提内，这样的处理方法非常恰当，在我们看来却显得过于怪异。但是，即使精神错乱导致的诸种幻觉或者原始迷信所表现出来的诸种诡谲，我都没有害怕过，我总尽量不存偏见，对新事物保持好奇。那么，此次我为何不冒险与此充满灵性的古代典籍对谈一下呢？这样做，应当不至于有任何伤害，反而还可让读者见识到源远流长、贯穿千百年来中国文化的心理学之方法。不管对儒家或者道家学者来说，《易经》都代表一种精神的权威，也是一种哲学奥义的崇高显现。我利用掷钱币的方法占卜，结果所得的答案，是第五十卦——鼎卦。

假如要与我提的问题之方式相应，卦爻辞必须这样看待：《易经》是位懂得告谕的人士。因此，它将自己视作一座鼎，视作含有熟食在内的一种礼器，食物在这里是要献给神灵歆用的。卫礼贤谈到这点时说道：

鼎是精致文明才有的器物，它示意才能之士应当砥砺自己为了邦国利益牺牲奉献。从这里我们可以看到文明在宗教上已达到巅峰。鼎提供牲礼，因此，尊崇他们即尊崇上帝。透过了他们，上帝的旨意应当谦卑地接受下来。

回到我们的假设，我们必须认定：《易经》在此是在给自己作见证。

当任何一卦的任何一爻值六或九之时，表示它们特别值得注意，在诠释上也比较重要。[①] 在我卜得的这个卦上，神灵着重九二、九三两爻的九（即变爻），爻辞为：

九二，鼎有实，我仇有疾，不我能即，吉。

There is food in the ting.

---

① 见卫礼贤译本第721页所述。

附录 《易经》《道德经》主要英译本前言/序

My comrades are envious,

But they cannot harm me.

Good fortune.

《易经》说它自己："我有（精神）资粮"。分享到伟大的东西时，常会招来忌妒，① 忌妒之声交加是图像里的一部分。忌妒者想剥夺掉《易经》所拥有的，换言之，他们想剥夺掉它的意义，甚或毁掉它的意义。但他们的恶意毕竟成空，它丰富的内涵仍然极为稳固，它正面的建树仍没有被抢走。爻辞继续说道：

九三，鼎耳革，其行塞，雉膏不食。方雨亏悔，终吉。

The handle of the ting is altered.

One is impeded in his way of life.

The fat of the pheasant is not eaten.

Once rain falls, remorse is spent.

Good fortune comes in the end.

"把柄"是鼎上可以把捉的部分，它旨出了《易经》（鼎卦）里的一个概念（德语的"把柄"作 Griff，"把捉"作 gegriffen，"概念"作 Begriff）。② 但随着时光流逝，这个概念显然已有改变，所以我们今天已不再能够把握《易经》，结果"其人生命之途受到阻碍"。当我们不再能从占卜睿智的劝谕以及深邃的洞见中获得助益时，我们也就不再能从命运的迷宫以及人性的昏暗中首席别出明路。肥美的雉鸡是再度承受甘霖，也就是空虚已被克服，痛失智慧的悔恨也告一段落时，渴望已久的时机终再降临。卫礼贤评道："此处描述一个人身处在高度发展的文明中，却发现自己备受漠视，其成效备受打击。"《易经》确实在抱怨它的良质美德受人忽视，赋闲在地，可是它预期自己终将会再受肯定，所以又自我感到欣慰。

对我向《易经》质询的问题，这两段爻辞提出了明确的解答，它既不需要用到精微细密的诠释，也不必用到任何精构的巧思及怪诞的

---

① 例如，有关炼金术的古拉丁典籍中也常用到"invidi"（妒忌），如11 或 12 世纪的《哲学的漩涡》（*Turba Philosophorum*）一书。

② 来自拉丁语"concipere"，表示"一起拿"，用于器皿时"concipere"来自于"capere"，表示"抓住"。

附录 《易经》《道德经》主要英译本前言/序

知识。任何稍有点常识的人可领会答案的含义，这答案指出一个对自己相当自信的人，其价值却不能普为人承认，甚至于连普为人知都谈不上。答者看待自己的方式相当有趣，它视自己为一容器，牺礼借着它奉献给诸神，使诸神歆享礼食。我们也可以说：它认定自己为一礼器，用以供应精神食粮给潜意识的因素或力量（神灵），这些因素或力量往往向外投射为诸神——换言之，其目的也就是要正视这些力量应有的分量，以便引导它们，使它们进入个体的生命当中，发挥作用。无疑地，这就是宗教一解（religio）最初的含义——小心观察、描述神奇之物（来自 relegere①）。

《易经》的方法确实考虑了隐藏在事物以及学者内部的独特性质，同时对潜藏在个人潜意识当中的因素，也一并考虑了进去。我请教《易经》，就像某人想请教一位将被引荐给朋友认识的先生一样，某人会问：这样做，这位先生是否觉得高兴。《易经》在答复我的问题时，谈到它自己在宗教上的意义，也谈到它目前仍然未为人知，时常招致误解，而且还谈到它希望他日重获光彩——由最后这点显然可以看出：《易经》已瞥见我尚未写就的序言，更重要的，它也瞥见了英文译本。这样的反应很合理，就像我们可以相同处境的人士预期到的情况一样。

但是，这种反应到底是如何发生的？我只是将三枚小铜板轻掷在空中，然后它们掉下，滚动，最后静止不动，有时正面在上，有时反面在上。这种技巧初看似乎全无意义，但具有意义的反应却由此兴起，这种事实真是奥妙，这也是《易经》最杰出的成就。我所举的例子并不是独一无二的，答案有意义乃是常例。西方的汉学家和一些颇有成就是中国学者很痛心疾首地告诉我：《易经》只是一些过时的咒语集。从谈话中，这些人士有时也承认他们曾向算命的相士——通常是道教的道士——请求占卜。这样做当然"了无意义"，但非常怪异的是：所得的答案竟然和问者心理学上的盲点极度的吻合。

西方人认为各种答案都有可能答复我的问题，我同意这种看法，而且我确实也不能保证：另外的答案就不会有同等重要的意义。但

---

① 根据词源学，rehgio 源自 religare，表示"捆绑上"。

是，所得到的答案毕竟只能是第一个，而且也是仅有的一个。我们不知道其他诸种可能的答案到底为何，但眼前这个答案已令我非常满意。重问老问题并不高明，我不想这样做，因为"大师不贰言"。笨拙而烦琐的学究之研究方式，老是想将这非理性的现象导入先入为主的理性模式，我厌恶这种方式。无疑地，像答案这样的事物当它初次出现时，就应当让它保持原样（初筮告），因为只有在当时，我们才晓得在不受人为因素的干扰下，回归到自体的本性是个什么样子。人不当在尸体上研究生命。更何况根本不可能重复实验，理由很简单，因为原来的情境不可能重新来过。每一个例都只能有一个答案，而且是最初的那个答案。

且再回到卦本身。鼎卦全体都发挥了那重要的两爻所申论的主题，这一点毫不奇怪。卦的初爻说道：

鼎颠趾，利出否。得妾以其子，无咎。

A ting with legs upturned.

Furthers removal of stagnating stuff.

One takes a concubine

for the sake of her son.

No blame.

《易经》就像一只废弃的鼎，翻转在一旁，无人使用。我们需要将它翻转过来，以便清除沉淀之物，爻辞如是说道。这种情况就像有人在他的妻子没有子女时，才另娶妾妇，《易经》所以再度被人触及，也是因为学者再也找不到其他的出路后所致。尽管妾妇在中国有半合法的地位，实际上，她只是尴尬地暂处其位而已。同样地，占卜的巫术方法也只是为求得更高目标时所利用的方便途径罢了。虽然它只偶尔备用，但它的心理没有怨尤。

第二、三爻前已述及，第四爻论道：

鼎折足，覆公餗，其形渥，凶。

The legs of the ting are broken.

The prince's meal is spilled

And his person is soiled.

Misfortune.

鼎在这里已开始使用，但情况显然很糟，因为占卜被误用了，或者遭到了误解。神灵的食物掉了一地，其人的颜面尽失。理雅各如此翻译："臣民将因羞愧而脸红。"误用鼎这类的礼器真是大不敬，《易经》在此显然坚持自己作为礼器应有的尊严，它抗议被亵渎使用。

第五爻论道：

鼎黄耳金铉，利贞。

The ting has yellow handles,

golden carrying rings.

Perseverance furthers.

《易经》似乎重新正确地（黄色）为人理解，亦即透过了新的概念，它可被掌握住，这概念甚有价值（金色）。事实上也是如此，因为有了新的英文译本以后，此书比起以往，更容易让西方世界接受。

第六爻说道：

鼎玉铉，大吉，无不利。

The ting has yellow handles,

golden carrying rings.

Perseverance furthers.

玉以温润柔美著称，假如环是用玉制成的，整个容器看来必定是绮丽精美，珍贵非凡。《易经》此时不仅是踌躇满志，而且还是极度乐观。我们只能静待事情进一步的发展，但同时也得对《易经》赞成新译本此种结果，感到称心快意。

在上述这个例证当中，我已尽可能客观地描述占卜运作的情况。当然，运作的程序多少会随着提问题之方式的不同，而与之变化。比如说，假如某人身处在混乱的情境里，他也许会在占卜时现身为说话者的角色。或者，假如问题牵涉到他人，那个人也许会成为说话者。然而，说话者的认定并不全部依赖所提问题的态度而定，因为我们和我们伙伴的关系并不永远由后者决定。通常我们的关系几乎全仰赖我们自己的态度——虽然我们常忽略此项事实。因此，假如个人没有意识到他自己的关系网中所扮演的角色，他终将会感到惊讶：怎么会和预期的恰好相反。他自己就像经文偶尔指引的一样，过分夸大了它的角色。有时我们将某一情境看得太严重，过分夸大了它的重要性，当我们请示《易经》时，答案会指向潜藏在问题里面一些被忽略的层面，这种情况也可能发生。

刚开始时，这样的例子仅有一次是不理想的，他得到了第廿二卦，"贲"卦——极具美感的一个卦。这使人联想到苏格拉底的神祇对他的劝导："你应该多来些音乐。"苏格拉底因此开始玩起长笛。在执着理性及对生命采取学究态度方面，孔子与苏格拉底难分轩轾，但他们两人同样不能达到此卦第二爻所劝说的"连胡须都很风雅"的境界。不幸的是，理性与烦琐的教学通常都缺乏风雅与吸引力，所以从根本上看，占卜的说法可能没有错。

还是再回到卦上来吧，虽然《易经》对它的新译本似乎相当满意，而且还甚为乐观，但这不能保证它预期的效果确实可在大众身上看出。因为在我们的卦里有两爻具有阳九之值，我们可由此知道《易经》对自己的预期为何。依据古老的说法，以六（老阴）或九（老阳）称呼的爻，其内在的张力很强，强到可能倒向对立的一方上去，也就是阳可转变成阴，反之亦然。经由此种变化，在目前的案例上，我们得到了第三十五卦，晋卦。

此卦的主旨描述一个人往上爬升时，遭遇到的命运形形色色，卦文说明在此状况下，他究竟该如何自处。《易经》的处境也和这里描述的人物相同。它虽仿如太阳般高高升起，而且表白了个人的信念，但它还是受到打击，无法为人相信——它虽然继续竭力迈进，但甚感悲伤，可是，"人终究可从女性祖先获得极大的幸福"。心理学可以帮助我们理解这段隐晦的章节。在梦中或童话故事里，祖母或女性祖先常用来代表无意识，因为在男人的无意识中，常含有女性心灵的成分在内（无意识是荣格提出的一个重要概念）。如《易经》不能为意识接受，至少无意识可在半途迎纳它，因为《易经》与无意识的关系远比意识的理性态度要来得密切。既然梦寐中的无意识常以女性的形态出现，这段话很可能就可以作如此的理解，女性（也许是译者）带着母性的关怀，关怀此书。因此，对《易经》来说，这自然是"极大的幸福"。它预期可普遍让人理解，但也担忧会被人误用——"如鼯鼠般前进"。需要时刻牢记："不要将得失放在心上"，要免于"偏心"，不要对任何人强聒不舍。

附录　《易经》《道德经》主要英译本前言/序

　　《易经》冷静面对美国书籍市场的命运,它的态度就和任何理性的人面对一本引人争议的著作之命运时,所表现出来的没有两样。这样的期望非常合理,而且合乎常识,要找出比这更恰当的答案,反而不容易。

　　这些都在我写下以上的论述前发生,当我达到此点结论时,我希望了解《易经》对于最新的情况抱着什么样的态度,因为我既然已加进了这场合,情况自然也随着我所写的而有了变化,而我当然也希望能聆听到与我的行为相关的事。由于我一向认定学者对科学应负责任,所以我不习惯宣扬我所不能证实,或至少理性上不能接受的东西。因此,我必须承认在写这篇序言时,我并不感到太过快乐。要引荐古代的咒语集给具有批判能力的现代人,使他们多少可以接受,这样的工作实在很难不令人踟蹰不前,但我还是做了,因为我相信依照古代中国人的想法,除了眼睛可见的外,应当还有其他的东西。然而,尴尬的是:我必须诉诸读者的善意与想象力,而不能给他周全的证明以及科学而严密的解释。非常不幸地,有些用来反对这具有悠久传统的占卜技术之论证,很可能会被提出来,这点我非常了解。我们甚至不能确定:搭载我们横渡陌生海域的船只,是否在某地方漏了水?古老的经文没有讹误吗?尉礼贤的翻译是否正确?我们的解释会不会自我欺骗?

　　《易经》完全主张自知,而要达到此自知的方法,可能会百般受到误用,所以那些个性浮躁、不够成熟的人士,并不适合使用它,知识主义者与理性主义者也不适宜。只有深思熟虑的人士才恰当,他们喜欢沉思他们所做的以及发生在他们身上的事物。但这样的倾向不能和忧郁症的胡思乱想混淆在一起。我上面已提过,当我们想调和《易经》的占卜与我们所接受的科学信条时,会产生很多的问题,我对此现象并没有解答。但毋庸多言的是:这一点都不怪异我在这些事情上的立场是实用主义的,而教导我这种观点之实际效用的伟大学科,则是精神治疗学与医疗心理学。也许再没有其他的领域,使我们必须承认有这么多不可预测的事情;同时再也没有其他的地方,可以使我逐渐采用行之久远,但不知为何运作的方法有问题的疗法也许会不期而愈,而所谓的可靠方法却可能导致出非常怪异的事情,理性主义者常

附录 《易经》《道德经》主要英译本前言/序

心怀畏怖,掉头走开,事后再宣称他什么事情都没有看到。非理性,它盈满生命,它告诉我:不要抛弃任何事情,即使它违背了我们所有的理论(理论在最好的情况下,其生命仍甚短暂),或者不能立即解释,也不要抛弃。这些事情当然令人不安,没有人能确定罗盘到底是指向真实或者指向了虚幻但安全、确定与和平并不能导致发现,中国这种占测的模式也是如此。那方法很显然是指向了自我知识,虽然它总是被用在迷信的用途上。

我绝对相信自我知识的价值,但当世世代代最有智慧的人士都宣扬这种知识是必要的,结果却一无所成时,宣扬这样的观点是否有任何用处?即使在最偏见的人的眼中,这本书也很明显地展露了一种悠久的劝谕传统,要人细心明辨自己的个性、态度以及动机。这样的态度吸引了我,促使我去写这篇序言。关于《易经》的问题,我以前只透露过一次:那是在纪念理查德·卫礼贤的一次演讲中说出来的,其余的时间我都保持缄默。想要进入《易经》蕴含的遥远且神秘之心境,其门径绝对不容易找到。假如有人想欣赏孔子、老子他们思想的特质,就不当轻易忽略他们伟大的心灵,当然更不能忽视《易经》是他们灵感的事情,我绝不敢公开表露。我现在可以冒这个险,因为我已八十几岁了,民众善变的意见对我几乎已毫无作用。古老的大师的思想比西方心灵的哲学偏见,对我来说价值更大。

我不想将个人的考虑强加在读者身上,但前文已经提过,个人的人格通常也会牵连到占卜的答案里面。当我在陈述我的问题时,我也请求占卜对于我的行为直接评论。这次的答案是第二十九卦,"坎"卦。其中第三爻特别重要,因为这爻里面有六(老阴)之值。这一爻说道:

六三,来之坎坎,险且枕,入于坎陷,勿用。

Forward and backward, abyss on abyss.

In danger like this, pause at first and wait,

Otherwise you will fall into a pit in the abyss.

Do not act in this way.

假如在以前的话,我将会无条件地接受劝告:"慎勿如是行",对于《易经》不发一言,因为我没有任何的意见。但在目前,这样的

附录 《易经》《道德经》主要英译本前言/序

忠告也许可以当作《易经》工作方式的一个范例看待。事实上，我目前求进不能，求退不得。谈占卜的事情，除了上述所说的以外，再也不能多说什么。想往后退，将我个人的见解完全舍弃，也做不到。我正处在这样的状况当中。然而，事情很明显，假如有人开始考虑到《易经》，将会发现它的问题确实是"深渊重深渊"。因此无可避免地，当人处在无边无际的危险以及未经批判的思辨中时，必须要"且止且观"，否则人真是会在黑暗中迷路。难道在理智上还有比漂泊在未经证实的幻象，有比这更令人不安的处境吗？这就是《易经》如梦似幻的氛围。在其中，人除了依赖自己容易犯错的主观判断外，其余一无可恃。我不得不承认，这一爻非常中肯地将我撰写上述文字时的心情表达出来。此卦一开始即令人欣慰的文字也是同样的中肯——"假如你是真诚的，在你的内心里你已成功。"——因为它指出了在此具有决定性的事物，并不是外在的危险，而是主观的状况，也就是说：人能否真诚。

这个卦将处在这种处境里的主动行为，比作流水的行为模式，它不畏惧任何危险，从悬崖纵跃而下，填满行程中的坑坑谷谷（坎也代表水）。这是"君子"的行为以及"从事教化事业"的方式。

坎卦确实不是一个很让人舒畅的卦。它描述行动者似乎身处重重危机，随时会落入花样百出的陷阱里面。我发现深受无意识（水）左右、精神病随时会发作的病人，坎卦通常最易出现。假如有人较为迷信，很可能他会认为这个卦本身就含有某些这类的意义。但是就像在解释梦境时，学者必须极端严格地顺从梦显现的真实状况，在向卦象请教时，人也应当了解他所提出的问题的方式，因为这限制了答案的诠释。当我初次请教占卜时，我正考虑仍在撰写的《易经》序言之意义，因此我将这本书推向前，使它成为行动的主体。但在我的第二个问题里面，我才是行动的主体，因此在这个案例当中，如果仍将《易经》当作主体，这是不合逻辑的，而且，解释也会变得不可理解，但假如我是主体，那种解释对我就有意义，因为它表达了我心中无可否认的不安与危殆之感。假如有人斗胆立足在这样不确定的立场上，他受到无意识影响，但又不知道它的底细，在此情况下，不安危殆之感当然是很容易产生的。

这个卦的第一爻指出危险的情况:"在深渊中,人落入了陷阱。"第二爻所说的也是相同,但它接着劝道"人仅应该求得微小的事物",我竭力实践这项劝谕,所以在这篇序言里,我仅想将中国人心灵中《易经》如何运作的情况摊展出来,而放弃了对全书作心理学的评论这样雄心勃勃的计划。

第四爻论道:

樽酒簋贰,用缶,纳约自牖,终无咎。

A jug of wine, a bowl of rice with it;

Earthen vessels

Simply handed in through the window.

There is certainly no blame in this.

卫礼贤如此评论:"按照惯例,一个官吏在被任命前,总要敬献某些见面礼以及推荐书信,但此处一切都简单到了极点。礼物微不足道,没有人赞助他,所以他只好自我介绍。但假如存有危急时互相扶助的真诚心意,这就没有什么好羞愧的。"

第五爻继续谈论受困的题旨,假如有人研究水的性质,可以发现它仅流满到洼坑的水平面,然后会继续再流下去不至于搁置在原先的那地方:

坎不盈,只既平,无咎。

The abyss is not filled to overflowing,

It is filled only to the rim.

但假如有人看到事情仍不确定,他受不住危险的诱惑,坚持要特别努力,比如说要评论等,这样只会陷入困窘之境。最上一爻非常贴切地描述道:这是种被束缚住、如置囚笼的状况。无疑地,最后一爻显示人如果不将这卦的咨询牢记在心,会产生怎样的后果。

在我们这个卦的第三爻有六(老阴)之值,这阴爻产生了张力,遂变为阳爻,由此另生一新卦,它显示了新的可能性或倾向。我们现在得到的是第四十八卦,井卦。水的洼洞不再意味着危险,相反地,它指向了有利的状况,一口井:

君子以劳民劝相。

Thus the superior man encourages

the people at their work,

And exhorts them to help one another.

百姓彼此互相帮助的意象似乎是要将井重新疏浚，因为它已崩塌，充满泥渣，甚至连野兽都不能饮用。虽有游鱼活在里面，人们也可捕捉得到它，但是井却不能用来饮水，换言之，也就是它不能符合人们的需要。这段描述使人忆起那只颠倒在地，不为人用的鼎，它势必会被安装上新的把柄。而且，就像那鼎一样，井已清理，但仍然无人从中饮水：

我心伤悲

人原可汲其水

危险的水坑或深渊皆指《易经》，井也是如此，但后者有积极的意义：井含有生命之水，它应当重修后再度使用，但世人对此毫无概念，因为樽已破裂，再也找不到可以汲取此水的器具了。鼎需要新的把柄与携环才能把捉得住，同样地，井也需要重新规划，它含有"清冷之泉，人可饮用"。人可以从中汲水，"它很可靠"。

在这个启示里面，《易经》很明显地又是言说的主体，它将自己视同活水之泉。以前的卦爻描绘出乎意料，陷入深渊之中。但他必须奋力跳脱出来，以便发现古老的废井。这口废井虽埋没在泥沼中，却可重修后再度使用。

我利用钱币占卜所显现的概率方式，提出两个问题，第二问题是在我写完对第一个问题的答案之分析后提出来的。第一个问题直接指向《易经》：我想写篇序言，它的意见怎样？第二个问题则与我的行为，或者该说：我的情境有关，当时我是行动的主体，我刚刚讨论完第一个卦。《易经》回答第一个问题时，将自己比作鼎，一只需要重新整修的礼器，这器物却不能得到群众完全的信任。回答第二个问题时，则指出我已陷入困境，这困境显象为深邃而危险的水坑，人很可能轻易地就会陷身进去。然而，小坑可以是个古井，它仅需要再加整修，即可重新使用。

这四个卦在主题上（器物、坑洞、井）大体一致；在思想的内容上，它们似乎也甚有意义。假如有人提出这样的答案，身为精神病医师的我，一定会宣称他的心智很健全，至少在他所提的事情上没有问

附录 《易经》《道德经》主要英译本前言/序

题。在这四个答案里面，我一点也发现不到任何的谵语、痴语或精神分裂的蛛丝马迹。《易经》历史悠远，源出中国，我不能因为它的语言古老、繁复，且多华丽之词，就认定它是不正常的。恰好相反，我应该向这位虚拟的人物道谢，因为他洞穿了我内心隐藏的疑惑不安。但从另外的角度来说，任何聪明灵活的人士都可将事情倒过来看，他们会认为我将个人主观的心境投射到这些卦的象征形式里面。这样的批评是依照西方理性的观点下的，它虽然极具破坏性，但对《易经》的功能却丝毫无损。而且正好相反，中国的圣人只会含笑告诉我们："《易经》把你尚未明朗化的思虑投射到它那奇妙的象征符号当中，这不是很有用吗？否则，你虽然写下序言，却不了解它可能产生极大的误解。"

中国人并不关心对于占卜应当抱持怎么样的态度，只有我们因为受到因果观念的偏见之牵绊，才会满腹迷惑，再三关心。东方古老的智慧强调智者要了解他自己的思想，但一点也不看重他达到的方式怎样。我们越少考虑《易经》的理论，越可以睡得安稳。

我认为建立在这样的范例上，公平的读者现在至少可以对《易经》的功能作个初步判断。对于一篇简单的导论，不宜苛求太多。假如经由这样的展示，我能成功地阐明《易经》心理学的现象，我的目的就达成了。至于这本独特的典籍激起的问题、疑惑、批评、真是荒唐古怪，无奇不有，我无法一一答复。《易经》本身不提供证明与结果，它也不吹嘘自己，当然要接近它也绝非易事，也不提供力量，但对雅好自我知识以及智慧的人士来说，也许是本很好的典籍。《易经》的精神对某些人，可能明亮如白昼，对另外一个人，则晞微如晨光；对于第三者而言，也许就黝暗如黑夜。不喜欢它，最好就不要去用它；对它如有排斥的心理，则大可不必要从中灵求真理。就让《易经》走进这世界里来，造福那些能明辨其意义的人。

荣　格

苏黎世　1949 年

附录　《易经》《道德经》主要英译本前言/序

贝恩斯译者注

将一个译本再翻译为另外一种语言的译本，不免会引起人们的疑问：原文本会经历双重扭曲，为何要冒此风险呢？如果拿卫礼贤的《易经》德译本来说，这个答案就容易回答了。无论《易经》有多少个译本，也无论这些译本多么出众，卫礼贤的译本始终独一无二，这不仅是因为他与《易经》之间的特殊因缘，更是由于他翻译这部作品时的特殊时代背景。与《易经》其他译者不同的是，卫礼贤并不将饱学之士视作为目标读者，他所面临的艰巨任务是要让普通读者能够读懂《易经》。他希望，这部记载人类最早探索宇宙世界的哲学著作，不只是哲学家们的专属领域，而且能够进入寻常百姓的生活中，因为这些普通人也像《易经》的作者一样，关心人与宇宙、人与人之间的关系。

卫礼贤译本的独特性不仅是他的翻译目的，而且还有他完成这个译本的整个环境。卫礼贤长期居住在中国，谙熟中文（书面语和口语），结识了众多中国文化领袖人物，这些条件使他能够从中国人自身角度理解中国典籍。在翻译《易经》的过程中，他受到了一位晚晴旧派学者的鼎力相助，这位学者善于历代经纶考注。

另一方面，卫礼贤本人自然也希望能够将他的译文翻译为英文，带给更多读者，希望更多人分享他从《易经》中发现的智慧。卫礼贤认为，如果读者能够需要具备一定的思想素养，在阅读此书时，就不会把甲骨文当做是江湖骗子的鬼把戏。卫礼贤在这本书中表达出的信念会随着时间得到印证。

当年我在苏黎世学习分析心理学时，荣格博士建议我把卫礼贤的《易经》德译本翻译成英文，而且会卫礼贤会提供审稿，原本我认为这在很大程度上可以弥补我不懂中文的缺陷，但是，后来卫礼贤先生在1930年就去世了，而我的译稿还远没有完成。在随后的翻译过程中，我发现了真正能弥补我中文缺陷的东西，那就是在我大量阅读荣格博士作品之后，已经逐渐了解了中文语言的哲学。

由于恰逢第二次世界大战，我的翻译工作中断了很长一段时间，虽然有所延迟，但最终还是完成了译稿，在译稿交予出版社后，卫德明（Hellmut Wilhelm）这位子承父业热衷易学研究的博士，便离开了北京，辗转美国继续他的汉学研究工作。他对其父亲卫礼贤的作品研究颇深，之前我曾多次写信向他请教问题，也曾希望能有机会请他给我的翻译提出意见，如今，我很有幸与他一起审校我的译稿，他对照中文材料认真校对我的译文，那些他参阅的每本著作都曾陪伴卫礼贤先生跨越千山万水。

在刚结识卫德明博士的时候，我曾向他提出过一个问题，在翻译过程中，是否需要根据当代学者的研究成果对某些译文进行重写，这些成果在卫礼贤先生翻译的那个时代还没有出现。卫德明博士表示，译本应该准确再现其父亲译本的全貌，他的译本中任何一个小的细节都是整体的一部分，无论什么情况下都不需要做出修改。

对于卫礼贤的德文文本，我力求通过直译来指导读者理解汉语这种富含典故的形象语言，（只需对比卫礼贤和理雅各的译文，就可以证明汉语中相同的一句话可能会有完全不同的解释）当然，有时我也会调整翻译方法，根据卫德明博士的意见，在某些特殊地方，汉语意思是需要解释说明的。

中国文化所传承的伟大时代值得人们思考，为了给读者提供更完整的信息，我在译文中把卫礼贤先生所涉及的所有作品的年代和作者都尽量准确再现出来，我个人提供的注释也用方括号进行了脚注。

译本中的六十四卦英文名均才采用了小写字母，以区分同名的八卦名称。此译本又重新书写了六十四卦中文名，在此要特别感谢史裕重（音译 Shih Yu-chung）博士的帮助。译本在将德文翻译为英文过程中音译时采用了威氏拼音法。

此译本封皮上的中文书名出自台湾"中央"研究院的董绍斌教授之手。

此译本在最终定稿之前，几乎每句话都经过了反复推敲，译文也经历了多次修改。翻译开始阶段，荣格（Emma Jung）和（Frieda Hauswirth）给予我了极大的帮助。后来回国以后，Erla Rodakiewicz 博士和我的女儿 Ximena de Angulo 做了大量协助工作，还要感谢 Elizabeth M. Brown 和 Mary E. Strong 为译本的风格方面提供了宝贵意见；

感谢 Wilfrid Lay 专门为阅读《易经》学习了汉语，为我提出了一些疏漏的地方。George H. Danton 博士耗费两年时间精读了译稿，为我提出了宝贵建议。对于编辑 Renee Darmstadter，我无法用言语表达对他的感激，他不仅将我的译稿与卫礼贤德译本进行了认真的校对，还指出了英译文中问题。

此译本的翻译目标就是准确性和知识性，而且必须能够经得起考验。如果读者的思想能够由此而摆脱传统的制约，以崭新的视角审视这个世界，激发了想象力，提升了心理洞察力，这也就代表此译本忠实再现了卫礼贤的德译本《易经》。

贝恩斯（Cary F. Baynes）

康涅狄格州 莫里斯

1949 年

第三版译者注

该版以全新模式再现《易经》，全书内容更完整，印刷排版更加清晰。华盛顿大学（西雅图分校）远东及俄罗斯研究所的卫德明教授为该版撰写了序言，他评价了近年来有关《易经》的研究和译本，并介绍了其父卫礼贤译本的基本思想，卫德明教授对编者做出的一些增添、某些材料的调整，以及脚注文献信息的修订表示了认同。新版译本中调整的部分包括，在新序言中添加了一张表格"书目索引"；《论占卜法》一文移至了译本的末尾部分，便于读者参阅。德文版的六十四卦索引图换成了一般顺序的索引。

在第二版的"译者注"中，我曾提到要感谢卫德明教授为中文扉页内容提供了注释；还要感谢荣格作品的译者 R. F. C. Hull 先生热心提醒我在翻译荣格序言时犯的一个小错，该序言仅做了细微调整，于 1958 年在《东西方心理学与宗教》（*Psychology and Religion：West and East*）第十一卷"荣格作品选"发表。

学习《易经》的西方学生认为，自 1950 年第一本《易经》英译本以来，卫德明教授有两本著作对他们读懂《易经》有很大帮助：

附录 《易经》《道德经》主要英译本前言/序

《变:〈易经〉八讲》(*Change—Eight Lectures on the I Ching*)① 和《易经中的时间观》(*The Concept of Time in the Book of Change*)②。

贝恩斯(Cary F. Baynes)
康涅狄格州 莫里斯
1967 年

卫德明序言

非常高兴看到《易经》译本又有新版发行,心中不免些许自豪。译本能够如此广受欢迎,正是印证了家父的信心,他曾指出,《易经》在中国人的思想体系和历史演进中占据着绝对重要的位置,当面对人类整体发展以及人类思想发展时,它会绽放出独特的价值。

父亲的德译本和贝恩斯转译的英译本出版发行之后,两部更早时期的译本也进行了再版:一是 Harlez 在 1889 年出版的译本再次改版,书中根据我父亲的译本进行了增添;二是理雅各在 1882 年出版的译本,现在发行了两个版本,平装本③和带翟楚与翟文伯先生(Winberg Chai)父子批注的译本④。另外还有两个新译本面世,一是 Yuan Kuang 的法译本和德译本⑤;二是我的朋友 John Blofeld 翻译的简明英文译本。

据我记忆,父亲是在半个世纪以前开始翻译《易经》的,而且与他的一位中国好朋友劳乃宣一起合作。劳乃宣谙熟《易经》义理,

---

① Hellmut Wilhelm, *Change—Eight Lectures on the I Ching*, New York: Bollingen Series LXII, and London, 1960.

② Hellmut Wilhelm, *The Concept of Time in the Book of Change*, New Bollingen Series XXX, and London, 1957.

③ Dover Publications, New York, 1963.

④ I Ching: Book of Changes, translated by James Legge, edited with introductio and Study Guide by Chu Chai and Winberg Chai (New Hyde Park, New York, 1964).

⑤ Le Maltre Yuan-kuang, Methode pratique de Divination Chinoise par le "Yi-king" (Paris, 1950); Meister Yuan-kuang, I Ging: Praxis chinesischer Weissagung, translated by Fritz Werle (Munich, 1951).

同时也是当时思想开放人士之一，大力推行制度、法律、教育以及语言改革。尽管他主张正统思想，但他并不受其束缚，同时追求变革思想。正是由于他对时代的传统性保持着开放的心态，与我父亲的合作才能够如此顺利而硕果累累。

中国和西方众多学者都在不断研究《易经》的历史问题和文本义理，在此我想为大家介绍其中的一些新思路。某些学者试图挖掘某些不为人知的一些材料，诸如甲骨文，这些素材在我父亲那个时期还没有出现在研究领域；另外一些学者利用较新的研究方法，如从哲学和文本比较的角度；其次，也有学者侧重对文本的结构分析，以及进行韵律和声乐鉴赏。这些研究思路丰富了几个世纪以来人们对《易经》的理解和文本的解读。

目前，人们普遍认为我们今天看到的《易经》应该在孔子之前就已经存在了，而且也是在早期的版本基础上不断增添或演变而来的。人们也一直试图还原《易经》最初时的内容，它一定具有原始的结构和音律美，也许具有周朝早期的文献特征，也许更加优美。更具有特色的应该是使用形象来表达意思，而不是我们今天看到的那些解释性话语。如果仅仅是把早期的那些图像与后来的概念加以区分辨析，这并不能算是大功告成，因为我们已经发现这部作品中那些卦象与概念之间微妙的关系正是其原本的特色。那些卦象应该是来自于无限的领域，如肯定有些源于当时的玄学，有些来自于当时的诗歌，还有来自于宗教和社会机构，也有些能够反映历史上某个阶段的原始特征。然而，其中很多卦象却无法解释，人们只能假设《易经》中大量卦象源于其编撰者们的感官直觉。

《易经》里那些质朴的内容中一定含有早期哲人们的观点，人们透过卦象来捕捉其中蕴含的哲理，那些简短的话语告诉人们某些情景的含义，利用某些卦象来做出预测，加以解释。

如上所述，早在孔子前的一个世纪里《易经》就已经经历了明显的变化，这正说明那些早期的卦象和概念被人们不断阐释，甚至比哲人们的思想还要更为复杂，它们见证了人类思想发展的新阶段，人们自我价值实现的更高程度，而这些思想和方式是人们早期所不具备的。最明显的例子就是"君子"这个概念的出现，它是指中国周朝

附录 《易经》《道德经》主要英译本前言/序

早期社会上的贵族。这些变化产生了剧烈的影响。然而，这些变化却代表了人们逐渐认识到《易经》早期的吸纳性。

《易经》后来的《十翼》归功于孔子代表的正统传统。可以看出，至少其中《文言》中使用的语言，以及《说卦》里的一些素材，早在孔子之前的时代已经存在了。其他内容人们一般认为是出自孔子之后的时代。如今我们看到的《十翼》应该更多出自儒家之手，其中能够反映出儒家的一些风范，这都可以追溯到孔子本人的风格。《十翼》中那些带有孔子痕迹的内容应该不会是在孔子那个年代，以及孔子之后的近几年里撰写完成的，这些内容中的一些观点保留了儒家的光环，而其他内容则出现在更晚的周朝，或许后周。

除了以上的研究领域，学者们还关注了《易经》的其他一些方面，这里就无法一一解释了，其中最有影响的是《易经》体系的纯粹性，如近代德国著名思想家莱布尼茨（Gottfried Wilhelm Leibniz）曾投入研究。另外还有关注《易经》的伪书问题，以及其中有关预言的内容在一些政治斗争中发挥了作用，却脱离了典籍本身的理解。

我也参阅了大量近代中国学者对《易经》的研究成果，这些新时期的研究特点与封建时期易学的研究成就具根本的不同。《易经》已经不再被视为圣书，而是与其他古代典籍一样作为人们研究分析的对象，而且取得了丰富的成果。然而，那种不变的敬畏感正在或者准确地说，将会摆脱早期那种只关注书中的迷信或阴暗的风格。当然，每个人都清楚，很多问题还没有解决，但是头脑清醒的学者们又一次慢慢意识到，《易经》中所讲的内容就是人类思想的最佳诠释。人们从情感上更愿意把这本书视为中国最优秀传统的一部分，这种观点即便在共产主义中国也是准确无误的。即便是中国最重要的文化学者郭沫若也在早期对《易经》进行了大量研究。20世纪60年代初，社会意识形态有所宽松，人们有时间讨论知识分子问题，引起全国大讨论的两个问题就是孔子和《易经》的民族性问题，如今，这些讨论已经不再有了，但是其中的现象还存在：无论人们表达观点的机会多还是少，《易经》始终都是中国知识分子最关心的话题之一，即便是在中国大陆某些特殊时期。

该新版完成编撰工作后，编委曾考虑是否要重新编排内容结构，

附录　《易经》《道德经》主要英译本前言/序

以便西方读者阅读,最终决定维持原书的结构不变,之所以这么决定,不仅仅是坚信图书的整体性只有在极端的情况下才会出现必要的调整,而且更应该考虑到,已有的内容编排就是最有价值,而且易于读者阅读的方式。中国图书的编辑传统本身就不要求文本的整齐划一,内容编排问题主要出现在《十翼》中的某些内容,既可以根据六十四卦分开介绍,或者安排为一个完整部分。《十翼》之一的《杂卦》对六十四卦逐一进行了讨论,但与正文中的六十四卦顺序并不一致,如果按照六十四卦进行分章节,则会破坏了讨论的特殊节奏。除此之外,《杂卦》在按照其本身的顺序阅读时,就是一首完整的诗歌,具有明确的韵律结构和连贯的押韵体系。这在《象》下(小象)部分也如此,见本译本的第三部分。因此,我们就可以欣赏到中国早期的格律诗歌,而如果按照六十四卦顺序分开编排,这些特征则会无法再现。

尽管有这些考虑,我父亲在经过深思熟虑之后,还是把他的译文结构进行了调整(见以下"书目索引"),而且还系统地区分了较早的文本和《十翼》内容,这样,他就将译本分为了三个部分:正文、参考书和评注(包括《十翼》)。第一部分主要是《易经》早期的文本,包括卦辞和爻辞,在这部分还增添了"大象",以"象"(The Image)为标题,当然这些应该是《十翼》中的内容,这种编排代表了我父亲这个译本的特别之处。读者会发现,这些内容就是对每一卦的具体内容做了详细阐释和理解,充满了不断的惊喜,就如同一位"高人"对卦辞各方面的解读,因此,这些内容并不能算是正文具体信息的评注,而应该是区别于卦辞和爻辞的第三种卦象解读。

我父亲在翻译这三类典籍文本的时候,都增添了他自己的解释性注释(以小字号注明),这些内容离不开他参阅的诸多评注文献,以及他与劳乃宣和其他朋友的讨论,同样其中也融入了他本人对文本的理解和阐释。

译本第二部分主要是《十翼》的翻译,包括《说卦》和《大传》(*The Great Treatise*),译文也同样提供了我父亲的评注,译文后另附有他的一篇文章"六十四卦结构"(另一篇"论卜卦"附于该译本的最后)。

译本第三部分是按照六十四卦顺序,将第一部分的译文与《十翼》中的内容结合,也包括《大传》部分内容,以"附辞"为标题,此部分译文也提供了我父亲的评注,只是相关的体例内容就没有过多解释,而是在上面的"六十四卦结构"一文中就讲解了其中的概念。

卫德明(Hellmut Wilhelm)
1996年12月 西雅图

3. 理雅各《道家经典》
1891年版

序言

早在第三卷《东方圣书》(1879)的序言中,我就表示过要寻找合适的时机去翻译老子《道德经》、庄子作品、《太上感应篇》和道家其他几部代表性作品,为世人介绍道教的情况。

正是早年间做出的这个承诺,这两卷才有机会和读者见面,其中包含了上面提到的三篇作品,还在附录中提供了四篇道家短篇作品、林西仲对庄子几部作品的分析、若干篇庄子故事寓言列表、两篇中国著名学者所著文章(一篇写于公元586年,介绍了当时的道家观点;另一篇写于公元1078年,涉及庄子的四本著作),本卷末尾列出了涉及的主要人名。有关章节主题,读者可以参考目录、庄子作品概述以及各部分注释。

《太上感应篇》为我们再现了11世纪道教的道德伦理面貌,在早期的两部作品中,我们更倾向于把它看成是一种哲学上的思考,而不是一般意义的宗教。直到1世纪佛教传入中国后,道教才开始形成一种宗教,拥有自己的道观和道人,树立了自己的形象和仪轨。在这个过程中,它仍然保留了自身的迷信色彩,如修道成仙的信仰从一开始就继承了下来,不仅在衰退的周朝得到了发展,而且最终产生了广泛的影响,如带来了神秘色彩的预言、炼丹术、长生不老丹、占星术、灵魂附体和地狱之苦。每个阶段道教都在不断的变化，现在道教能够吸引我们的更多是作为佛教的一种低级附属，而不再是老庄思想的延续。在与佛教的接触中，道教与儒家形成了一种相对立的关系，因为儒家承认至高存在，儒学以人性和人的责任为基石，强调人的道德和社会属性。

直到 21 世纪，道教经典才开始受到应有的关注。7 世纪的时候传教士把基督教带到了中国，根据西安的石碑记载，第一批传教士来到中国后，当时他们对老庄经典的熟悉程度不亚于对儒学的了解，这些人的后代在 781 年专门立碑以纪念先人。到了 13 世纪，罗马天主教会也曾派传教士来中国，但是有关他们的文献记载却鲜为人知。

从 16 世纪末期一直到现在，天主教的伟大使命从来就没有间断过，在今天的伦敦印度事务局（the India Office）还保存有一本《道德经》的拉丁文译本，这个译本曾被马修·雷珀（Matthew Raper）带到英国，并于 1788 年 1 月 10 日呈交了英国皇家协会。原始文稿至今仍保存完好，但我们仍无法得知这个译本是出自谁人之手，仅知道它是前耶稣会士格拉蒙特（P. de Grammont）送给马修·雷珀（Matthew Raper）的。译者翻译《道德经》的主要目的是揭示古代中国人知晓的三位一体及肉身神的奥秘，但译本本身并没有什么价值，读者可以在第 115 页和第 116 页看到老子第 72 章节的解释。

新教徒在中国的传教始于 1807 年，但是，直到 1868 年湛约翰牧师（John Chalmers）才出版了《"老哲学家"老子关于玄学、政治及道德的思考》（*Speculations on Metaphysics, Polity, and Morality of "The Old Philosopher" Lao-Tsze*），与此同时，雷慕沙（Abel Remusat）于 1823 年发表的《关于老子的一生及其作品的报告》一文引起了整个欧洲的关注，他称老子的思想对后来毕达哥拉斯学派和柏拉图学派所提出的学说带来了普遍影响。继雷慕沙之后，跟他学习中文的学生，后来的另一名伟大汉学家儒莲（Stanislas Julien）于 1842 年翻译出版了《道德经》的法文全译本。雷慕沙之后，他的学生、后来也成了一名伟大的汉学家儒莲（Stanislas Julien）1842 年翻译出版了《道德经》的法文全译本，书中《道德经》被看成是最深刻、最抽象、最难懂的中国文学作品。相比之下，湛约翰的译本虽然也是全译本，但注解内容要比儒莲的译本少很多。两年之后，由普兰科纳（Reinhold von Planckner）和施特劳斯（Victor von Strauss）各自翻译的德译本在莱比锡出版，尽管风格迥异，但都体现了译者的原创和翻译才华。

我是在1879年着手为《东方圣书》翻译道家典籍，均收于此系列丛书。翻译"儒家典籍"的同时，我于1880年年底完成了多部老子作品，尽管效果还不太满意，我还是在1883年7月的《英国评论季刊》（British Quarterly Review）上发表了我的观点。

1884年，巴尔弗（Frederic Henry Balfour）在上海出版其《道德经》英译本《道书：伦理的、政治的、思辨的文本》（Taoist Texts: Ethical, Political and Speculative），全书共十章，第一章《道德经》所占篇幅最长，该译本与之前的译本在多个方面有很大不同，翟理斯（M. A. Giles）在《中国评论》1886年第3—4月期上激烈攻击了该译本和湛约翰译本，不仅如此，他还经常将矛头对准儒莲和我，根据他的观点，《道德经》的真伪值得怀疑，他表示："这部作品毫无疑问是伪造的，虽然里面有很多老子的话，但是更多的并不是他说的。"我觉得有必要对此予以澄清，就在《中国评论》1888年年第1—2月期上发表了我的回复观点，主要内容可以参考本卷"导言"第二章，我一直都坚信《道德经》是老子的真实作品，是中华民族最具代表性的思想之一。

在准备该译本的翻译工作中，我主要参阅了以下资料：

第一，嘉庆九年（1804）姑苏刻的《十子全书》，这本书可以说是道家经典最好的版本之一，刻印质量上乘，字迹清晰标准，由明朝归有光（世称"震川先生"）编撰，其中老子《道德经》占据了最重要位置，文本和注释由河上公提供（见导言第7页），全文分为两个部分，81章节，并为部分章节添加了标题。每页抬头配有大量历代注疏和编者的个人注释。

第二，参考了王弼（字辅嗣，逝于公元249年，年仅24岁）的版本和注解，见"导言"第8页。

第三，参考了焦竑的《老子翼》，万历十五年（1587）刻本。这个版本被儒莲称为"了解老子最重要和最全面的材料"，它收录了从韩非以来有关《道德经》最知名的文章，并在多个章节提供了编者

附录 《易经》《道德经》主要英译本前言/序

自己的研究注释，此书还为这部短小的《道德经》提供了64家老子注，儒莲曾专门对这些注家进行了研究，发现其中包括3位皇帝、20位道士、7位佛家、34位儒家和一些文人，他指出，这些人多从儒学视角来解读老子，不惜冒着错误诠释的风险，甚至还带有明显遏抑道家系统的意图。他还补充说，根据这种精神所做的评论，对于那些想真正走入老子思想并吸收精髓的人来说，并没有任何吸引力。因此，我认为介绍这些评注和注家是毫无用处的。

儒莲上述这些话，曾经遭到巴尔弗的控诉，在他的《道德经》译本前言注中，曾表示，这些已出版的译本有一个根本性的缺陷，就是没有一本参考了道家的注解，几乎所有的版本都渗透有儒家的影响，我认为这是对老子的一种不公平，对于一个儒家来说，道教系统就完全相当于异教，持有这种观点的评注者显然不是最好的注释者。这些儒家对待《道德经》就如同是句法家，他们根据句法结构来理解篇章，而不是根据哲学本身；他们试图借用自己的经典来诠释文本，而抛开了道家经典；他们只关注表面的浅显意思，而没有注意到隐藏深处的深奥义理。

巴尔弗很难再去批判儒莲的不足和错误，而且我认为，曾遭到他批判的其他大多数译者同样是冤枉的，他自己曾把吕岩（又名吕洞宾）的《道德经》解作为参考。在巴尔弗的慷慨胸怀下，我有机会领略了这个版本，翟理斯曾批评它是"伪作"，而且"荒诞不已"，我并不认同他的这种判断，因为我们所知有关吕岩的信息都是有疑问的，多数是明显的虚假，有很多版本都被认作是他所著，我曾藏有一本《道德经纯阳真人释义》，康熙二十九年（1690）刻本，与巴尔弗所持的版本有很大不同。

第四，上海出版的《酞上混元道德真经》（1911）一书是最完好的石刻本之一，值得收藏。据说它是出自八洞神仙之手，他们每个人都有一个"帝君"封号，《道德经》八十一章平均由这八位仙人分别作出评注，最后一位仙人注解十一个章节，文本每句拆为短句，配以"孚佑上帝"非常简短的文字解释。我认为这些都显示出古代道教的多神论和荒诞性，根据我的猜测，"孚佑上帝"应该就是吕岩。除了这些近似匪夷所思的人物，丰富的评注还是较为完整的，可以看出是

附录 《易经》《道德经》主要英译本前言/序

一手资料。其中一篇序文是出自王岗（Wan Khang 音），他称这部作品"释义通达"。

第五，《道祖真传辑要》，清光绪丁丑年（1877）重印于江苏常州，首篇为《道德经》，末篇为《感应篇》，另有十四篇道家经典，篇幅短小，巴尔福译本摘选了其中的五篇。该书由陆舆汇编，除《感应篇》而外，各篇均系李西月（原名李涵虚）所注，他曾在四川的山林中隐居。

第六，《道德经注》，临川吴澄（1249—1333）注，这本书对我的参考价值最大。吴澄是元代最伟大的学者，也是焦竑在其《老子翼》中经常引用的学者之一，儒莲也大量引用他的作品，我参阅的版本收录于1853年出版的《粤雅堂丛书》第十二集。我在1865年写书时曾描述过吴澄（《中国经典》第三卷尚书"导言"第36页），称他是"一位英勇的思想家，大胆的批评家，行文自由，其他中国学者所不及"，这在我对他作品的研究中均得到了证实，也许他应该算是一位独立的思想家（见"导言"第9页）。

研究老子作品的国外人仍然比研究老子的人少，1879年我开始翻译时，还没有译本出版，到了1881年才在上海出现了巴尔弗翻译的老子作品《南华经》（*The Divine Classic of Nan-hua: Being the Works of Chuang Tsze, Taoist Philosopher*）（见"导言"第11、12页），对于巴尔弗来说，翻译这么一部老子最难懂作品之一是一次勇敢的尝试，我想他自己也应该是这么想的，再加上翟理斯在《中国评论》中对他的工作进行了批评，就显得"更加勇气可嘉"了。但是不管怎么说，第一次有人要为我们揭开庄子的真实面目，这也是一个不小的成就。即使这第一个译本还有瑕疵，但也会对后来的人起到一定帮助，可以让他们做得更好。在准备翻译之前，我就多次参阅了巴尔弗的译本，并最终在1887年4月完稿。

翟理斯不仅指出了巴尔弗一些失误之处，而且自己也投入了翻译工作，并于去年在伦敦出版了《庄子：神秘主义者、伦理学家、社会改革家》（*Chuang Tzu: Mystic, Moralist, and Social Reformer*），但是，直到我已经翻译完工之后才得到了他的译本，我一点也不怀疑他的译文质量，只是更愿意独立完成我的翻译。在我携带译本往来于出版社

附录　《易经》《道德经》主要英译本前言/序

的时间里，才经常抽空比较一下我俩的译文，我很高兴看到他翻译上的优点，而且细心的读者也会看到我们的不同之处，并对译文有自己的评价。

在介绍我翻译过程中参考过的庄子文本之前，我不能不提到加贝伦茨教授（Georg von der Abelentz）1888 年出版了《庄子的文字对中国语法的贡献》(*Treatise on the Speech or Style of Kwang-ze as a Contribution to Chinese Grammar*)，这位卓越的汉学家所表述的观点，在每次阅读时都使我受益匪浅。

在准备翻译过程中曾参阅过的资料包括：

第一是《南华真经》，晋郭象注，唐陆德明音义，其中陆德明在《道德经》部分的每页抬头介绍了历代评注。

第二是焦竑的《庄子翼》，他还有一本姊妹篇《老子翼》(1588)，两部书同时完成，参阅了自郭象以来的四十八本家注，他把几部书根据长度分为段落，包括不同主题，我的译本基本遵循了他的体例。他的这两部著作，一部重在作品校对，另一部汇集了介绍庄子的文章。

第三是《庄子雪》，清广东人陆树芝 1796 年撰，书中前半部分收集了多部评赏《庄子》的著作概要，确如书名，洒洒万言。

第四是《庄子因》，林西仲（林云铭）撰，我持有的版本为光绪六年（1880 年）刻本。该书笔锋清新典雅，但不失前人之翔实，除未收录备受争议的四章（第 28—31 章），其余章节均附全面评点。

第五是《南华经解》，宣颖撰。该书评介具有非常珍贵的参考价值，但我收藏的版本有多处刻印错误，使用时需格外小心。巴尔福译本主要参阅了该书的内容，翟理斯曾指出过他译文中错误，应该就是源于对该经解的宽容。

第六是《庄子独见》，胡文英 1751 年撰。书中多处出现作者为经文解说正义。

剩下我所参阅的就是众多的古文选粹，包括很多经典的释义，参阅了十几本这种文集，其中收获最大的就是 Mei Khwan，书中探讨了庄子的十二本作品。

附录 《易经》《道德经》主要英译本前言/序

读者在读林西仲和陆树芝的著作时，会惊讶地发现他们频繁地认为"旧的释义"是"不完整，无法令人满意的"，甚至是"荒谬的""滑稽的"，如果核实一下文本，读者也会发现他们的判断不无道理，所以，读者就会明白，翻译庄子既要求译者拥有自己的判断，还要会运用各种批判性解读方式，才能确定外文文献的含义。正是意识到了这一点，我才先进行了初稿翻译，以便熟悉作者的独特风格和怪异思想。

《庄子》和《太上感应篇》的翻译是一项巨大的工程，两者的难度不相上下。1816年雷慕沙（A. Remusat）出版的《太上感应篇》[①]的法文译本引起了欧洲人的注意，六年之后，他翻译了《道德经》[②]，并配有少量注释和介绍性文章，但直到1828年，才在他的朋友克拉普罗特（Klaproth）的帮助下，出版了这本以满文为底本的法文译本，同年，儒莲出版了后来被视为标准的法译本《道德经》，其中包含大量相关文章如：Le Livre des recompenses et des peines, enChinois et en Francais 等。

在我的译本翻译过程中，我所参考的底本为：

第一是《太上感应篇图说》，与儒莲参考的底本一样书中附有大量配图的故事和寓言，以及丰富的注释和儒家经典引用。

第二是《太上感应篇经史集证》，乾隆重刻本。

第三是《道祖真传辑要》中的感应经，清许修德注，书中未附图片和故事。

第四是《太上感应篇注》，清惠栋撰，此书收于《粤雅堂丛书》，置于吴澄的《道德真经注》之后。据该书序言所记，惠栋之注释《感应篇》是因"先慈抱病，不肖栋日夜尝药，又祷于神，发愿注《感应篇》，以祈母疾"。作者在此书多处引征葛洪的《抱朴子》内容，并判断《感应篇》应源于葛洪。

[①] Le livre des récompenses et des peines, 1816.

[②] 《老子的生平和学说，这位公元前6世纪的哲学家，及其思想与毕达哥拉斯、柏拉图及弟子们的一致性》（*Mémoire sur la vie et les opinions de Lao-Tseu, philosophe chinois du VIe. siècle avant notre ère, qui a professé les opinions communement attribuées à Pythagore, à Platonetaleurs disciples*），巴黎，1823年。

附录 《易经》《道德经》主要英译本前言/序

　　以上即为我想在序言中所讲的内容，关于附件中所列文本信息，读者可以参阅各译文前的介绍内容。在译文的修改过程中，如果能有一位中文专家协助我解决文本和资料问题，那将会事半功倍，可惜我通常没有这么好的机会。

理雅各

牛津

1890 年 12 月 20 日

注释：

1. 该序文译自 James Legge, The Texts of Taoism in *The Sacred Books of the East*, Vol. XXXIX, London: Oxford University Press, 1891, pp. xi–xxii。

2. 雷慕沙（Abel Remusat, 1788—1832）：法国汉学的开山鼻祖，1821 年开始组织亚细亚学会，成为法国亚洲研究尤其是汉学研究者的聚会交流的处所，同时又创刊发行了《亚细亚学报》，成为法国汉学家们发布其研究成果的重要刊物。其《汉语语法成分》一书，是对汉语进行逻辑综合和推理构建的首次试验，而且也一直是整个 19 世纪汉学家们着手研究的初始教材。雷缪萨的主要作品是关于佛教的，其译作《佛国记》讲的就是中国僧人法显为瞻仰圣地，求取经书而西行印度的旅行见闻。

3. 湛约翰（John Chalmers, 1825—1899），苏格兰新教徒，曾在中国传教，撰写多部汉语研究作品，其著作包括第一部《道德经》英译本、《英粤字典》、《中国文字之结构》、《康熙字典撮要》、《中华源流》、《上帝总论》、《宗主诗章》、《天镜衡人》、《正名要论》、《纠幻首集》、《世俗清明祭墓论》、《城隍非神论》。

4. 儒莲（Stanislas Julien, 1797—1873）：原名斯塔尼斯拉斯·朱利安，法国籍犹太汉学家、法兰西学院院士，法兰西学院汉学讲座第一任教授雷慕沙的得意门生。早期作品为《孟子》拉丁文译本（1824 年）、《太上感应篇》（1835 年）、全译法文本《道德经》（1842 年）。为了继承《佛国记》的译注工作，他译了《大慈恩寺三藏法师传》（1853 年）和《大唐西域记》（1857—1858 年），这两部书被列入《汉文书籍目录译文丛书》。译著还有《突厥历史资料》、《景德镇陶录》、《赵氏孤儿》、《西厢记》、《玉娇梨》、《平山冷燕》、《白蛇精记》。

5. 巴尔弗（Frederic Henry Balfour, 1846—1909）：英国人，1870 年来华经营丝茶，后来从事文学和新闻工作，先后担任《通闻西报》《华洋通闻》主笔，1881—1886 年任上海《字林西报》主笔。同时从事道教经典的翻译。从 1879 年至 1881 年在《中国评论》第 8、9、10 卷相继发表了译著《太上感应篇》、《清静经》、《阴符经》等。作为单行本在伦敦和上海出版的有《南华真经：道家哲学家庄子的著作》（*The Divine Classic of Nan-Hua*, 1881）

附录　《易经》《道德经》主要英译本前言/序

和《道家伦理性，政治性，思想性的文本》（*Taoist Texts: Ethical, Political and Speculative*，1884），此外，1889 年伦敦出版的《世界的宗教体系》（*Religions Systems of the World*）一书中，收录了他写的《道教》一文。

6. 归有光（1507—1571）：字熙甫，又字开甫，别号震川，又号项脊生，世称"震川先生"。汉族，苏州府太仓州昆山县（今江苏昆山）宣化里人。明代官员、散文家，著名古文家。明代"唐宋派"代表作家，被称为"今之欧阳修"，后人称赞其散文为"明文第一"。与唐顺之、王慎中并称为"嘉靖三大家"。著有《震川先生集》《三吴水利录》等。

7. 李西月（1806—1856）：清代道士。初名元植，字平泉，入道后更名西月，字涵虚，号长乙山人。四川乐山人。于峨眉山遇吕洞宾及张三丰二仙，授以大道，得丹法秘要。著有《张三丰全集》《太上十三经注解》《三车秘旨》《道窍谈》《无根树注解》《九层炼心》《后天串述》等。

8. 吴澄（1249—1333）：元代杰出的理学家、经学家、教育家，字幼清，晚字伯清，元抚州崇仁凤岗咸口（今属江西省乐安县）人。宋亡后隐居家乡，潜心著述，学界称其为"草庐"先生。著述丰富，尤精研诸经，校定过《易》《书》《诗》《春秋》《礼记》《皇极经世书》《老子》《庄子》《太玄经》《乐律》《八阵图》及郭璞的《葬书》。著有《易纂言》《诗纂言》《书纂言》《春秋纂言》《三礼考注》等，在元代理学中具有崇高地位，与许衡并称"南吴北许"。

9. 加贝伦茨（Georg yon der Gabelentz, 1840—1893）：德国早期汉学家，精通多种文字，其父亲汉斯·加贝伦茨（Hans Conon von der Gabelentz, 1807—1873）是德国满文研究的奠基人。加贝伦茨 18 岁开始自学中文。1876 年以翻译和研究中文和满文的《太极图说》而获博士学位。1878 年成为莱比锡大学新成立的东亚语言讲座的教授。其成名之作是《中国文言语法》（*Grammatik der Chinesis chen Schriftsprache*）（1887 年）。他还研究《庄子》和《老子》。

10. 焦竑（1540—1620）：明代晚期著名思想家、藏书家、古音学家、文献考据学家。字弱侯，号漪园，又号澹园。祖籍日照，祖上寓居南京，世称澹园或漪园先生、焦太史。明代南京人。善写古文，家中藏书丰富，又喜著书。著有《焦氏藏书目》（二卷）、《澹园集》《老子翼》《庄子翼》《楞严经精解评林》《楞伽经精解评林》《圆觉经精解评林》以及《法华经精解评林》等。

11. 林云铭（1628—1697），字西仲，号损斋，福建闽县林浦（今属福州市仓山区）人。顺治十五年（1658）进士。著有《庄子因》《楚词灯》《韩文起》《古文析义》《西仲文集》《挹奎楼选稿》《损斋焚余》《吴山鷇音》《四书讲义》等。

12. 宣颖，字茂公，清朝人，顺治十二年（1655）拔贡。为名门之后，以孝行闻名，但仕途不顺，隐逸乡居。七八十岁之年，完成《南华经解》一书。在清代和史籍中，少见其生平活动的记载。

13. 胡文英（生卒年不详）：字质余，号绳崖，江苏武进人。朴学学者。著有《诗疑义释》《屈骚指掌》《吴下方言考》《庄子独见》《诗疏补遗》《毛诗通议》等。

附录 《易经》《道德经》主要英译本前言/序

14. 雷慕沙（Jean Pierre Abel Rémusat，1788—1832）：法国人，近代著名的中国学家，1788年9月5日出生在巴黎。因懂得汉语、蒙古语和满语而驰誉。著作有《鞑靼语研究》（1820）、《汉文文法纲要：古文与官话纲要》（1821）、《汉语语法基础》（1822年）、《中国短篇小说》（三卷本）等，法文译作《中庸》（1817）、《玉娇梨》（1826），最重要的著作是逝世以后才出版的译著《法显撰〈佛国记〉》（1836年）。

15. 惠栋（1697—1758）：清代汉学家。汉学中吴派的代表人物。字定宇，号松崖，学者称小红豆先生。其学沿顾炎武，一生治经以汉儒为宗，以昌明汉学为己任，尤精于汉代《易》学。著有《九经古义》二十二卷、《易汉学》、《孟喜易》二卷、《虞翻易》一卷、《京房易》二卷、《郑康成易》一卷、《荀爽易》一卷、《易例》二卷、《周易述》二十三卷、《明堂大道录》八卷、《禘说》二卷、《古文尚书考》二卷、《后汉书补注》二十四卷、《王士禛精华录训纂》二十四卷、《九曜斋笔记》、《松崖笔记》、《松崖文抄》、《诸史荟最》、《竹南漫录》等书。

4. 亚历山大《老子：伟大思想家》
1895年版

前言

我在孔子研究方面取得了一些成就，使我有勇气接下来为大家介绍另一个中国古典主题——与孔子同时代的另一位最杰出思想家老子的生平与箴言。然而，这两个人物存在很大的差别，在这种情况下，就有必要区别对待了，因为孔子这个人物自古就形成了比较清晰的固定形象，而老子至今还是一种隐隐约约的模糊形象，除了一些记载他生平的轶事，我们对他的了解只能从记录他话语的伟大作品《道德经》中获取。

正是基于这个原因，我翻译了这部作品，整个翻译过程我不仅投入了最大的精力，也为此放弃了很多其他事务。可能有人会问，既然已经有那么多著名的汉学专家翻译过这本书，我为什么还要做呢？我的回答是，虽然那些学者们的译本可能会对语言学专业的学生、语言学家或作家有很高价值，但是对于普通读者来说，这些译本并不都是很受欢迎，甚至是枯燥难懂，文字牵强附会、破坏了原文的意趣，破坏了作品的趣味性。我所做的最大努力，是既不采用逐句直译，也不进行过多的阐释意译，而是在两者之间权衡利弊，谨慎遵循理雅各

（Legge）博士提出的翻译原则。理雅各博士是最伟大的汉语研究学家，在他翻译的《易经》（《东方圣典丛书》第16卷）译文的前言中说道："中国的书面汉字并不是字面本身的含义，而是思想的体现；汉字写成的文章也并不是作者想要表达的内容，而是代表了他的想法。因此，逐字直译是没有用的。当译者完全理解原作者写作时的想法时，他就可以自由地运用自己的语言，以最佳的方式来表达作者的思想。在中国经典著作的研究过程中，我做的更多的是参与作者的思想交流，而很少对他所使用的文字进行解释；这是一种心与心的交流过程。"

在这个问题上，并不只有理雅各博士持有这种观点，德国学者冯普兰纳（von Plaenkner）在他的德译版《道德经》中，表达得更为明确。我认为他的观点虽然在实际翻译过程中可能超出了安全的界限，但是除了少许地方有待商榷，他的理论整体上还是很有说服力的。

本杰明·乔伊特（Benjamin Jowett）在他翻译的《柏拉图对话集》（*The Dialogues of Plato*）第二版和第三版的前言部分明确阐明了翻译模式。他这样说道，英语译文应该更加通俗，有趣味性，既要考虑专业学者，又要兼顾普通读者。翻译的目的不单单是一个语言和另一个语言之间文字的翻译，也不是简单地保留原文的结构和顺序，这是小学生的做法，只是为了证明自己会查词典、会用语法了；但是作为译者，这样做就没有意义了，译者的目的是努力让其读者对译文产生与原著相同或相近的印象效果。对译者来说，感觉比文字更重要。译者应该牢记德莱顿（Dryden）的告诫：不要做作者身旁的仆人，而要从其身后超越他。译者在翻译之前，要先对整部作品有一个总的理解，前面讲了什么，后面讲了什么，以及每段的基本大意。译文首先应该以原文的内容为基础，在翻译的过程中，文字的具体语序和结构就不再是关注对象。译者应该从整体上把握两种语言的意思，在处理概念术语表达时可以采用略译，甚至为了达到与原文相同的效果，也可以做出更多的删减。

在这些杰出译者思想的启发下，我展开了《道德经》各个篇章的翻译工作。我的主要任务，也可以说是最大的困难，并不是深究这位古哲先人语言的基本意思，而是去探寻作者使用这些文字的真正用

附录 《易经》《道德经》主要英译本前言/序

意。虽然这种想法很难在所有情况下实现，但是对文本的解读，只有在我认为是确实有必要做出调整时，才会出现与前人不同的理解，这种变化也是为了能够准确、清晰传达老子试图展示给世人的思想，对其做出最充分的解读。这个过程中要面临的困难是非常巨大的，除了语言本身的困难之外，还有那些明显记录老子思想的内容却缺乏体系：有些语言过于简略；既有正又有反；也有非同寻常的悖论；有时论述得稀奇古怪；经常出现缺乏逻辑和矛盾的现象。

可能会有人反对我在译文中的措辞，认为无法体现原文奇异多变的风格，但我认为这种质疑无法改变事实，因为根据前面提到的翻译原理，如果在这些细节方面越贴近汉语原文，就越无法清晰、准确传达作者的精神和意图，这位远古圣人的奇异语言形式只是一个思想框架罢了。即便使用现代语言，逐句逐字的翻译也无法再现作者的基本风格，而且还会使语义变得模糊难懂。尤其对于像汉语这样的语言更是如此，两三个字就能表达出或产生出多个含义，翻译成英语时必须用一个或几个长句才能表达出来。

但是，我认为之所以翻译《道德经》其中最主要的原因是：我确信所有之前译本中的"道"字翻译都存在问题，即使最严厉的批评也不为过，因为他们都无一例外地得出结论，认为老子的目标是在传统的原动力（First Cause）基础上重建信仰，也就是古人所尊崇的"道"，这种信仰后来日趋式微，最后演变成了"神灵"。

在翻译"道"这个字时，我并没有像之前那些译者一样保留这个字不译，而是翻译成"God"（上帝），我知道这会遭到严厉的批评，但是我这样做是经过深思熟虑的。有人建议使用不同的替代词，但我发现都无法表达出这个字的含义，这个字既包含有老子赋予的重要意义，同时，当它结合在句子中时，其意义的多样性又超出了其他汉字所能表达的语义范围。我注意到，许多译者试图克服这种困难，但效果并不理想，根据我的分析，正是由于他们不想使用某一个词语来表达这个概念，才带来真正的困难，不仅表现在局部，也影响到了整个作品。

我想我能理解他们在处理这个问题时蹑手蹑脚的心理，即使有些人已经从《道德经》原文中体会到了三位一体的神，但还是不情愿

附录 《易经》《道德经》主要英译本前言/序

使用一个准确的词语来表明他们的观点。德国的冯·斯特劳斯（Victor von Strauss）正是这样一个典型例子，在他非常详尽精练的德文版《道德经》中，虽然一再表示完全相信 God 是"道"字唯一合理的翻译，但最终还是选择随波逐流，在译文中保留不译。他的观点非常清楚，只需要看看是怎么说的。在其《道德经》译文的"导言"中（第 xxxiv 页第 10 段），他这样写道："'道'是完美的，但不可知；其先于天地生（第 25 章）；非物质、不可测（第 4 章）；无声无形，无象无状，神秘却可现（第 14 章）；超越感知、隐于无形（第 25、41 章）；万物之始（第 1 章）；万物之宗（第 4 章）；不可道，不可名（第 1、32 章）；只在'道'的作品中才可道，才可名（第 1、32 章）；所有精神都来源于这种双重性（第 1、6 章）；万物唯'其'是从（第 21 章）；万物各复归其根（第 16 章）；一切变化始于其中（第 40 章），尽管其恒无欲（第 34 章），恒无为，而无不为（第 37 章），永不老（第 30、55 章），其无所不在、永恒不变、自我主宰（第 35 章），其生万物、畜万物、育万物、养万物、覆万物，是以万物尊其玄德（第 51 章），因其爱万物，而不为主（第 34 章），即便其曰微（第 14 章），其精甚真（第 21 章），无欲以观其妙（第 1 章），同于得者，道亦得之（第 23 章），故其为上德之本（第 38 章），其善始且善成（第 41 章），带来天下太平（第 46 章），道者万物之奥，善人之宝，不善人之所保，有罪人之赦免者（第 62 章）。"

如果问，我们的语言中哪个词最能代表上面所描绘的"其"？相信任何诚实的人都会回答："除了'上帝'（God）这个词，别无其它。"任何人只要了解了前面的内容，就丝毫不会怀疑老子也具备"上帝"的伟大意识，其崇高特性也完全可以说明"上帝"就是人们的启示录，当然，启示录在表现的深刻性和充分性上要远远高于上帝。但是在公元前的历史中，除了以色列得到了启示录之外，再也没有其他人了。

斯特劳斯并非孤军奋战，查莫斯（John Chalmers, A. M.）在他翻译的《道德经》译本前言中，分析了几个可以替代汉字"道"的英语单词，最终还是决定保留不译，他的理由是，这些词都不够准确。接着他又说："我想把它翻译成'the Word'表达一种'理法'

的概念，这样看似问题解决了，但我希望保持它开放的意义，也就是说，《新约》中的'逻各斯'与汉语中的'道'有多少相同的意义？在汉语版《新约》第一章约翰福音（St John）中写道：'起初有道。'"

当然必须承认，不管是在英译本中保留"道"字不译，还是翻译后破坏了老子思想的系统性，都是在逃避困难，除了使其更加难以理解之外，没有任何其他效果，也就不可能欣赏这位杰出的东方学者的代表作品。莱比锡大学的东亚语言学教授加贝莱兹（G. V. der Gabelenz, 1846—1885）这样评价它："它是最杰出的汉语著作之一，世界上最深刻的哲学典籍之一，是中国甚至在欧洲汉学届争议最少的一本权威之作。"

大家看到的这些观点对我有很大启发，并且我一直都在努力重现这位古代哲学家作品中那些真正的哲学和形而上的价值；同时，我们要记住，他所努力重建的传统原动力信仰是建立在一种纯抽象的掌权神灵基础之上，我们必须审慎，不要与我们自己所信仰的上帝混为一谈。

尽管《道德经》包含了老子的核心思想，我还是想在前面几章中，详细介绍一下中国唯心主义者的宗教观点和哲学思想形成过程中的主要影响因素。如果没有这样的介绍说明，恐怕没人能理解他，也无法看懂他的思想。自始至终，我的主要目标都是使这位生活在远古时代的伟大思想家的思想更加通俗化。

大家会看到，我的工作范围并不涉及老子追随者们的作品以及他们对老子作品的发展，因为如果我要研究这些内容，就无法为读者呈现这位尊贵的哲学家了，那些被无知迷信的信徒曲解的老子思想也会变得含糊不清。同样，我尽量不去受中国批注者们的影响，因为，不管他们是道家学派，或是儒家学派，我发觉他们总是会偏向自己的宗教信仰，把老子思想降低到他们自身肤浅的认知水平。

《道德经》中的篇章结构并不是老子的原作，而是后来人有意打乱了作者的论述以及例证的顺序和完整性。为了便于参考，我沿用了传统的结构，并保留了其中的内容，但是我删掉了一些章节的标题，因为原著中本身就没有，而且经常误导读者。

附录 《易经》《道德经》主要英译本前言/序

虽然我自己熟悉《道德经》的各种译本，但是为了比较译文（附录中有说明），我主要参考的是理雅各博士、斯特劳斯以及儒莲这些杰出翻译家的译文。当我的理解与他们不一致的时候，而且也无法改变我自己的想法，在多数情况下，我都会在这些译文后面添加注释，说明理由。

当然，如果在附录中使用中国汉字应该比使用拼音效果更好，但是这种调整代价非常大，我最终还是没有采用。

注释：

1. 该序文译自：G. G. Alexander, *Lao-Tsze the Great Thinker: With a Translation of His Thoughts on the Nature and the Manifestation of God*, London: Kegan Paul, Trench, Trubner & Co., 1895. pp. v – xix.

2. 本杰明·乔伊特（Benjamin Jowett, 1817—1893）：英国学者，古典学家和神学家。19世纪不列颠最伟大的教育家，以译介柏拉图作品而闻名于世。

3. 约翰·德莱顿（John Dryden, 1631—1700）：英国诗人、剧作家、文学批评家，英国戏剧史上戏剧评论的鼻祖人物，英国古典主义时期重要的批评家和戏剧家。

4. 施特劳斯（Victor von Strauss, 1809—1899）：德国汉学家，精通古汉语，其《诗经》（1880）和《老子》（1870）德译本在德国享有盛誉。

5. 湛约翰（John Chalmers, 1825—1899）：英国传教士、汉学家，与理雅各一同由伦敦传道会差派中国的教牧人员。主要翻译成果有：最早《道德经》英文全译本《哲学家老子》（1868）、《广州方言袖珍词典》（1872）、《简明康熙字典》（1877）、《汉字结构述解》（1882）等。

6. 加贝莱兹（G. V. der Gabelenz, 1846—1885）：德国汉学家。1881年在《中国报导》上发表英文论文《老子的生平和教义》。

参考文献

英文文献

Adler, Joseph A., trans; written by Zhuxi *Introduction to the Study of the Classic of Change* (I-hsüeh ch'i-meng). NY: Global Scholarly Publications, 2002.

Albertson, Edward, *The Complete I Ching for the Millions*. Los Angeles, CA: Sherbourne Press, 1969.

Alvarode Semedo, *The History of That Great and Renowned Monarchy of China*, London: Printed by E. Tyler for I. Crook, 1655.

——*An Anthology of I Ching*. Great Britain: Arkana, 1989.

——and Shantena Sabbadini. "Images of the Unknown: The Eranos I Ching Project 1989 – 1997." *Eranos* 66 – 1997, *Gateways to Identity*, pp. 7 – 44.

Anthony, Carol K., *A Guide to the I Ching*. Stow, MA: Anthony Publishing Co., 1980. Revised and Enlarged 1988.

Arcarti, Kristyna. *I Ching for Beginners*. Great Britain: Hodder & Stoughton, 1994.

Arthur Waley, *The Way and its Power: A Study of the Tao Te Ching and Its Place in Chinese Thought*, New York: MacMillan Press, 1934.

Baggot, Andy. *Teach Yourself I Ching*. Chicago, IL: NTC/Contemporary Pub., 1999.

Balkin, Jack M. *The Laws of Change: I Ching and the Philosophy of Life*. NY: Schocken Books, 2002.

参考文献

——*Before Confucius: Studies in the Creation of the Chinese Classics.* Albany, NY: SUNY Press, 1997.

Benjamin Hoff, *The Way to Life: At the Heart of the Tao Te Ching*, New York: Weatherhill, 1981.

Benjamin, William James. "System I Ching: Being an Essay on the Constitution and Compositon of the Book of Changes." *Wondo Publications*, 1974.

Birdwhistell, Anne D. *Transition to Neo-Confucianism: Shao Yung on Knowledge and Symbols of Reality.* Stanford, CA: Stanford University Press, 1989.

Blofeld, John. *I Ching, The Book of Change.* NY: E. P. Dutton & Sons, 1965.

Bonnershaw, Asa. *I Ching, The Book of Changes.* Santa Barbara, CA: Bandanna Books, 1986.

Brennan, J. H. *The Magical I Ching.* St Paul, MN: Llewellyn Pub., 2000.

Brian Browne Walker, *The I Ching or Book of Changes: A Guide to Life's Turning Points*, New York: St. Martin's Press, 1992.

Brian Browne Walker, *The Tao Te Ching of Lao Tzu*, New York: St. Martin's Press, 1995.

Britto, Ely. *I Ching: Um Novo Ponto De Vista.* Sao Paulo: Editora Cultrix, 1994.

Bullock, Raymond R. *Guide to I Ching.* London: Caxton Editions, 2000.

Cammann, Schuyler. "Some Early Chinese Symbols of Duality." *History of Religions.* 24: 3 (1985): 215–254. Hetu & Loshu evolution.

Carus, Paul. *Chinese Astrology: Early Chinese Occultism.* LaSalle, IL: Open Court, 1974.

Chad Hansen, *Tao Te Ching: On the Art of Harmony: The New Illustrated Edition of the Chinese Philosophical Masterpiece*, London: Duncan Baird Publishers, 2009.

Chan Chiu Ming. *Book of Changes: An Interpretation for the Modern Age.* Singapore: Asiapac, 1997.

——Chu and Winberg Chai, ed's. *I Ching: Book of Changes*. NY: Bantam Books, 1969.

——Chu and Winberg Chai, ed's. *Li Chi, Book of Rites: An Encyclopedia of Ancient Ceremonial Usages, Religious Creeds and Social Institutions*. New Hyde Park, NY: University Books, 1967. 2 Volumes.

Chung, Chang-Soo. *I Ching on Man and Society: An Exploration into Its Theoretical Implications in Social Sciences*. NY: University Press of America, 2001.

Chung Wu. *The Essentials of the Yi Jing: Translated, Annotated, and With an Introduction and Notes*. St. Paul, MN: Paragon House, 2003.

Chu Ta-kao, *Tao Te Ching (a new translation), Foreword by Lionel Giles*, London: The Buddhist Society, 1945.

Chu, W. K. and W. A. Sherrill. *The Astrology of I Ching*. London: Arkana, 1976.

——Clae Waltham, ed. *I Ching, the Chinese Book of Changes*. NY: Ace Publishing Corporation, 1969.

——Clae Waltham, ed. *Shu Jing: Book of History. A Modernized Edition of the Translations of James Legge*. Chicago: Henry Regnery Co., 1971.

Cleary, Thomas. *The Taoist I Ching*. Boston: Shambhala, 1986. Translation of commentary by Liu I-ming, 1796.

Covello, Edward M. "Symbolization of Conscious States in the I Ching: A Quantitative Study." *Journal of Altered States of Consciousness*. 3: 2 (1977-78): 111-129.

Crowley, Aleister. *The Book of Changes*. San Francisco: Level Press, 1972.

Curzi, Valter. *I Ching: El Oraculo Chino*. Barcelona: Ediciones Martinez Roca, 1997.

Damian-Knight, Guy. *Karma and Destiny in the I Ching*. London: Arkana, 1987.

David Hinton. *I Ching: the Book of Change*. New York: Farrar, Staus and Giroux, 2015.

David Hinton, *Tao-te Ching*, New York: Counterpoint, 2000.

参考文献

Davis, Nan. "I Ching and the Eightfold Path: The Eight Essential Hexagrams & the Buddhist Eightfold Path." *I Ching Newsletter* (Summer, 1980): 3-6.

D. C. Lau, *Chinese Classic Tao Te Ching*, Hong Kong: The Chinese University Press, 1982.

de Lacouperie, Terrien. *The Oldest Book of the Chinese (The Yh King), and its Authors*. Vol. 1: History and Method. London: D. Nutt, 1892. Available as a pdf at Google Books.

Derk Bodde, *Review of Book: The I Ching or Book of Changes*, The Richard Wilhelm Translation. Rendered into English by Cary F. Baynes, Journal of the American Oriental Society, No. 2, 1950.

Dhiegh, Khigh Alx. *I Ching: Taoist Book of Days*. NY: Ballantine Books, 1979.

Douglas, Alfred. *How to Consult the I Ching*. NY: Berkeley Medallion Books, 1971.

Eberhard, Wolfram. *A Dictionary of Chinese Symbols*. NY: Routledge & Kegan Paul, 1986.

Edward. L. Shaughnessy, *I Ching: the Classic of Changes*. New York: Ballantine Books, 1996.

Ellen Marie Chen, *The Tao Te Ching, A New Translation with Commentary*, New York: Paragon House, 1989.

Fendos, George Jr. "Fei Chih's Place in the Development of I-Ching Studies." Ph. D. dissertation in Chinese Studies: University of Wisconsin, Madison, WI: 1988.

Feng, Gia-Fu and Jerome Kirk. Tai Chi, *A Way of Centering and I Ching*. London: Collier, 1970. Groovy, has charisma. not a bad translation.

Feng Gia-fu & Jane English, *Tao Te Ching*, with an introduction and notes by Jacob Needleman, New York: Vintage Books, 1972.

Fleming, Jess. "Philosophical Counseling and the I Ching." *Journal of Chinese Philosophy*. 23: 3 (September, 1996): 299-320.

Frederic Henry Balfour, *Taoist Texts*, *Ethical*, *Political and Speculative*, Shanghai: Kelly & Walsh, 1884.

Fu You-de. Yijing Text and Annotated Translation.

Gardner, Martin. "Mathematical Games: The Combinatorial Basis of the I Ching, the Chinese Book of Divination and Wisdom." *Scientific American.* 230: 1 (January, 1974): 109 – 13. Probabilities of divination methods.

G. G. Alexander, *Lao Tsze: The Great Thinker: With a Translation of His Thoughts on the Nature and Manifestations of God*, London: Kegan Paul, 1895.

Gill, Richard. *I Ching: The Little Book That Tells The Truth.* London: The Aquarian Press, 1993.

Goodman, Howard. "Exegetes and Exegeses of the Book of Changes in the 3rd Century AD: Historical and Scholastic Contexts for Wang Pi." Ph. D. Dissertation in East Asian Studies: Princeton University, 1985.

Gotshalk, Richard. *Divination, Order and the Zhouyi.* Lanham, MD: University Press of America, 1999. Modernist; much too loose with emendations.

Govinda, Lama Anagarika. *The Inner Structure of the I Ching, the Book of Transformations.* San Francisco: Wheelwright Press, 1981.

Graham, A. C. *Yin-Yang and the Nature of Correlative Thinking.* Singapore: Institute of East Asian Philosophies (Occasional Paper and Monograph Series No. 6), 1986.

Graham, Charles M. *The Concept of Cycle in Modern Science, Astrology and I Ching.* Green Bay, WI: Cambridge Circle, Ltd., 1976. 59pp booklet.

Hacker, Edward, Steve Moore and Lorraine Patsco. *I Ching: An Annotated Bibliography.* NY: Routledge, 2002. Much more comprehensive and descriptive than this bibliography.

Hacker, Edward. *The I Ching Handbook.* Brookline, MA: Paradigm Publications, 1993.

Hamerslough, Bruce F. *The I Ching Manual.* Self-published, 1985. Credit

参考文献

due for noticing both the Zhi Gua and the Fan Yao dimensions.

Hans-Georg Moeller, *Dao De Jing: The New, Highly Readable Translation of the Life-changing Scripture Formerly Known as the Tao Te Ching*, Caru Publishing Company, 2007.

Harvard-Yenching Institute. *A Concordance to Yi Ching (Zhou Yi Yin De)*. Sinological Index Series, Supplement No. 10. Peiping: Harvard-Yenching Institute, 1935. Reprint Taipei: Ch'eng-wen Pub. Co., 1966

Hatcher, Bradford. *The Book of Changes (Yi Jing, I Ching, Zhou Yi) Word For Word. Two Literal English Translations* (One Basic, One Advanced) and a Pinyin Transcription. 2 Volumes. Ridgway, CO: Self-published, 1999.

——*Heaven, Earth and Man in the Book of Changes*. Seattle: University of Washington Press, 1977.

Heyboer, LiSe. Yi Jing, *Book of the Moon*. A work in progress, translation and commentary published online. Copyright 1999 – 2003. Last known URL: http://www.yijing.nl/i_ching/index.html

——*History, Early Zhou through Early Han*. de Fancourt, William. *Warp and Weft: In Search of the I Ching*. UK: Capall Bann Pub., 1997.

Holden, Maxine. "The Ways of Therapy with the I Ching." M. A. Thesis, Antioch University, 1983.

Hook, Diana ffarington. *The I Ching and Mankind*. Boston: Routledge & Kegan Paul, 1975.

——*How To Use the I Ching*. Rockport, MA: Element, 1997.

Hsu, F. C. trans. Chow Tun Yi (Zhou Dunyi). *The Book of Universality: A Supplement to the Book of Changes*. Pondicherry, India: Sri Aurobindo Ashram Pub. Dept., 1979.

Huang, Alfred. *The Complete I Ching*. Rochester, VT: Inner Traditions, 1998.

Huang Chichung, *Tao Te Ching: A Literal Translation with an Introduction, Notes and Commentary*, California: Asian Humanities Press, 2003.

Huang, Kerson and Rosemary Huang. *The I Ching*. NY: Workman Publishing, 1987.

Hulse, David Allen. *The Key of It All*. St Paul, MN: Llewellyn Publications, 1993.

——*I Ching Coin Prediction*. NY: Harper & Row, 1975.

——*I Ching Mandalas: A Program of Study for the Book of Changes*. Boston: Shambhala, 1989.

——*I Ching Numerology*. San Francisco: Harper & Row, 1975.

——*I Ching-O Livro das Mutacaos*. Tr. Alayde Mutzenbecher & Gustavo Alberto Correa Pinto. Sao Paulo: Editora Pensamento, 1985.

——*I Ching: O Livro das Mutacoes*. Tr. E. Peixoto de Souza e Maria Judith Martins. Curitiba, Br: Hemus Livraria, 2000.

——*I Ching-O Livro das Transmutacoes*. Tr. Ronaldo Sergio de Biasi. Riode Jaineiro, BR: Nova Era, 1996.

—— "I-Ching Oracles in the Tso-Chuan and the Kuo-Yu." *Journal of the American Oriental Society*. 79 (1959): 275 – 80.

——*I Ching: The Book of Changes*. Boston: Shambhala, 1992.

——*I Ching: The Classic of Changes*. NY: Ballantine Books, 1996. Contains Chinese Zhouyi text in both received and Mawangdui versions.

——*I Ching: The Rogue Commentaries*. Self-published, 1977.

——*I Ching: The Tao of Organization*. Boston: Shambhala, 1988. Translation of commentary by Cheng I, 1033 – 1108.

James Legge, *Sacred Books of East*, Vol. 16, The Sacred Books of China, Oxford: The Clarendon Press.

Javery, Cyrille. *Understanding the I Ching*. Boston: Shambhala, 1997.

John Blofeld, *The Book of Change, A new translation of the ancient Chinese I Ching*, London: George Allen & Unwin, 1965.

John Chalmers, *The Speculations on Metaphysics, Polity and Morality of "the Old Philosopher", Lao-Tsze*, London: Trubner & Co., 1868.

Jonathan Star, *Tao Te Ching: The Definitive Edition*, New York: Jeremy Tarcher, 2001.

Joseph Hsu, *Daodejing: A Literal-Critical Translation*, Maryland: University Press of America, 2008.

Joseph Petulla, *The Tao Te Ching and the Christian Way: A New English Version*, New York: Orbis Books, 1998.

Jou, Tsung Hua. *The Tao of I Ching: Way to Divination.* Taiwan: Tai Chi Foundation, 1984.

Karcher, Stephen. *The Elements of the I Ching.* Rockport, MA: Element, 1995.

Kaser, R. T. *I Ching in Ten Minutes.* NY: Avon, 1994.

Kegan, Frank R. *I Ching Primer.* Chicago: The Aries Press, 1979. Interesting analysis of line position meanings.

Kleinjans, Everett. *I Ching: Book of Symbolic Communication.* Singapore: Institute of East Asian Philosophies (Occasional Paper and Monograph Series No. 16), 1989.

Koh Kok Kiang. *The I Ching: An Illustrated Guide to the Chinese Art of Divination.* Singapore: Asiapac, 1993. Cartoon version.

Kunst, Richard Alan. "The Original Yijing: A Text, Phonetic Transcription, Translation and Indexes, with Sample Glosses." Ph. D. dissertation in Oriental Languages: University of California at Berkeley, 1985.

Lao Zi as Interpreted by Wang Bi, New York: Columbia University Press, 1999.

Last known URL: http://www2.truman.edu/~grichter/translations/

Last known URL: http://zhouyi.sdu.edu.cn/english/newsxitong/Yijing/200637183552.htm

——*Lectures on the I Ching.* Princeton, NJ: Princeton University Press, 1979. Wing, R. L. The I Ching Work Book. NY: Doubleday, 1979.

Lee, Jung Young. *The Principle of Changes: Understanding the I Ching.* New Hyde Park, NY: University Books, 1971.

Legge, James, tr. *The I Ching.* NY: Dover, 1963.

Lim, Kim-Anh. *Practical Guide to the I Ching.* Havelte, Holland: Binkey Kok Publications, 1999. Good insights.

Lin Yutang, *The Wisdom of Laotse, with an Introduction and notes*, New

York: Random House, 1948.

Liu, Da. *Tai Chi Chuan and I Ching*. NY: Harper & Row, 1972.

Lynn, Richard John. *The Classic of Changes*. NY: Columbia University Press, 1994. Provides English translations of commentary by Wang Bi (226 – 249), Han Kangbo (d. circa 385), Kong Yingda (574 – 648) and portions from Cheng Yi (1033 – 1107) and Zhu Xi (1130 – 1200).

Lyons, Albert F. *Predicting the Future: An Illustrated History and Guide to the Techniques*. NY: Harry N. Abrams, 1990. Nice coffee table book.

Margaret J. Pearson, An Authentic Translation of the Book of Changes, Tuttle Publishing, 2011.

Marshall, S. J. *The Mandate of Heaven: Hidden History in the I Ching*. NY: Columbia University Press, 2001. Good insights.

Medhurst C. Spurgeon, *The Tao Teh King: A Short Study in Comparative Religion*, Chicago: Theosophical Book Concern, 1905.

Metzner, Ralph. *Maps of Consciousness*. NY: Collier, 1971.

Micahel LaFargue, *The Tao of the Tao Te Ching: A Translation and Commentary*, New York: State University of New York Press, 1992.

Moore, Steve and William Fancourt, editors. The Oracle, *The Journal of Yijing Studies*. 11 Volumes through Sept., 2000. Published London, England.

Moore, Steve. *The Trigrams of Han: Inner Structures of the I Ching*. Aquarian Press, 1989.

Moran, Elizabeth and Joseph Yu. *The Complete Idiot's Guide to I Ching*. NY: Alpha Books, 2001.

Moss Robert, *Lao Zi Dao De Jing: The Book of the Way*, Berkeley: University of California Press, 2001.

Nathan Sivin, *Review: The Book of Changes* translated by John Blofeld, Harvard Asiatic Studies, Vol. 26, 1966

Needham, Joseph. *Science and Civilization in China. Volume Two, History of Scientific Thought*. pp 304 – 345. Cambridge University Press, 1956.

参考文献

Nicolas Standaert, *Handbook of Christianity in China*, Volume 1635 – 1800, Leiden * Boston, Koln: Brill, 2001.

Ni Hua-Ching, *Complete Works of Lao Tzu: Tao The Ching and Hua Hu Ching*, California: The Shrine of the Eternal Breath of Tao, 1979.

Ni, Hua Ching. *The Book of Changes and the Unchanging Truth*. Santa Monica, CA: Shrine of the Eternal Breath of Tao, 1990.

Nina Correa, Dao De Jing (The Path of Love and Happiness), http://www.daoisopen.com/BYNina.html.

Oshiro, Hide. *The Graphic I Ching*. Philadelphia: Turtle Island Press, 1978.

Palmer Martin. Barony Jay, *I Ching: The Shamanic Oracle of Change*, New York: Thorsons Publishers, 1995.

Palmer, Martin, Kwok Man Ho and Joanne O'Brien. *The Fortune Teller's I Ching*. NY: Ballentine Books, 1986. Chinese text full of typos.

——*Parerga: The Book of Changes in the Western Tradition: A Selective Bibliography*. Seattle: Institute for Comparative and Foreign Area Studies, University of Washington, 1975. A term paper length bibliography.

Paul Carus, *The Canon of Reason and Virtue. Being Lao-tze's Tao The King*, Chicago: The Open Court Publishing Company, 1898.

Paul Carus, *The Teachings of Lao-Tzu: The Tao Te Ching*, New York: Thomas Dunne Books, 2000.

Paul J. Lin, *A Translation of Lao Tzu's Tao Te Ching and Wang Pi's Commentary*, Ann Arbor: Center for Chinese Studies, University of Michigan, 1977.

Philip J. Ivanhoe, *The Daodejing of Lao Zi*, New York: Seven Bridge Press, 2002.

Plutschow, Herbert. "Archaic Chinese Sacrificial Practices in the Light of Generative Anthropology." *Anthropoetics* I, no. 2 (December 1995)

Ponce, Charles. *The Nature of the I Ching*. NY: Award Books, 1970.

Powell, Neil. *The Book of Change; How to Understand and Use the I Ching*. London: Macdonald & Co., 1988. Contains the same text found in Brian Innes et al, Fate and Fortune; a passable synthesis of English translations.

Qin Ying, ed. *Book of Changes. Chinese-English Bilingual Series of Chinese Classics*. Changshu: Hunan Pub. House, 1995. Ruan Yuan's Chinese text, Zhouyi Zhengyi. Legge translation. ISBN 7 – 5438 – 0664 – 9. Reifler, Sam. I Ching: A New Interpretation for Modern Times. NY: BantamBooks, 1974.

Raymond Bernard Blakney, *The Way of Life: A New Translation of the Tao Te Ching*, New York: New American Library, 1955.

Red Pine, *Lao Tzu's Taoteching, with Selected Commentaries of the Past 2000 Years*, San Francisco: Mercury House, 1996.

Regis, J., *Y-king, Aantiquissimus Sinarum Liber quem ex LatinaInterpretatione*, Stuttgartiae et Tubingae: J. G. Cottae, 1834.

Richard John Lynn, *The Classic of Changes: A New Translation of the I Ching as Interpreted by Wang Bi*. Columbia University Press, 2004.

Richard Rutt, *Zhou Yi: The Book of Changes*, Richmond, Surrey: Curzon, 1996.

Richard Whilhelm, *I Ching or Book of Changes*, Bollingen Foundation Inc., 1967.

Richard Wihelm, *Tao Te Ching: The Book of Meaning and Life* (1910), translated into English from German edition by H. G. Ostwald, London: Arkana, 1985.

Richard Wilhelm & Cary F. Baynes, *The Secret of the Golden Flower: A Chinese Book of Life*, New York: Harcourt Brace & Company, 1962.

Richard Wilhelm, *I Ching, or Book of Changes*, Zurich, 1949.

Richmond, Nigel. *Language of the Lines, the I Ching Oracle*. London: Wildwood House, 1977. Good insights.

Richter, Gregory C. *I Ching / Yi Jing: Transcription, Gloss, Translation*.

Riseman, Tom. *Understanding the I Ching*, London: Aquarian Press, 1990.

Ritsema, Rudolf and Stephen Karcher. *I Ching, The Classic Chinese Oracle of Change*. Rockport, MA: Element, 1994. Recommended for glosses and concordance, not for the translation.

参考文献

Ritsema, Rudolf. "Notes for Differentiating Some Terms in the I Ching." Part I. *Spring*. (1970): 111 – 25. Part II. Spring. (1971): 141 – 52.

Robert G. Henricks, *Laotzu's Tao Te Ching: A Translation of the Startling New Documents Found.*

Robert G. Henricks, *Te-Tao Ching: A New Translation Based on the Recent Discovered Ma-wang-tui Texts/Lao Tzu*, with an introduction and commentary, New York: Ballentine Books, 1989.

Roger T. Ames and David L. Hall, *Dao De Jing "Making This Life Significant": A Philosophical Translation*, New York: Ballantine Books, 2003.

Rudolf Ritsema, Stephen Karcher, *I Ching: The Classic Chinese Oracle of Change: The First Complete Translation with Concordance*. London: Elements Book, 1994.

Rudolf Wagner, *A Chinese Reading of the Daodejing: Wangbi's Commentary on the Laozi with Critical Text and Translation*, New York: State University of New York Press, 2003.

Rutt, Richard. *The Book of Changes (Zhouyi) A Bronze Age Document*. Surrey, GB: Curzon Press, 1996.

Schoenholtz, Larry. *New Directions in the I Ching: The Yellow River Legacy*. Seacaucus, NJ: University Books, 1975.

Scott Cook, *The Bamboo Text of Guodian: A Study and Complete Translation*, Cornell Univ East Asia Program, 2013.

Secter, Mondo. *The I Ching Handbook: Decision-Making With and Without Divination*. Berkeley: North Atlantic Books, 2002. Reprint of I Ching Clarified: a Practical Guide with new content. Useful ideas & tools.

Shaughnessy, Edward Louis. "The Composition of the Zhouyi." Ph. D. dissertation in Chinese Studies: Stanford University, 1983.

Shchutskii, Iulian K. Translated by MacDonald, Hasegawa and Hellmut Wilhelm. *Researches on the I Ching*. London: Routledge & Kegan Paul, 1979.

Sherrill, W. A. and W. K. Chu. *The Astrology of the I Ching*. NY: Samuel Weiser, Inc., 1976.

Shima, Miki. *The Medical I Ching: Oracle of the Healer Within.* Boulder, CO: Blue Poppy Press, 1992.

Siu, R. G. H. *The Man of Many Qualities: A Legacy of the I Ching.* Cambridge, MA: MIT Press, 1968. Republished as The Portable Dragon.

Smith, Kidder, et al. *Sung Dynasty Uses of the I Ching.* Princeton, NJ: Princeton University Press, 1990. Omits Chen Tuan & Zhou Dunyi.

Smith, Richard Furnald. Prelude to Science: An Exploration of Magic and Divination. NY: Charles Scribner's Sons, 1975.

Smith, Richard J. *Fortune-tellers and Philosophers: Divination in Traditional Chinese Society.* SF: Westview Press, 1991.

Sorrell, Roderic and Amy Max Sorrell. *I Ching Made Easy.* NY: Harper Collins, 1994. Simple but good insights.

Stambler, Morris and Chester Pearlman. "Supervision as Revelation of the Pattern: I Ching Comments on 'The Open Door.'" *Family Process: A Multidisciplinary Journal of Family Study Research and Treatment.* 13: 3 (1974): 371–84.

Stefan Stenudd, *Tao Te Ching: The Taoism of Lao Tzu Explained*, Sweden, 2011.

Stephen Addis and Stanley Lombardo, *Tao Te Ching*, Boston: Shambhala Publications, 2007.

Stephen Addiss and Stanley Lambardo, *Tao te ching/Lao-Tzu*, Boston: Shambhala Publications, 1993.

Stephen Mitchell, *Tao Te Ching, with foreword and notes*, New York: Harper & Row, 1988.

Sung, Z. D. *The Symbols of the Yi King or The Symbols of the Chinese Logic of Changes.* NY: Paragon Book Reprint Corp., 1969.

Swanson, Gerald. "The Great Treatise: Commentary Tradition to the Book of Changes." Ph. D. Dissertation, University of Washington, 1974. Complete translation of the Da Zhuan (Xi Ci Zhuan) with running commentary.

——*Ta Chuan: The Great Treatise.* NY: St. Martin's Press, 2000.

参考文献

Terrien de Lacouperie, *The Oldest Book of the Chinese, the Yh-king, and Its Authors*, London: D. Nutt, 1892.

——*The Book of Poetry [Shijing]: Chinese Text with English Translation*. Shanghai: The Chinese Book Co., 1931.

——*The Book of Thoth*. Berkeley, CA: Shambhala, 1969.

——*The Buddhist I Ching*. Boston: Shambhala, 1987. Translation of commentary by Chih-hsu Ou-i, 1599 – 1655.

——*The Ch'un Ts'ew, with the Tso Chuen [Chunqiu & Zuozhuan], with minor text corrections and a Concordance Table*. Hong Kong University Press, 1960, 1970. Chinese Classics series, v5. PL 2461 R43 1970 v. 5. Bilingual.

——"The Difficulty of the Yijing." *Chinese Literature: Essays, Articles, Reviews*. 15 (1993): 1 – 15.

——"The Eight Trigrams: Variants and Their Uses." *History of Religions*. 29: 4 (1990): 301 – 17.

——*The Eleventh Wing: An Exposition of the Dynamics of I Ching for Now*. NY: Dell Publishing Co., 1973.

——*The I Ching and its Associations*. Great Britain: Arkana, 1992.

——*The I Ching and Modern Man*. Secaucus, NJ: University Books, 1975.

——*The I Ching and You*. London: Arkana, 1988.

——*The I Ching on Business and Decision Making*. London: Century, 1986.

——*The I Ching on Love*. Poole, Dorset: Blanford Press, 1984.

——*The I Ching Oracle*. England: Self-Published, 1985.

——*The Illustrated I Ching*. NY: Doubleday, 1982. Woo, Catherine Yi-Yu Cho. "Characters of the Hexagrams of the I Ching." M. A. Thesis in Art History, Calif. State University, 1972.

——*The Numerology of the I Ching: A Sourcebook of Symbols, Structures and Traditional Wisdom*. Rochester, VT: Inner Traditions, 2000.

——*The Philosophy of the I Ching*. Stow, MA: Anthony Publishing Co., 1981.

——*The Qabalah of Aleister Crowley: Gematria, Seven Seven Seven, Sepher

Sephiroth. NY: Samuel Weiser, 1973.

——*The She King or The Book of Poetry*, with minor text corrections and Concordance Tables. Hong Kong University Press, 1960, 1970. Chinese Classics series, v4. PL 2461 R43 1970 v. 4. Bilingual. A much more literal translation than The Book of Poetry above.

——*The Shoo King or The Book of Historical Documents*, with minor text corrections and a Concordance Table. Hong Kong University Press, 1960, 1970. Chinese Classics series, v3. PL 2461 R43 1970 v. 3. Bilingual.

——*The Text of the Yi King (And its Appendices) Chinese Oracle with English Translation*. NY: Paragon Book Reprint Corp. , 1969.

Thomas Cleary, *I Ching: The Book of Changes*, Boston: Shambhala, 1992.

Thomas Cleary, *The Buddhist I Ching*, Boston: Shambhala, 1987.

Thomas Cleary, *The Taoist Classics*, Vol. 1, Boston: Shambhala, 1999.

Thomas Cleary, *The Taoist I Ching*, Boston: Shambhala, 1986.

Thomas McClatchie, *A Translation of the Confucian Yi-king*, Shanghai: American Presbyterian Mission Press, 1876.

——*Total I Ching: Myths for Change*. London: Time-Warner Books, 2003.

Trosper, Barry R. and Gin-Hua Leu. *I Ching: The Illustrated Primer*. San Jose, CA: KGI Publications, 1986.

Tung, Gea. "Metaphor and Analogy in the I Ching." Ph. D. dissertation: Claremont Graduate School, 1975.

Ursula K. Le Guin& J. P. Seaton, *Tao Te Ching: A Book about the Way and the Power of the Away*, a new English Version, Boston: Shambhala, 1997.

Victor H. Mair (trans.), *Tao Te Ching: The Classic Book of Integrity and the Way*, annotated and with an afterword, New York: Bantam Books, 1990.

Waley, Arthur. "The Book of Changes." *Bulletin of the Museum of Far Eastern Antiquities*; 5: 121 – 142, 1933. First English language modernist.

Walker, Barbara G. *The I Ching of the Goddess*. San Francisco: Harper & Row, 1986.

参考文献

Walls, J. W. "The I Ching as a Paradigm for Understanding Corresponding States in Fundamentally Different Systems." *Journal for Advances in Human Factors/Ergonomics*. 20/B (1995): 1047–1053.

Wang Wenfu. "Observing the Structures of Symbols from Chinese Yijing." *Semiotics Around the World: Synthesis in Diversity*. Berkeley, 1994. Vol. 2, pp 1247–1250.

Watson, Burton. *Early Chinese Literature*. NY: Columbia University Press, 1962.

Wayne W. Dyer, *Living the Wisdom of the Tao: The Complete Tao Te Ching and Affirmations*, New York: Hay House, 2008.

Wei, Henry. *The Authentic I Ching*. North Hollywood: Newcastle Publishing, 1987.

Wei Tat. *An Exposition of the I Ching or Book of Changes*. Taipei: Institute of Cultural Studies, 1970.

Whincup, Greg. *Rediscovering the I Ching*. Garden City, NY: Doubleday, 1986.

Wilhelm, Hellmut. *Change: Eight Lectures on the I Ching*. NY: Harper Torchbooks, 1960.

Wilhelm, Richard. Translated by C. F. Baynes. *The I Ching or Book of Changes*. Princeton University Press, 1967.

William Scott Wilson, *Tao Te Ching: A All-New Translation*, Tokyo: Kodansha International, 2010.

Witter Bynner, *The Way of Life according to Laotzu*, New York: John Day Company, 1944.

Wu Jing-Nuan. *Yi Jing*. Honolulu: University of Hawaii Press, 1991.

Wu, Yi. *I Ching: The Book of Changes and Virtues*. SF: Great Learning Pub. Co, 1998.

Yun, Franklin Hum. *The Centered Life: An Introduction to the Book of Changes*. Raleigh, NC: Pentland Press, 2001.

Yu, Titus. "The I Ching: An Etymological Perspective." Ph. D. dissertation: California Institute of Integral Studies, 1983.

—— "Zhouyi Interpretation from Accounts in the Zuozhuan." *Harvard Journal of Asiatic Studies.* 49：2（1989）：421 – 63.

中文文献

陈鼓应：《老子注译及评介》，中华书局1984年版。

成中英：《易学本体论》，北京大学出版社2006年版。

崔莹：《英国学者12年译完〈易经〉》（http：//cul. qq. com/a/20150714/025742. htm）。

凡木（徐梵澄）：《〈周易〉西行——关于〈周易〉的德译与英译》，《读书》1992年第1期。

樊洪业：《耶稣会士与中国科学》，中国人民大学出版社1992年版。

方东美：《原始儒家道家哲学》，中华书局2012年版。

方豪：《中国天主教史人物传》（中），中华书局1988年版。

费赖之：《在华耶稣会上列传及书目》，中华书局1995年版。

管恩森：《传教士视阈下的汉籍传译——以理雅各英译〈周易〉为例》，《周易研究》2012年第3期。

蒋锐：《卫礼贤汉学生涯的三个阶段》，载孙立新、蒋锐主编《东西方之间中外学者论卫礼贤》，山东大学出版社2004年版。

金景芳：《周易通解》，长春出版社2007年版。

蓝仁哲：《历代〈易经〉在欧洲的传播》，《四川外语学学院报》1991年第2期。

黎凯旋：《美国易经考古记》，《中华易学》1988年第9卷第1期。

李尚信：《卦序与解卦理路》，巴蜀书社2008年版。

林金水：《利玛窦与中国》，中国社会科学出版社1996年版。

林金水：《〈易经〉传入西方考略》，载《文史》第29辑，中华书局1988年版。

龙伯格：《清代来华传教士马若瑟研究》，大象出版社2009年版。

马祖毅、任荣珍：《汉籍外译史》，湖北教育出版社1997年版。

王韬：《弢园文录外编》，辽宁人民出版社1994年版。

王晓农：《易经英译的符号学研究》，中国社会科学出版社2016年版。

徐宗泽：《明清间耶稣会士译著提要》，中华书局 1949 年版。
阎宗临：《传教士与法国早期汉学》，大象出版社 2003 年版。
杨平：《耶稣会传教士〈易经〉的索隐法诠释》，《周易研究》2013 年第 4 期。
张君劢：《卫礼贤——世界公民》，载孙立新、蒋锐主编《东西方之间中外学者论卫礼贤》，山东大学出版社 2004 年版。
张西平：《欧洲早期汉学史——中国文化交流与西方汉学的兴起》，中华书局 2009 年版。
张西平：《易经在西方的早期传播》，《中国文化研究》1998 年第 4 期。
张西平：《中西文化的一次对话：清初传教士与〈易经〉研究》，《历史研究》2006 年第 3 期。
朱熹：《周易本义》，苏勇校注，北京大学出版社 1992 年版。
邹元标：《愿学集》，载《陈垣学术论文集》第 1 集，中华书局 1980 年版。
［丹麦］克劳德·伦德贝克：《理学在欧洲的传播过程》，《中国史动态》1987 年 7 月。
［德］柯兰霓：《耶稣会士白晋的生平与著作》，李岩泽，大象出版社 2009 年版。
［德］威廉·许勒：《卫礼贤的科学著作》，载孙立新、蒋锐主编《东西方之间：中外学者论卫礼贤》，山东大学出版社 2004 年版。
［德］卫礼贤：《中国心灵》，王宇洁译，国际文化出版公司 1998 年版。
［德］魏若望：《耶稣会士傅圣泽神甫传：索隐派思想在中国及欧洲》，吴莉苇译，大象出版社 2006 年版。
［法］维吉尔·毕诺：《中国对法国哲学思想形成的影响》，耿昇译，商务印书馆 2000 年版。
［美］吉瑞德：《朝觐东方：理雅各评传》，段怀清、周俐玲译，广西师范大学出版社 2011 年版。